高等职业教育法律类专业新形态系列教材

法律咨询的思维与技能

主　编◎潘　昀

副主编◎施　师

撰稿人◎潘　昀　施　师

李　粟　魏春雨

中国政法大学出版社

2024·北京

图书在版编目（CIP）数据

法律咨询的思维与技能 / 潘昀主编. -- 北京：中

国政法大学出版社, 2024. 7. -- ISBN 978-7-5764-1629-9

Ⅰ. D90

中国国家版本馆CIP数据核字第2024K5H794号

出　版　者　中国政法大学出版社

地　　　址　北京市海淀区西土城路 25 号

邮　　　箱　fadapress@163.com

网　　　址　http://www.cuplpress.com（网络实名：中国政法大学出版社）

电　　　话　010-58908435(第一编辑部) 58908334(邮购部)

承　　　印　保定市中画美凯印刷有限公司

开　　　本　787mm×1092mm　1/16

印　　　张　12.25

字　　　数　276 千字

版　　　次　2024 年 7 月第 1 版

印　　　次　2024 年 7 月第 1 次印刷

印　　　数　1~4000 册

定　　　价　39.00 元

前　言

　　法律咨询是一个高度复杂与综合的法律实务活动，很多的案件就像一头"大象"，让人无从下手，而如何教会法律人去"拆解"一头"大象"更非易事。为实现"法律咨询"课程可教、可学、可用的目标，确保课程教学内容的系统性、连贯性与渐进性，提高教学效果，帮助学生更好地理解和掌握所学知识，编者对教材内容进行了有序化的组织和编排。

　　首先，通过基层岗位调研，分析对应岗位中法律咨询与法律服务的工作流程：接待当事人－进行案件信息收集与处理－进行法律检索与法律分析－解答咨询－代书法律文书，并从中提炼出五种核心职业能力：沟通能力、案件事实收集与处理能力、法律检索与分析能力、提供纠纷解决方案能力、法律文书写作能力，并围绕此五种能力的培养与训练确定教材内容的主线和分支。其次，针对近十年高职法律实务专业学生进行了问卷调查，将学习者画像界定为"高阈值、碎片化、低阅读、浅思考"型的学习者类型。基于此，对教材内容进行筛选和整合，采用很多可视化的表达方式，选取大量实训素材，行文表述力求有趣易懂。再次，根据学生的认知发展规律和教学目标的层次性，确定教学内容的顺序和层次。每一个学习单元按照"入场测－授新知－实践之－复盘之－离场测"编排内容，以期建构螺旋式上升的能力训练阶梯。最后，在教材实训素材的选取与编排中将法律职业伦理、社会主义法治精神等融为"思政因子"，植入文本与实践训练中。

　　基于教材内容，编写分工如下：

　　潘昀：学习单元一、学习单元二、学习单元三；

　　魏春雨：学习单元三；

　　李粟：学习单元四；

　　施师：学习单元五。

编　者

2024 年 3 月

目 录

导 读

一、何谓法律咨询

(一) 咨询与法律咨询

"咨询"一词,在汉语中有商量、询问、谋划和征求意见等意思。作为一种服务产业,现代意义上的咨询是指来自个体和组织外部的专业化技能,它以专门的知识、信息、经验为资源,针对不同的用户需求,提供解决某一问题的方案或决策建议。咨询师就是运用专业知识、技能和经验,通过咨询的技术与方法,帮助个人或组织解决问题或提供方案的专业人员。常见的咨询师有心理咨询师、管理咨询师、营销咨询师、战略咨询师等,法律咨询师也是其中一种,只是这一称谓在日常生活中并不常用。实际上,具有法律专业知识,接受他人法律咨询的人都可以称为法律咨询师,最常见的就是法律工作者、律师、法律顾问等。

法律咨询是指从事法律服务的人员就有关法律事务问题做出解释、说明,提出建议和解决方案的活动。广义的法律咨询主要指整个法律服务行业;狭义的法律咨询指签订委托合同之外的咨询业务,即法律服务从业人员就有关法律事务问题做出解释、说明,提出建议和解决方案的活动。法律咨询根据咨询途径与方法可分为现场口头咨询、电话咨询、网络咨询、书面咨询;以是否收费为标准可分为正式的收费咨询与非正式的不收费仅供参考的咨询。接待法律咨询是律师等法律工作者日常工作之一,但却蕴含了法律工作者所应具备的所有思维、技能与素质,也是决定一个案件或项目能否获得成功的关键。基于此,系统地学习法律咨询所需的思维、方法与技能是提供法律服务的起点,殊为必要。

(二) 法律咨询的基本工作流程

一般而言,法律咨询的基本工作流程可概述为如下步骤:

步骤1 接待当事人:聆听并引导当事人陈述事实以及整理分析案件信息;

步骤2 梳理案件事实:根据当事人的陈述以及提供的证据材料识别案件的法律性质;

步骤3 法律检索与分析:基于对案件事实材料的分析寻找相关法律规范,并基于当事人的立场对案件进行法律分析;

步骤4 解答并提供解决方案:基于对案件事实问题与法律问题的分析,结合考量当事人的目标、心态以及经济承受能力等出具相应的法律意见；

步骤 5 代书法律文书：根据当事人的要求代书相关法律文书。

（三）法律咨询工作中需注意的问题

法律咨询是一项高度专业化的工作，需要从业人员受过严格的思维训练，有扎实的法律功底，有良好的学习能力，同时还要掌握心理学、社会学相关知识，具有良好的沟通技能、案件事实收集与处理能力、法律检索与法律分析能力、提供法律建议以及纠纷解决方案能力、法律文书写作能力等法律服务中的核心能力。

我们在法律咨询工作中通常需要注意以下问题：一是要本着一切以当事人为重的原则，最大限度维护当事人合法权益，凡是涉及当事人合法权益的地方，我们都要着重强调，同时也不能隐瞒对于当事人不利的问题，并对上述两种情况都要尽可能给出可行的解决方案。对于当事人决策方面的咨询要注意从正反两方面分析利害得失，要为当事人提供可行的参考意见，但不应代替当事人进行决策，从而避免相应法律风险。二是要恪守"以事实为依据，以法律为准绳"的原则，在工作中不能一味迎合甚至助长当事人的错误观点，也不能忌讳各种压力，避重就轻，敷衍了事。三是要做到言之有据，不能妄下结论。具体涉案引用条文的解释要分析清楚案情，可以对相关条款的引用是否正确进行解释。但对适用该条款的幅度、过错大小、情节轻重等方面，因对相关证据情况不了解，一般不宜作解释。四是要避免激化矛盾，尽量减少当事人的诉讼之累，对有关部门与群众矛盾方面的咨询要持慎重态度，要讲明利弊，做好疏导工作，防止事态扩大。五是要诚实守信，对当事人的个人隐私、商业秘密严格保密。

二、入场测试

［学习者类型的自我评估量表］

学习类型测试

对下列各题做出"是"或"否"的回答。

题目选择

1. 考试时，你一看完题目就马上答卷吗？　　　　　　　　　　是　　否
2. 你觉得朗读比默读更易记忆吗？　　　　　　　　　　　　　是　　否
3. 做计算题时，你是边分析边做吗？　　　　　　　　　　　　是　　否
4. 一听收音机或录音机，你的眼前就会出现形象的场面？　　　是　　否
5. 在连续不断地解决问题时你是否会精神涣散，注意力不集中？是　　否
6. 学习时，你一看图解和表格就容易记住吗？　　　　　　　　是　　否
7. 你是否因为自己怕羞而认为自己不好？　　　　　　　　　　是　　否
8. 你是否认为自己看课本或参考书比别人讲解更容易理解？　　是　　否
9. 你是否从事情的结果上来判断事情的好坏？　　　　　　　　是　　否
10. 你看过的课本上的插图和表格是否会清晰地浮现在你的眼前？是　　否
11. 你是否不注意生活细节，举止随便？　　　　　　　　　　　是　　否
12. 你对你的英语听力很满意吗？　　　　　　　　　　　　　　是　　否
13. 你是否先判断事情的对错然后再着手解决？　　　　　　　　是　　否
14. 你在记歌词时，是否听唱片或磁带比记忆文字更容易？　　　是　　否

15. 你是否总是把失败放在心上？　　　　　　　　　　　　　是　　否
16. 你是否感觉会读的汉字或英语比不会读的更易记住？　　是　　否

评分与解释

计分方法：第2、3、4、7、12、13、14、15、16题选"是"记0分，选"否"记2分。其他题目选"是"记1分，选"否"记0分。然后分别将奇数题目和偶数题目的得分进行累加。

选择奇数题目的得分所属的区间：

0~3分　表明你的认知型学习方式为思考型，即解决问题倾向于深思熟虑，不草率行事。

4~8分　表明你的认知型学习方式为中间型，即介于思考型和冲动型之间。

9~12分　表明你的认知型学习方式为冲动型，反应敏捷、迅速，但往往考虑不周，错误较多。

选择偶数题目的得分所属的区间：

0~4分　表明你的记忆型学习方式为听觉型，即你的听觉记忆占优势，听到的东西比看到的东西容易记住。

5~8分　表明你的记忆型学习方式为中间型，即介于听觉型与视觉型之间。

9~12分　表明你的记忆型学习方式为视觉型，即你的视觉记忆比你的听觉记忆好，看过的东西比听到的东西更容易记忆。

经过测试，你的认知型学习方式是（　）

A. 思考型　　B. 冲动型　　C. 中间型

经过测试，你的记忆型学习方式是（　）

A. 听觉型　　B. 视觉型　　C. 中间型

[我的学习者类型]

我的认知型学习方式为＿＿＿＿＿＿＿＿＿＿＿＿＿＿

我的记忆型学习方式为＿＿＿＿＿＿＿＿＿＿＿＿＿＿

我可以做出哪些改进，帮助我能更有效地学习？

学习单元一 法律咨询中的沟通

学习目标

　　①了解法律咨询中的沟通。②培养良好的沟通意识。③掌握法律咨询中的沟通技巧。

重点提示

　　①结构化倾听。②听话听音。③如何表达。

 学新知　　 实践之　　 评价之　　 复盘之

一、沟通在法律咨询中的意义

 学新知

（一）作为基础性技能的沟通

　　沟通，对于群居性的人类来说意味着什么？至少在3万年前帮助我们的祖先智人（Homo Sapiens）将尼安德特人等其他的人类物种赶出世界舞台，成为人类最后的物种。[1] 而在今天，你我皆无往而不在沟通之中，沟通对于我们来说犹如吃饭睡觉一般，不可也不能避免，沟通能力的强弱与事业的成功以及生活的幸福程度都具有相关性。美国普林斯顿大学对1万份人事档案进行分析后发现，其中"专业技术"和"经验"只占成功的25%，其余75%决定于"良好的人际沟通"。[2] 因此，无论对于个人生活还是职业成长，养成良好的沟通意识，培养沟通能力也就显得格外重要。

---

　　〔1〕〔以色列〕尤瓦尔·赫拉利：《人类简史》，林俊宏译，中信出版集团2014年版，第11页；〔美〕詹姆斯·C. 斯科特：《作茧自缚——人类早期国家的深层历史》，田雷译，中国政法大学出版社2022年版，第7~8页。

　　〔2〕〔英〕尼基·斯坦顿：《沟通圣经：听说读写全方位沟通技巧》，罗慕谦译，北京联合出版公司2015年版，第6页。

　　众所周知，法律的生命在于被遵循、适用与实施，法律的实施过程在本质上是人与人之间的持续交流，当争议被诉诸法律，当事人与法律服务提供者之间就事实与诉求进行交流，当事双方及律师依据自己对法律和事实的理解与法官之间进行交流，最终由法官依据法律与事实做出判决，并通过说理论证得到当事人双方的认同和社会的认可，这就是法律交流的过程。法律咨询处于法律交流过程的前端，亦即当事人就相关争议寻求法律服务者的帮助，获得较优解决方案，沟通就成为必然。事实上，在法律咨询工作中，"所谓的法律专业分析和解释工作不足三成，剩余的大量时间都花在与人沟通上了，"[1] 因此，对于法律人而言，沟通既是职业工作的起点，也在一定程度上决定了工作的成效，沟通能力成为一种不可或缺的职业能力。

　　在讨论沟通意识养成和沟通能力培养路径之前，必须首先了解在此所提及的沟通的含义是什么。据《辞海》，"沟通"（communication）记载于《左传·哀公九年》："秋，吴城邗，沟通江淮"。原意是指开通水道从而使得两水没有阻塞能够相通，后意泛指能使彼此之间相通。其深意就是指人与人之间，人与群体之间信息的传递和交互反馈的过程，即为了一个设定的目标把信息、思想和情感在个人或群体间传递，并且达成共同协议的过程。事实上，沟通至今并没有一个得到理论界共同认可的确切定义。总的来说，现阶段对于沟通的界定可分为四大类，其一是共享说，强调沟通是输出者与接收者的共同分享；其二是交流说，强调沟通是有来有往的双边活动；其三是说服说，强调沟通是输出者欲对接收者施加影响的行为；其四是符号说，强调沟通是符号和信息的流动。虽然沟通在不同的概念语境里具有不同的含义，但其实质并没有不可逾越的鸿沟，对于法律咨询工作而言，我们所谈到的沟通乃是一种综合意义上的沟通，即一种以符号互动为基础、以信息施受为特点、以信息共享为目的的双向互动方式，其通常包含输出者、接收者、信息、渠道四要素，涵盖了倾听、信息处理（编码－解码）、表达等技能。

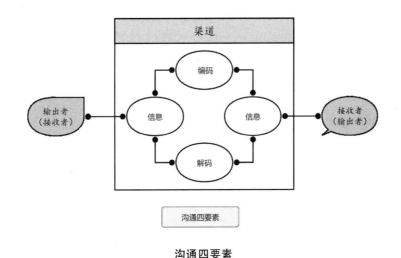

沟通四要素

---

〔1〕　高云：《思维的笔迹：律师思维与写作技能（上）》，法律出版社 2009 年版，第 41 页。

　　如上图所示，沟通过程就是信息输出者经过编码把信息通过一定的渠道（载体）传递给信息的接收者，信息接收者接到信息，进行解码，并做出相应的反馈的过程。[1] 沟通的目标通常在于实现信息的共享，这种信息的共享变化可以用"乔哈里窗"来描述。"乔哈里窗"（Johari Window）作为一种心理假想模型，最早在 20 世纪 50 年代由美国心理学家乔瑟夫·勒夫（Joseph Luft）和哈里·英格拉姆（Harry Ingram）提出，当时主要是为了解决组织动力学方面的问题。它后来发展为一种关于沟通的理论与技巧，也被称为"信息交流过程管理工具"。[2] "乔哈里窗"模型形象地把信息在沟通双方之间的流动比作一个窗口，这个窗口有四个象限。

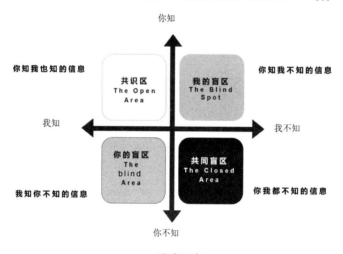

乔哈里窗

　　如上图所示，信息交流过程中存在四个区域，其一是"共识区"（the open area），此区域的信息，沟通双方都知晓，即"你知我知"的信息；其二是"你的盲区"（the blind area），此区域的信息，沟通一方知晓而另一方不知晓，即"我知你不知"的信息；其三是"我的盲区"（the blind spot），此区域的信息，沟通一方不知晓而另一方知晓，即"你知我不知"的信息；其四是"共同盲区"（the closed area），此区域的信息，沟通双方都不知晓，即"你我都不知"的信息。四个象限中，第二、第三两个"盲区"中，沟通双方都处于信息不对称的此消彼长之中，其他两个区域则信息完全对称，要么都知晓，要么都不知晓，双方都有盲区。由此不难看出，真正有效的沟通是

---

　　[1] 政治学者哈罗德·拉斯韦尔开发出了交流的主要要素公式："谁通过什么渠道向谁说了什么话并取得了怎样的效果"，指出沟通过程中的四个要素。[英]尼克·鲍多克、鲍勃·海华德：《深度说服》，宋旭译，江西人民出版社 2019 年版，第 15 页。

　　[2] 脱不花：《沟通的方法》，新星出版社 2021 年版，第 53 页。

持续交流分享信息，将知晓的信息彼此传递，不断扩大"共识区"，减少"盲区"，这就需要沟通的参与者不仅应当持有开放的态度，更应该具有保持开放性沟通的能力。

实践之

两个游戏帮助理解沟通的要义：

游戏一：数字传递

游戏二：撕纸游戏

评价之

教师与评价小组针对游戏过程进行评价反馈。

优点：

1. _____
2. _____
3. _____
4. _____

存在的不足：

1. _____
2. _____
3. _____
4. _____

复盘之

通过游戏，我对"沟通"有了如下理解：

_____
_____
_____
_____
_____

实践之

（二）沟通者的自我评估

如前所述，沟通作为法律咨询的一项基础性技能，在一定程度上决定了咨询工作的成败。在进入沟通能力学习前，我们需要重新审视自己，通过完成两份沟通能力测试问卷，并将完成结果记录在学习者档案相应栏目下。

［测试一：职业沟通能力测试量表］

职业沟通能力测试

测试标准：

选择 A 得 2 分，选择 B 得 1 分，选择 C 得 0 分，然后将各题所得的分数相加。

1. 你上司的上司邀请你共进午餐，回到办公室后，你发现你上司对此颇为好奇，此时你会：

A. 告诉他详细内容

B. 粗略描述，淡化内容的重要性

C. 不透露蛛丝马迹

2. 当你主持会议时，有一位下属一直以不相干的问题干扰会议，此时你会：

A. 告诉该下属在预定的议程结束之前先别提出其他问题

B. 要求所有的下属先别提出问题，直到你把正题讲完

C. 纵容下去

3. 当你跟上司正在讨论事情，有人打长途电话来找你，此时你会：

A. 告诉对方你正在讨论重要的事情，待会再回电话

B. 接电话，而且该说多久就说多久

C. 告诉上司的秘书请她回复对方说不在

4. 有位员工连续四次在周末向你要求他想提早下班，此时你会说：

A. 你对我们相当重要，我需要你的帮助，特别是在周末

B. 今天不行，下午四点钟我要开个会

C. 我不能再容许你早退了，你要顾及他人的想法

5. 你刚好被聘为部门主管，你知道还有几个人关注这个职位，上班的第一天，你会：

A. 把问题记在心上，但立即投入工作，并开始认识每一个人

B. 忽略这个问题，并认为情绪的波动很快会过去

C. 找个别人谈话，以确认哪几个人有意竞争此职位

6. 有位下属对你说："有件事我本不应该告诉你的，但你有没有听到……"你会说：

A. 谢谢你告诉我怎么回事，让我知道详情

B. 跟公司有关的事我才有兴趣听

C. 我不想听办公室的流言

7. 你认为你的文字和口头表达能力强吗？

A. 是　　B. 一般　　C. 很差

8. 你能很好地运用肢体语言表达你的意思吗?

A. 是　　B. 一般　　C. 很差

9. 一个陌生的人你能很容易地认识他吗?

A. 是　　B. 有时　　C. 否

10. 你能影响别人接受你的观点吗?

A. 是　　B. 有时　　C. 不能

11. 与人交谈时你能注意到对方所表达的情感吗?

A. 是　　B. 有时　　C. 不能

12. 你是否能用简单的语言来表述复杂的意思?

A. 是　　B. 一般　　C. 否

13. 朋友评价你是个值得信赖的人吗?

A. 是　　B. 一般　　C. 不是

14. 你能积极引导别人把思想准确地表达出来吗?

A. 是　　B. 有时　　C. 不能

15. 你是否善于听取别人的意见,而不将自己的意见强加于人?

A. 是　　B. 有时　　C. 不是

测试结果:

(1) 总得分为 22~30 分,沟通能力很强,是沟通高手,口头表达能力强,说话简明扼要,很容易让对方接受你的观点。

(2) 总得分为 15~21 分,沟通能力中等,你的沟通能力发挥得不稳定,有时会引起沟通障碍,要想提升自己的沟通能力就要努力锻炼。

(3) 总得分为 14 分及以下,沟通能力差,想要表达的意思常常被别人误解,给别人留下不好的印象,甚至无意中对别人造成伤害。

[测试二:自我沟通能力测试量表]

自我沟通能力测试

评价标准:

非常不同意/非常不符合(1分)　　不同意/不符合(2分)

比较不同意/比较不符合(3分)　　比较同意/比较符合(4分)

同意/符合(5分)　非常同意/非常符合(6分)

测试题:

1. 我经常与他人交流以获取关于自己优缺点的信息,以促使自我提高。

2. 当别人给我提反面意见时,我不会感到生气或沮丧。

3. 我非常乐意向他人开放自我,与他人共享我的感受。

4. 我很清楚自己在收集信息和作决定时的个人风格。

5. 在与他人建立人际关系时,我很清楚自己的人际需要。

6. 在处理不明确或不确定的问题时,我有较好的直觉。

7. 我有一套指导和约束自己行为的个人准则和原则。

8. 无论遇到好事还是坏事，我总能很好地对这些事负责。

9. 在没有弄清楚原因之前，我极少会感到生气、沮丧或是焦虑。

10. 我清楚自己与他人交往时最可能出现的冲突和摩擦的原因。

11. 我至少有一个能够与我共享信息、分享情感的亲密朋友。

12. 只有当我自己认为做某件事是有价值的，我才会要求别人这样去做。

13. 我在较全面地分析做某件事可能给自己和他人带来的结果后再做决定。

14. 我坚持一周有一个只属于自己的时间和空间去思考问题。

15. 我定期或不定期地与知心朋友随意就一些问题交流看法。

16. 在每次沟通时，我总是听主要的看法和事实。

17. 我总是把注意力集中在主题上并领悟讲话者所表达的思想。

18. 在听的同时，我努力深入地思考讲话者所说内容的逻辑和理性。

19. 即使我认为所听到的内容有错误，仍能克制自己继续听下去。

20. 当我在评论、回答或不同意他人观点之前，总是尽量做到用心思考。

自我评价：

我的得分是：_____

100 分或更高　具有优秀的沟通技能；

92~99 分　具有良好的自我沟通技能；

85~91 分　自我沟通技能较好，但有较多地方需要提高；

84 分或更少　需要严格地训练自己以提升沟通技能；

得分低于 84 分　须主动与老师预约进行沟通。

选择得分最低的 6 项，详细列明在以下空白处，作为技能学习提高的重点。

我尚需学习提高的重点：

_____

_____

沟通能力测试结果评估：

沟通能力测试结果评估

我的职业沟通能力测试结果为_____分，沟通能力等级为_____。

我的自我沟通能力测试结果为_____分。

下列得分最低的 6 项，是我尚需学习提高的重点：

1. _____

2. _____

3. _____

4. _____

5. _____

6. _____

对照上述测试结果，通过有意识地观察自己在日常沟通中的行为，发现自己在沟通中具有如下特质：

优点：_____

_____

_____

尚需优化之处：_____

_____

_____

评估日期：　　年　月　日

二、沟通的方法

（一）倾听：一场隐秘的解码游戏

学新知

学习前的自我测试

➡️ 四句话测试你的倾听能力

第一句话：假设，律所有位新来的律师助理王五，律所主任突然给王五打电话："小王，你现在忙吗？"

请问，主任到底是什么意思？他是想考察一下王五的工作量，还是想给王五安排新的工作？

第二句话：王五给主任汇报完手头咨询案件的进展工作，主任说："哎呀，小王，你这个思路挺有意思，可以去试试。"

请问，主任的意思，到底是能试，还是不能试？

第三句话：王五做完了方案，有个关键决策需要请示主任，主任说："你定。"

请问，这个方案，王五是能定，还是不能定？

第四句话：我们换个场景，离开律所。假如王五去相亲，对方问他："你们做法律服务工作的，加班肯定很辛苦吧？"

请问，对方是想关心一下王五，还是好奇法律服务业的工作情况，还是嫌弃王五加班太多？

上面这四句话，我们在日常学习与工作中很常见，字面意思也很简单，但说话的人到底是什么意思呢？你有没有听懂说话的人表达的真实意图呢？假如你是王五，你会如何回应呢？

拆解

第一句话："你现在忙吗？"

如果王五直接按字面意思回答："主任，我这会儿在写一份诉状，一会儿还要去会见当事人……"作为信息接受者的律所主任接收到的信息就是王五非常的忙碌，恐怕没时间和主任谈话，更没法接收主任派给的新任务。

如果王五虽然很忙，但是应激反应回答："主任，我不忙，您说……"，作为信息接受者的律所主任接收到的信息就是，王五工作量显然不饱和。

由此可见，沟通中，即便一句简单的问话，其内涵未必如字面意思那么简单，倾听能力的高低就在于"解码"技术的高低，在于是否能把握提问者究竟想问的是什么？对方对自己有什么样的期待？

显然，在这个问话场景中，律所主任想问的并不是："你现在忙不忙？"而是在问："你现在对我有空吗？"

所以，在这个场景中，王五只有一种回复是妥当的，那就是五个字："主任，您请讲。"传递的信息是："无论我忙不忙，我对您不忙。"

第二句话："这个思路挺有意思，可以试试。"

王五搞不清楚主任究竟是让试，还是不让试？其实如果主任真的认可王五提出的方案，肯定会说："这方案可行，赶紧去干吧。"当主任说可以试试的时候，其实在表达自己对这个方案没有太多想法，不确定，潜台词就是："我也没辙，也没想法，你实在没办法了，你自己去试试吧。"以此类推，当你遇到"可以试试""你试试看"等类似回应时，其中潜藏的信息就是对方并不那么确定，对于这件事的结果不一定看好，只要你自己承担责任你就试试看吧。

第三句话："你定。"

王五纠结自己究竟该不该定？遇到这种情形，需要结合语境来作出决定，但这里请注意，无论主任让定还是不定，都在表达一个意思："你全权负责，哪怕出了问题，你也得全权负责。"明白了这一点，就能准确把握说话者传递的信息，也就能结合自身的情况作出适当的回应。

第四句："你们做法律服务工作的，加班肯定很辛苦吧？"

如果王五接住这个话题大谈自己加班多，工作比较辛苦，甚至大吐苦水，那王五这次相亲八成没戏。王五需要明了的是对方其实想知道的是："你工作那么忙，你有时间谈恋爱吗？如果两人继续发展，你是一个认真投入的人吗？"王五如果想要促成这段关系，那加班不加班的事根本不用多聊，而是要聊聊自己对于生活的憧憬和自己的生活方式。

从以上四句简单的问话测试中，我们发现，沟通中要完全听懂对方的意思，明确对方的真实意图其实很难。所以真正的沟通高手不是口吐莲花、滔滔不绝的人，而是能听懂人说话的人，亦因此，提高信息"解码"技术、掌握倾听的有效方法是沟通能力训练中首先要解决的问题。

复盘与优化：

对照自己之前的回答，如果满分 10 分，你给自己的倾听能力打几分？你抓住了哪些信息又流失了哪些信息？请重新复盘并结合自己的情况写明优化后的回答。

（二）影响倾听的因素

既然倾听是一场隐秘的解码游戏，进入游戏前，我们首先需要理解什么是倾听？在游戏中我们将会遇到哪些 BUG，又有什么"武器"可以用来化解这些 BUG？

何谓倾听？从语义上来说，"倾"有五层含义，一是斜、歪，二是趋向，三是倒塌，四是使器物反转或歪斜以倒出里面的东西，引申为尽数拿出，毫无保留，五是用尽（力量）。这一具有丰富内涵的语词和"听"组合在一起的"倾听"，既包括倾斜身体去听，也包括意识上趋向对方去听，还有毫无保留地用尽力量去听。国际倾听协会对倾听的定义是："接收口头和非语言信息，理解其含义并对其做出反应的过程。"[1]

对于法律咨询服务而言，倾听不仅指安静地听说话的人说出每一句话，听其言，更要把握说话者的意思和目的，体察其言外之意，故而，法律咨询中的倾听更需要用心去听，用眼去"听"，这种有效倾听可以帮助我们准确理解当事人的意图，了解当事人的处境与现状，对接收到的信息进行合理质疑，从而发现事实，做出合理判断，为其提供恰当的法律服务。须指出的是，这种有效倾听的能力与我们注意力的集中程度有关，与我们如何倾听有关，还与听到信息的结构有关。[2] 基于此，实现有效倾听的训练路径，可以拆解为第一步实现沉默倾听，第二步学习结构化倾听，第三步学习听话听音，最终实现有效倾听。

注意力不集中，是倾听游戏里的头号"BUG"。

通常，人们不愿意认真倾听的原因主要有如下几个方面：

＊ 不够耐心，急于表达自己的观点；

＊ 心里忙于思考接下来讲什么，无暇顾及他人；

＊ 外界的干扰，比如空中飞过一架飞机或者邻座的手机铃响等；

＊ 缺少作为一个好的倾听者的责任感和动力；

＊ 对该话题不感兴趣。

请认真对照，哪些因素会影响自己认真倾听？

通过以上自我审视，我们会发现即便是一个优秀的聆听者也会在沟通过程中出现"思想抛锚"的瞬间。现代脑科学的研究告诉我们，人的大脑作为一个极其高效的"CPU"，每分钟可以处理 400 个词，而普通人平均每分钟说 125 个词，这就意味着当我们在倾听别人说话时，人脑 CPU 有近 70% 空间没有被利用，闲置的大脑会用来处理很多其他事务，比如猜想说话的人还没有说出的话是什么，思考去哪里吃午餐或者观察从身边走过的人等，走神就不可避免。当我们认识到这就是大脑的工作方式，拆解"注意力不集中 BUG"的武器就呼之欲出，那就是让人脑 CPU 聚焦于整个谈话过程，

---

〔1〕 ［美］桑德拉·黑贝尔斯、里查德·威尔沃：《有效沟通》，李业昆译，华夏出版社 2002 年版，第 42 页。

〔2〕 ［美］马克·墨菲：《用事实说话：透明化沟通的 8 项原则》，吴奇志译，人民邮电出版社 2019 年版，第 37 页。

满负荷运转起来。

武器 1：给大脑设置"开始倾听"的小开关。

当我们准备进入咨询状态，与当事人进行沟通时，可以结合自己的特性设置一些特定的动作，提醒自己，在接下来的时间里进入认真倾听状态，如拿出笔记本做好记录准备；调整坐姿，身体略向前倾，用身体语言提醒自己也是传递给对方信号；将手机调整到振动或静音状态，一旦这些预设开关启动，大脑 CPU 即进入聚焦谈话的工作状态。根据自己的习惯设置了开关后，在每一次需要认真对待的正式沟通前使用并形成习惯，提醒大脑"开始倾听"，犹如学生听到上课铃响进入听课状态，司机路口看到红灯即刹车驻停，成为一种下意识的反应。

请为自己设置 1~3 个"开始倾听"小开关，并有意识地在日常生活中使用，形成下意识的反应。

根据我自己的特点，我给自己设置了"开始倾听"小开关：

1. _____

_____

2. _____

_____

3. _____

_____

_____

武器 2：耳听人言——倾听的"大敌"是诉说的冲动。

众所周知，现代心理学的研究为我们揭示了一个生而为人之重要的心理需求，即"渴望被看见，是每个人的根本需求"，这也就解释了，在日常生活中人们急于表达自己却疏于倾听的背后，隐藏的是希望被对方听见乃至理解的心理需求。法律服务的提供者给公众的普遍印象是能说善道，但实际上"倾听"是法律服务中获取有效信息的主要途径之一，是其进行"表达"的前提，是否有效倾听直接影响其表达的价值，故而可以认为，对于法律服务来说，"倾听"与"表达"同等重要，很多时候甚至更为重要。基于此，我们在学会如何说之前需要有意识地训练自己克制诉说的冲动，沉默且专注地倾听。

在练习沉默倾听技巧的时候，首先要做到的是克制内心诉说的冲动，保持沉默且专注地倾听，不论对方的话有多么荒谬可笑，不论你是否理解甚或厌恶对方说的话，内心产生较大的情绪起伏，你必须忍住辩驳的冲动，只能给出反馈式的回答（反馈情绪、事实、期待），不能发表任何观点。而听人讲话，需要关注说话的人一般会通过如下五个途径传递信息：

＊信息途径：讲话的主题；

＊文字途径：他使用的语言；

＊语调途径：语调和声调；

＊身体途径：身体移动和姿势；

＊图表途径：使用的工具等。

实践之

沉默倾听游戏：旋转木马游戏

旋转木马游戏

游戏描述：

"旋转木马游戏"训练的能力点包括：

1. 在嘈杂环境中的倾听；

2. 理解所听到的信息；

3. 将自己所听到的信息整理后重新表达出来。

游戏需要的场地：

空旷户外、体育馆等较大无障碍物场地。

游戏角色：

1. 旋转木马；

2. 游戏指挥官；

3. 游戏观察员。

游戏规则：

Step1 学生拿到一份案例材料，10分钟内，认真阅读、独立分析并理解案例材料；

Step2 两组同等数量的学生站立为两个同心圆，内圈与外圈一一对应，内圈的学生总是与外圈的学生两两相对而立；

Step3 在内圈中央站立着游戏指挥官，其作为游戏的主导者、施号令者，主导游戏进程，确立惩罚规则，并观察外圈学生在游戏中的表现，外圈由1~2名学生作为观察员，巡回观察内外圈学生在游戏中的表现；

Step4 指挥官发布游戏规则，发布口令，要求站立在外圈的学生先向内圈与之相对的同学报告自己所阅读到的案例内容，内圈的同学被禁止说话，沉默地倾听对面同学所讲的内容，不能提问也不能进行任何讨论，观察员进行观察。先完成的伙伴向指挥官举手示意，且必须保持沉默，直至下一轮游戏的开始，当大多数伙伴完成时，指挥官宣布这一轮游戏中止；

Step5 指挥官发布口令，要求外圈的同学按顺时针方向移动一个位置，内圈的同学按逆时针方向移动一个位置，刚才是一对的两个人现在就错开两个人；

Step6 指挥官发布口令，要求内圈的同学向外圈与之相对的同学汇报自己阅读案例的内容，以及自己在上轮游戏中听到的信息，外圈的同学，禁止说话，保持沉默地倾听，观察员进行观察。先完成的伙伴向指挥官举手示意，且必须保持沉默，直至下一轮游戏的开始，当大多数伙伴完成时，指挥官宣布这一轮游戏中止；

Step7 反复几轮后，游戏指挥官宣布游戏结束。完成奖惩，并指定数名同学当众阐述自己刚才所听到的信息；

Step8 指挥官、观察员与教师分别就自己负责观察的对象进行评价；

Step9 各角色复盘自己在游戏中的表现以及存在的问题。

评价之

游戏参与者围成一个大圈，教师、观察员分别进入中心，对游戏完成情况分别进行评价。

根据老师与观察员的评价，我发现了我自己作为一个沉默的倾听者具有的优点与存在的不足。

优点：

1. _____

2. _____

3. _____

4. _____

存在的不足：

1. _____

2. _____

3. _____

4. _____

复盘之

每个小组进行复盘：

_____小组"旋转木马游戏"复盘记录：

_____

_____

_____

_____

_____

（三）结构化倾听：像侦探一样倾听

学习倾听之前，我们需要了解一个关于倾听的事实，即人们在倾听时只能记住听到内容的50%，不管听众多么仔细地倾听，也只能记住这个比例的内容。这是美国明尼苏达大学的修辞学教授拉尔夫·尼科尔斯对几百人进行研究得出的结论。[1] 当我们认识到这一点，就要养成一个习惯，在法律咨询中以及重要的沟通场合都要准备笔和

---

〔1〕〔美〕马克·墨菲：《用事实说话：透明化沟通的8项原则》，吴奇志译，人民邮电出版社2019年版，第230页。

笔记本，这一方面是帮助自己记录关键信息，避免遗忘，另一方面其实是用行动向对方传递倾听的主动意愿，更表达了对对方的尊重。诚如之前所述，我们大脑的工作模式每分钟信息处理量达到400个词汇，远超正常人每分钟讲125个词汇的信息量，为了不让大脑闲置，我们需要设定一些信息开关，如当我们拿起笔，翻开笔记本即给我们的大脑发布一项指令，从此刻起进入手机静音、放下未尽事宜、认真倾听、关注说话者的工作模式。

英国法哲学家哈特为我们揭示了"语言的内在具有一种开放性空缺结构"，同一句话在不同语境中表达的含义迥然不同，倾听者作为信息的接收方，必须通过语言文字的表面，领会它们背后的深层想法、观点，竭尽所能地去理解说话者的真实意思，理解说话者想表达什么，认清他是怎么表达的，犹如"侦探"一般找出其隐含的真意，这才是有效倾听中必不可少的步骤。

当然，作为一名侦探式的倾听者我们需要借助一些有效的工具，结构化倾听模型就是一种简便可行的方法。所谓结构化倾听就是指当我们在接收说话者传递的信息时，对信息进行分类，将对方的话分别放入情绪、事实、期待三个栏目中，这样能帮助我们将接收到的信息进行同步梳理而变得有条理，不会被浮云遮望眼，陷入对方情绪的迷雾中。当我们在听对方谈话时，拿出笔记本，并在纸上画出三栏：一是识别情绪，在刚才这段表达中，对方表达了什么样的情绪？二是厘清事实，对方提供了什么事实？三是对方的期待，他对我有什么样的期待？[1]（如表1所示）将对方的话归纳整理分别写入到表1的结构化倾听模型中去。接下来的问题是我们如何在或简短或繁杂的叙述中准确归类呢？

表1　有效沟通工具：结构化倾听模型

结构化倾听模型		
结构化分析我接收到的信息	我根据信息解析后的结果作出回应	
识别情绪 （情绪路标词）	回应情绪 （点破并接纳对方情绪）	
厘清事实 （5W1H法）	确认事实 （反馈确认）	
对方的期待 （反向叙述）	明确行动 （针对期待明确行动）	

---

〔1〕　这一结构化倾听模型是以马克·墨菲FIRE模型为基础进行了简化，更具有可操作性。脱不花：《沟通的方法》，新星出版社2021年版，第7~15页。

首先，我们来识别情绪。情绪（emotion）是一种内在的主观体验，是人对客观事物的态度体验以及相应的行为反应，简言之就是我们心理感受的外在表现。我们可以通过说话者的面部表情、身体表情、言语表情来识别其情绪，对于前两种表情，基于我们既往的生活经验即可作出大致的判断，而言语表情的识别则不太容易，因为大多数人在说话的时候通常都不会直接地表达自己的不满、焦虑、愤怒等，而是会把情绪隐藏在话语里，这就需要我们在倾听的时候把对方语言里隐藏的情绪给识别出来，关注那些在说话者的语境里仅仅是其主观感受与判断而非事实的语词，试举一例：

【沟通场景1】

周五下午，律师助理王五正准备下班去和女朋友小钱约会，主任打来电话催阅卷摘要，王五留下来加班，结束后赶到约定的酒店时已经迟到一个多小时了。

王五："宝宝，对不起，我来晚了，主任催活，加了会儿班。"

小钱："你为什么总是迟到？你看看，我都在这里等了快两个小时了！"

王五："我哪有总是？我不就今天迟到了一回？再说了，我刚进律所，还是新人，可不得好好干活。"

两人不欢而散，王五很是苦恼，问你，自己究竟是哪里做错了？

在这个场景里，王五显然没有理解小钱的真实意思，作出了错误的回应。小钱所说的"总是"并不是一个事实，而是在表达一种情绪——"我很生气，我很委屈"，这就是一个典型的"情绪路标词"，王五听到"总是"，则认为女友基于不实的事实在责备自己，因此就需要辩驳事实，表明自己迟到的次数很少，用"事实"去回应女友的"情绪"，导致沟通不畅。

这里，我们可以列举一些典型的"情绪路标词"，对方的话里一旦出现"总是，老是，永远，经常，常常，每次，实在是，很少，从不，千万不要，从来没有……"等这一类的语词，你就要清楚，对方并不是在陈述一个事实，他是在表达一种情绪，这时候，我们要做的不是和对方辩论事实真相，而是回应并安抚对方的情绪。

在上面这个场景里，当王五识别到小钱的情绪时，应当点破并接纳这种情绪，进行安抚。那么大家思考一下，在这一场景里，你会如何回答呢？

其次，我们来厘清事实。所谓事实（fact），通常指已被认识到的客观事物、事件、现象、关系、属性、本质及规律性的总称。在沟通场景里的事实与情绪相反，是指那些可考证、可追溯，不受主观判断影响的内容。如何在说话者传递的信息中厘清事实？我们可以使用"5W1H"的分析工具。

"5W1H"分析法是最早由美国政治学家拉斯维尔提出的一种思考方法，被广泛运用于各领域，也成为新闻记者、警察、律师等在核查事实阶段的专业工作方法。从何人（Who）、何时（When）、何地（Where）、何事（What）、何因（Why）、何法（How）六个角度来厘定一个事实（见下图）。

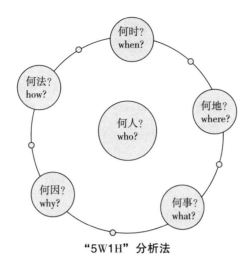

"5W1H"分析法

如果说话者的一段话能用 5W1H 来还原出实际的场景，可基本判断其是事实，如果无法还原出实际场景，则需要继续沟通获取信息来补全要素，如果进一步追问仍无法补全要素，仅仅是从说话者的"我觉得""我认为""我判断"主观推论出，则大概率不是事实。在上述沟通场景 1 中，从小钱的话中，我们可以确认的事实有两个：一是王五迟到，二是小钱在酒店等待近两小时。

当我们识别情绪，厘清事实，接下来就需要进一步来挖掘对方的期待。这里所谓的期待是指说话者所期望的结果。在上述沟通场景 1 中，小钱的真实期待是希望王五能看见她的委屈并给予安慰，如果王五运用结构化倾听就会听出小钱的真实期待，并且作出恰当的回应。

【沟通场景 1 解决方案】

这一场景中，运用结构化倾听后信息识别归类：

*情绪：小钱很生气也很委屈。

*事实：王五约会迟到近两小时。

*小钱的期待是：希望王五能看见自己的付出，希望王五能有更多时间投入这一段关系。

基于此信息分类，王五可以作出回应，用情绪回应情绪，用行动回应期待：

王五："宝宝，对不起，我来晚了，主任催活，加了会儿班。"

小钱："你为什么总是迟到？你看看，我都在这里等了快两个小时了！"

王五："对不起宝宝了，等了这么久你肯定很生气（点破并接纳小钱的情绪），这段时间我刚入职新律所，还在融入团队，确实加班比较多，多亏你这么理解我，包容我（及时赞美小钱的理解），我同学都羡慕我有这么好的女朋友（反馈朋友的认可，升级赞美）。明天我休息，咱们一起去 livehouse 看五条人的现场，我知道你特别喜欢这个乐队（用行动表明自己看到女友的期待，表明自己很认真地对待这段关系）。"

沟通场景 1 仅仅是一个日常生活中简单沟通的场景，很多沟通中的难题在于我们所理解的未必是对方所要表达的，信息的误解、遗漏时有发生，因此，是否能准确解码对方传递的信息，把握对方内心的真实意图，找到说话者的真正期待成为倾听能力高低的区分标准。

一个善于倾听的人，在听人说话时，会边听边在笔记中或者脑海里将所听到的信息进行结构分类，同时，应用反向叙述的方法主动挖掘出更多的信息。所谓反向叙述是指倾听者按照结构化倾听所收集到的信息，遵照自己理解的逻辑，把事实重新描述一遍，让对方做出确认，即我所理解的就是你所要表达的。反向叙述时仍然借助于结构化倾听的三重结构，情绪、事实和期待，一一作出反馈并进行确认。

第一步要做的就是排除情绪的迷雾。很多的沟通之所以不畅，明明对方期待的是"桃"，而你却回应以"李"，这就无法消除彼此信息的盲区、扩大彼此的共识，导致沟通效率很低。其实，我们之所以会搞不清楚对方究竟想要什么，又或者我们似乎总是在沟通的隐形壁垒里转圈找不到正确的出口，很多时候都是因为情绪的阻隔，沟通双方都陷入在情绪的迷雾里，无法看清事实，当然也就不明了对方的期待究竟是什么，从而导致一系列沟通行动的受挫。

首先，说话者的情绪会影响其思考和表达，当然就会给倾听者的倾听和理解增加难度；其次，说话者的情绪涡流很容易将倾听者拉入情绪化反应中，譬如上述沟通场景1中，女友小钱的情绪激发了王五觉得自己被冤枉的情绪，从而为自己辩驳，引发更高级别的冲突。

为避免出现这样的情形，倾听者要养成一个关于倾听的良好习惯，当对方说话时，保持沉默地倾听，不要插话和打断，否则会干扰说话者，或者会触发说话者的防御机制，我们只需要静静地倾听和记录，将接收到的信息进行结构化分类。当说话的人最后停下来时，心里默数三个以上的数字之后才开口。停顿至少三秒再说话有三个目的，一是鼓励对方继续说话，这样可以最大限度给我们提供所需要的信息，二是说话也是人们发泄负面情绪的一种方法，帮助其回到理性思考和表达中，三是当我们停顿时，我们的脑部活动会慢下来，不会把注意力放在情绪上，减少针对对方情绪的应激反应，而是将关注点放在对说话者所传递的信息进行分析和分类上。"在神经化学的术语中，这会抑制肾上腺素（adrenalin，与应激反应相关）而增加后叶催产素（oxytocin），这将使我们感到放松和有依靠，进入一种通人情的状态。"[1] 当我们识别了对方的情绪时，第一步要做的就是点破和承认对方的情绪，切记我们需要正面的回应而不是否定对方的情绪，例如，对一个正在情绪中的人说："你别生气了""你不要伤心了"，这实际上就是否定对方的情绪，我们应当向对方传递"我理解并接纳你当下情绪"的信息，这样做的目的是让对方有安全感，从而减少防御，回归理性。这里我们需要明确一点，一个善于沟通的人总能从谈话中获取更多的信息，能更进一步地扩大各方的共识，从而顺利实现沟通的目标，其关键要点在于他们总能营造一种安全的谈话氛围，让说话者有安全感。任何一个没有安全感的沟通必然会走向失败。接下来，我们不要继续纠

---

〔1〕 ［美］马克·墨菲：《用事实说话：透明化沟通的 8 项原则》，吴奇志译，人民邮电出版社 2019 年版，第 176 页。

缠于对方的情绪中，而是通过问问题的方式将对方拉入对事实的确认中来。

【沟通场景2】

王五和张山是律所同一个小组的同事，两人的工作内容休戚相关。有一天张山由于工作内容被主任批评了，一肚子火，就给王五打电话抱怨："这块内容是你这边负责的，你当时给我统计的时候应该给我解释清楚！你还是985毕业的法律硕士呢，都工作三年了，做事情怎么总是这么毛糙，要考虑周全一点，不要老是给我掉链子。"

王五其实早就在邮件里给张山发了关于统计数据的说明文件，可能张山没仔细看，现在把责任推给自己，而且劈头盖脸对自己一顿骂，王五很恼火，认为张山自己没看说明导致遗漏，同时张山也不是自己上级，只是同事，凭什么来指责自己，男性荷尔蒙飙升，一场职场冲突马上就要发生。

请问，你能给王五什么建议避免这次沟通陷入情绪的迷雾？

➡️ 拆解：

第一步，我们用结构化倾听模型将张山传递的信息进行归类。

结构化倾听模型		
结构化分析我接收到的信息		我根据信息解析后的结果作出回应
识别情绪（情绪路标词）	情绪路标词有"总是""老是""掉链子"，这些语词以及张山的语气显示张山非常生气，对王五很不满。	回应情绪（点破并接纳对方情绪）	1. 表明自己的立场，接纳对方的情绪。2. 划定边界，提醒对方处理好情绪再来进行沟通。
厘清事实（5W1H法）	1. 张山刚刚被主任批评了。2. 张山认为王五对统计数据的解释不够清晰。	确认事实（反馈确认）	确认自己邮件里对统计数据的说明文件，有哪些地方不够清晰，导致张山没有理解完整。
对方的期待（反向叙述）	希望王五和自己的工作配合度提高，不再出现这样的失误。	明确行动（针对期待明确行动）	1. 约定中午两人开个小会沟通。2. 建议张山梳理自己对王五要求的配合点。3. 承诺自己会对此进行调整优化，并及时向张山反馈。

在完成信息归类后，就要表明自己的立场，接纳对方的情绪，表达善意。如王五可以在张山说完以后停顿三秒再说："因为我们俩工作配合度不足导致你被主任骂了，

我完全理解你的愤怒。"

同时需要指出的是张山与王五是平级同事，彼此是协同合作的关系，因此责任的边界应该清晰，我们也要保护好自己的边界，不容随便入侵，否则自己就很容易变成职场上任人拿捏的"软柿子"。基于此，王五可以提议在张山处理好情绪之后再约时间来讨论这个问题。王五可以这样说："如果我们带着情绪来交流，没法很好地优化我们的工作配合流程，解决我们的问题，这样，等你调整一下自己的情绪，中午咱俩碰一下，捋捋你有哪些需要我更好配合的环节，我来做调整优化。"这样就能将张山的注意力导向如何更好地解决问题上来，有效避免无谓的冲突。

通过以上拆解，可以看到，当我们用结构倾听模型归类信息，点破并接纳对方情绪，但同时划定边界，换时间换场合重新进行沟通，这样的处理，王五就不会被张山的情绪涡流裹挟。无论我们在法律咨询等面向客户的外部沟通还是在职场的内部沟通，抑或在家庭内部沟通中都可以使用这样的沟通方式，排除情绪的干扰，实现有效沟通。

第二步，遵循5W1H反馈确认事实。在倾听中持续地获取并补全信息，能帮助我们更高效地达成沟通的目标。一种有效的方式就是在沟通过程中与对方进行确认，通过复述对方的表达，询问我们所理解的是否是对方所表达的，当然，这里的复述事实并非一字不差地重复对方的话，而是将结构化倾听所分类整理的事实信息用我们自己的语言简略地说明。

在法律咨询工作中，与当事人持续反馈确认事实尤为重要，可以根据不同情形持续询问。

情形1：如果当事人描述的事实按照5W1H分析，信息基本具备，可以这样询问：

——你刚说了这几点，我的理解是……不知道我的理解对吗？有没有遗漏，你还有什么需要补充的？

情形2：如果当事人描述的事实信息不全，或者我们没有听懂，就需要我们进一步询问细节：

——不好意思啊，这些部分……我还不是很清楚，你能再跟我说说吗？

值得提醒的是，在反馈确认阶段要灵活运用开放式提问与封闭式提问，所谓开放式提问是指提出比较概括、广泛、范围较大的问题，对回答的内容没有严格限制，给对方以自由发挥的空间，由此可以引导当事人主动讲出更多信息，从而高效准确地了解当事人的问题与需求。开放式提问通常使用"什么""如何""为什么"等语词进行发问，让当事人就有关问题给予详细的说明。

带有"什么"的提问往往能够获得关于事实的信息，例如：

——请告诉我，发生了什么事？

——你为了解决这个纠纷曾做过什么（哪些）努力呢？

带有"如何"的提问往往牵涉某件事的过程、顺序，例如：

——你是如何处理你们之间的矛盾的？

——那天晚上，她在宿舍大声骂你是小偷，你如何回应的？

带有"为什么"的提问通常可以引出对事件原因的探讨，例如：

——你为什么不直接找她说明情况呢？

——宿舍里还有其他两位同学，她为什么认为这条项链是你拿走的？

所谓封闭式提问，是指提问者提出的问题带有预设的答案，对方的回答不需要展开，从而使提问者可以明确某些问题。封闭式提问常被用来收集信息并加以条理化，通常在我们想要确认某一具体问题时使用，澄清事实，获取重点并进一步缩小信息范围。封闭式提问通常使用"是不是""对不对""要不要""有没有"等词汇进行提问，而回答往往也是由"是""否""对""不对"构成的简单答案。若当事人的叙述偏离主题，通过封闭式提问可以适当地终止其叙述并回到谈话的主题，帮助我们获得更多的事实信息，又或当我们需要进一步明确具体细节时，可以通过封闭式问题进行确认。

提出封闭式问题时，要有的放矢，根据我们所需确认或抓取的信息目标设置不同强度的问题。

当需要对某一个具体时间点、地点、行为等信息进行精准确认时可以进行"极端封闭式提问"，这类问题的回答非此即彼，只存在两种选择，逼迫回答者在两个封闭的选项中做出抉择，例如：

——她丢失项链那天，你说你去校外上课了，很晚才回到宿舍，那你是晚上九点还是九点四十分进的宿舍？

——事发那天，你用凳子砸了她还是用吹风机砸了她？

——你是否同意这个和解协议？

当需要获取某个特定的、一个或几个信息时可以进行"适度封闭性的提问"，例如：

——你和她之间的不和持续多久了？

——当你发现他赌博，一个晚上就输掉了一个月的工资时，你做了什么？

当需要获取当事人的目标以及对我们提供的法律服务方案的态度时，可以进行"高度封闭性提问"，回答者必须从所有的答案中选择一个最合适的，犹如完成多项选择题，例如：

——你和她既是室友也是大学同班同学，你是想和她和解，或者是调解，还是一定要起诉她呢？

——针对你们的纠纷，我们提供了三种解决方案，你更倾向于选择哪个？

在法律咨询中，当我们第一次与当事人进行交流，可以选择开放式提问，引导当事人进行开放性叙述，这样信息的获得会更充分。对于缺失信息的确认时，可以选择封闭式提问，在这个阶段，我们要耐心地探讨每一个问题，引导当事人的注意力，让其穷尽记忆，从问题中追问问题："在这个部分我们还需要确认几个问题，第一个问题……"在确实听清楚并得到对方确认之前，不要轻易转移到另一个问题上，要尽量将问题一次问清楚，问透彻，同时，我们的提问也要有条理，按照一定的逻辑顺序组织问题，可以按照时间顺序、空间顺序、法律关系的不同主体等顺序来提问，[1] 这样能帮助我们和当事人之间的"乔哈里窗"盲区减少，共识增加。关于如何拟定问题清单，我们将在本书学习单元二中进一步阐述与讨论。

---

〔1〕 刘瑛：《律师的思维与技能》，法律出版社 2006 年版，第 73 页。

第三步，针对对方期待，明确行动。反向叙述的第三步就是明确行动，就是按照我们前面所获取并理解的信息，把对方的期待，翻译成接下来明确的行动方案，让对方清晰地感受到，倾听者的确听懂了其意思，而且有明确的行动方案，因此而觉得放心。

【沟通场景3】

周五早上一上班，王五就接到顾问单位李思的电话："王律师，你们这个法律意见书搞了这么久，怎么还没弄好？老板催着我们走进度呢！"

王五心想自己这周二才接到这个案子，而且已经明确下周二反馈法律意见，于是就回答："李总，我们周二才正式定下来接这案子，会上咱们不是敲定下周二出意见吗？"话一出口，王五就后悔了，应激反应下的回应终结了这场谈话，李思话音里明显不满："行吧，那你抓紧点。"

如果我们用结构化倾听，将客户李思的话里所隐藏的信息进行归类：

识别情绪："搞了这么久，怎么还没弄好？"显然，李思着急了。

厘清事实：一是王五周二接到的任务，约定下周二反馈法律意见，今天才周五；二是李思的老板催进度，这件事比较紧急。

对方的期待：希望王五能提前给法律意见书。

通过结构化倾听，明确了李思的期待，王五可以明确接下来的行动，可以尝试这样回应李思：

"抱歉，李总，是我没考虑周全，没及时向您汇报进度，让您着急了（响应对方情绪）。这个合同的审核意见整体部分已经基本完成了，我明天写完，周日下午六点前我发给您过目，周一上午我们可以见面讨论吗？您看哪个时间段比较方便（提前两天完成，并且约定时间讨论）？"

在这段回应里，王五律师用明确而具体的行动回应了客户李思的期待。由此可见，一个善于倾听的人，自己听懂很重要，但更重要的是要把"我已经听懂您的意思了"这个信息明确地传递给对方，并让对方进行确认，由此我们就将沟通导向一个有价值的结果，确定双方就这一个沟通达成了共识。

实践之

训练实验室：

实验一：请你选择一次沟通，用结构化倾听的方式做好详细的记录（结构化倾听模型表格见本书工具包），并将沟通过程记录以及复盘分享在班级讨论区。分享可以包括四个方面的内容：

第一，场景介绍；

第二，按照课程内容的拆解；

第三，下次如果有相似情景可以如何改进；

第四，留个开放性问题，问问同学有没有什么好的建议，好的技巧。

实验二：用结构化倾听模型，制作分析表格，指出年轻助理们存在的问题，如果是你，你会如何回应？（结构化倾听模型表格见本单元表1）

结构化倾听实训素材1　结构化倾听实训素材2　结构化倾听实训素材3

（四）听话听音，听懂言外之意

当我们在沟通中建立了积极倾听的态度，养成了沉默倾听的习惯，并且熟练运用结构化倾听模型后，作为进阶的倾听者就需要学习如何听懂当事人的弦外之音。事实上，在法律咨询中，"当事人询问的问题其实不是他挂在口头的言语，而是潜藏在话语水面之下的巨大冰山。"[1] 例如：你已经向当事人详细分析了他所咨询的这个合同存在的问题与风险，并提供了修改的建议后，当事人说：

——"我对这个问题还是不明白。"

这句话的意思是你讲得还不够清晰，或者他认为你提供的修改方案不够清晰。

——"这个合同真的能够帮我解决问题吗？"

这句话传递了他内心深处的忧虑，怀疑你的方案能否解决他的问题。

——"说实话，我还是不知道怎么办？"

这句话表明他不认可你的修改方案。

由此可见，作为法律服务的提供者，必须学会"听话听音"，听懂当事人的弦外之音，如此才能对症下药，解除对方的防御、戒备与忧虑，赢得信任。

实践之

学沟通之：猜一猜

听话听音实训素材1　听话听音实训素材2　听话听音实训素材3

---

[1]　高云：《思维的笔迹：律师思维与写作技能（上）》，法律出版社2009年版，第43页。

沟通之所以是复杂的，究其根本乃是因为人性的复杂性，同样的场景，相同的语言，可是说话者隐含的信息也许迥然不同。有的人表达直截了当，简洁明了，有的人喜欢九曲流觞，言犹未尽。然而，正如实验心理学家史蒂芬·平克（Steven Pinker）所说："虽然没有两个人拥有同样的面孔，各种地方文化也存在着种种差异，但这些都只是一种表象，就本质而言，人类拥有同样的心理结构。"无论人性是如何复杂多变，我们总能通过对人的行为特征的分类、归纳、总结，找到一些具有共性的基本类型。因此，在沟通的场合，我们可以通过观察提问，获取相应信息，初步了解对方的沟通风格，从而提高我们的沟通效率，达到沟通的目标。

如何识别一个人的沟通风格，有很多方法，古典传统中的周易术数、星座星象，现代科学中心理学、管理学有九型人格、MBTI 十六型人格，现代年轻人也经常用"i人"或者"e人"来给自己打标签，但是这些方法都比较复杂，这里，我们借助一个简单的 PDP 沟通模型——四种动物类型沟通风格（见下图），即老虎代表控制型，孔雀代表表现型，考拉代表温和型，猫头鹰代表谨慎型。

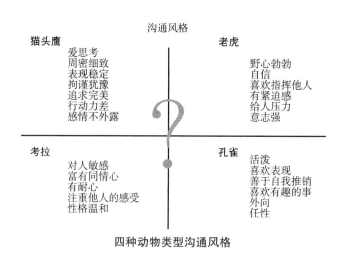

四种动物类型沟通风格

1. 与老虎型当事人沟通。老虎型是典型控制型，由老虎的形象就可以联想到这种类型的人有力量，掌控欲很强，积极自信。这种风格类型的人比较好识别，因为他们目标感强，容易下决断，不拖泥带水。他们在表达的时候习惯用祈使句下达指令，非常直达，不委婉，说话快速且具有说服力，通常会和谈话对象进行直接的目光交流，在沟通的场合常常会率先打破局面，掌控全局。他们的办公室往往会摆放日历、工作计划要点等。

当我们通过与当事人的会谈，初步判断对方是老虎型沟通者，就要切记沟通过程中不要让对方觉得自己身处"黑箱"，产生毫无目标的失控感，否则沟通会被导向无效甚至被终止。老虎型沟通者对"掌控感"有着很强的心理需求，有效沟通必须以目标为导向，结论先行，直接进入主题，释疑解惑，并且主动与其约定时间反馈进度。需要提醒的是，老虎型沟通者虽然喜欢直接，但也会佯装客气，如果沟通中，你发现他既没有设立目标，又没有给你明确的指令，那就意味着他在跟你客气，此时，你需要直接提问，请求他把目标说出来，这才算真正听懂了老虎型沟通者内心"无声的呐喊"。[1]

2. 与孔雀型当事人沟通。孔雀型是典型的表现型，顾名思义，这种类型的人表现欲强，犹如孔雀开屏一般，引人注目。孔雀型的沟通者属于典型的"自来熟"，没有社交距离（Social distance），[2] 善于表达，在沟通中喜欢使用手势，面部表情通常都很丰富，擅于运用有说服力的语言，富有感染力，他们的工作空间会随处可见各种能鼓舞人心的物件。与老虎型"目标导向"沟通不同，孔雀型沟通者以"关系维护"为首要目标，特别在意搞好关系，会不自觉地取悦对方，同时也就特别在意对方是否看见并予以回应。

当我们通过与当事人的会谈，初步判断对方是孔雀型沟通者，就要切记沟通过程中要及时肯定并赞美对方，要探寻并回应他的感受，表达对其感受的重视，这是对孔雀型沟通者行之有效的沟通方式。

3. 与考拉型当事人沟通。考拉型是典型的温和型，敦厚稳定、温和友好，害怕变化，不喜冲突，尽可能回避争执，容易共情，这些特质使得他们在集体环境中左右逢源，通常被认为是"老好人"。考拉型的沟通者通常说话慢条斯理，声音轻柔，经常使用赞同型、鼓励性的语言，面部表情和蔼可亲，办公室里摆有家人的照片。考拉型沟通者虽然与孔雀型一样都重视关系维护，但其相对被动，总展露出毫无攻击性的善意，不愿意得罪人。两者的内在动因也不同，考拉的关系维护是基于对变化的恐惧，因此要适应与配合所有人，孔雀的关系维护则基于对"被看见"的渴求。

当我们通过与当事人的会谈，初步判断对方是考拉型沟通者，就要切记，考拉型沟通者虽然经常说"随便、我都行、听你们的"，但是当他说"都行"的时候，未必真的都行，应当继续追问"都行"背后的压力与顾虑。

4. 与猫头鹰型当事人沟通。猫头鹰型是典型的谨慎型，通常性格内敛，条理分明，注重细节，具有高度精确的能力，其行事风格重规则轻情感，事事以规则为准绳，善于以数字或规则为表达工具，使用精确的语言、注意特殊细节而不大擅长以语言来沟通情感，很少有面部表情，动作缓慢。不同于孔雀的"自来熟"，猫头鹰型的沟通者通常慢热，不轻易表扬人，得出"一个人是否靠谱"的结论，要建立在足够多的证据之上。基于此，与猫头鹰型当事人沟通时要主动为其提供信息、流程和规则，只要他觉得你给足了正面证据，相信你提供的方案具有可行性，你就会赢得他的信任。

5. 与复合型当事人沟通。所谓复合型沟通者，是指其沟通风格兼具两种以上沟通特质的人，通常在有着丰富生活经验的成年人的言行与处事风格中体现出来。例如，一个老虎型为了获得更多的"掌控感"，渐渐养成了具有感染力与说服力的"孔雀型"特征；又如猫头鹰型难以忍受混乱，把自己逼出了"老虎型"特征。法律咨询的场合，当我们遇到这种复合型当事人，我们可以用复合的方式去与之沟通。

---

〔1〕　脱不花：《沟通的方法》，新星出版社 2021 年版，第 28 页。

〔2〕　人类学家爱德华·霍尔在其著作《隐藏的维度》（The Hidden Dimension）中，将人与人沟通交流时的空间距离从亲密到生疏设定为四个等级：亲密距离大约在 15 厘米~44 厘米之间，个人距离大约在 45 厘米~120 厘米之间，社交距离大约在 1.2 米~3.6 米之间，公众距离大约在 3.7 米~7.6 米之间。

与"孔雀+考拉"的复合型当事人沟通，就需要赞美他，同时让他产生安全感，觉得你提供的方案不会让他处在变动之中。与"老虎+孔雀"的复合型当事人沟通，要让对方在自我表现的同时获得掌控感。与"老虎+猫头鹰"的复合型当事人沟通，既要以目标为导向，同时严格遵循流程，关注细节。

表2　四种动物类型沟通要点

类型	老虎	孔雀	考拉	猫头鹰
特质	掌控感	自我表现 被看见	温和 害怕变化	谨慎有序 注重规则与流程
害怕	失去控制	被忽略	变化	混乱
非正常状态	没设立目标	没有表现自己	欣然接受变化	率先正向表态
有效沟通要点	目标导向	肯定与赞美他/她	主动关切 让他/她有安全感	关注过程与细节 让其感觉有序

（五）好好说话：结构化表达模型

诚如前述，沟通就是信息输出者经过编码把信息通过一定的渠道（载体）传递给信息的接收者，信息接收者接到信息，进行解码，并做出相应反馈的过程。我们在掌握了作为信息接收者一方如何接收信息并进行解码的方法后，需要进一步学习作为信息输出者一方如何编码信息并以恰当的渠道进行传递，易言之就是如何有效表达。

"能说会道"，已然是公众对法律服务工作者的共同印象，然而，口若悬河、滔滔不绝的表达未必就是真正的有效表达，因为，任何沟通都是信息的交互传递，信息输出者在向对方传递信息时，往往存在一种"沟通漏斗"现象（见沟通漏斗图），[1] 说话者心里想要表达的信息是100%，但其表达出来的往往只有80%，而未受过训练的听众能听到的最多只有60%，听到且听懂的信息就只有40%，真正落实到行动则仅剩下20%，在信息从表达者流向接收者的过程中，信息减损了80%，这些损耗了的信息就是沟通中存在的巨大成本。如果要降低"沟通漏斗"中的信息损耗，最佳方案莫过于信息的输出者与接收者高度同频，共处相同的"专业食槽"，具备相同的思维结构，所谓"你是我肚子里的蛔虫"就是高度同频沟通的典型体现，然而这种高效沟通始终是稀缺的，仅是一种理想的沟通状态，大多数沟通中信息总是不断被遗漏。法律咨询的工作中，沟通的一方除了熟练掌握倾听的技巧与方法外，还需要学习如何成为优秀的表达者，这里的表达在形式上包括了文字表达与口语表达，在场景上包括了公众性表达，如演讲，包括了客户沟通中的表达，也包括了工作团队的内部沟通，无论是哪种

---

[1] 黄漫宇：《结构化表达：如何汇报工作、演讲与写作》，机械工业出版社2020年版，第56页。

表达都可以借助结构化表达模型，养成结构化思维的习惯，掌握结构化表达的技巧，提升表达的能力。

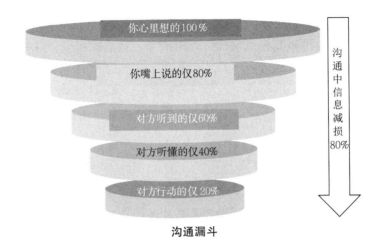

沟通漏斗

关于结构化表达模型，艾森·拉塞尔曾指出任何咨询有三个基本思路：一是以事实为基础，二是以假设为前提，三是严格的结构化，并强调严格的结构化是解决问题的关键，法律咨询工作的内在逻辑亦复如是。

所谓结构化表达是指表达者将所要表达的内容遵循结构化思维的原则来进行组织编码，并以恰当的方式进行输出，其特点可以概括为：主题明确、逻辑推进、分类清楚、以上统下（见下图）。无论哪种沟通的场景都可以应用结构化表达模型来提高沟通效率，实现有效沟通。

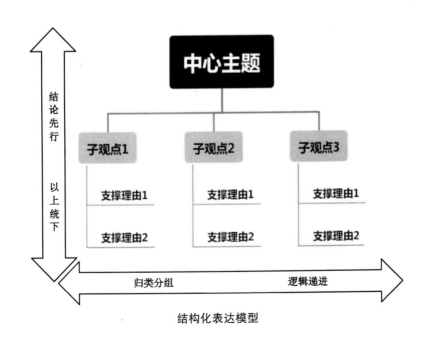

结构化表达模型

结构化表达首先是基于对表达内容进行结构化的思维处理，根据沟通主题、沟通目的、沟通场景搭建框架结构，组织语言，力求做到"想清楚，说明白，知道说什么、怎么说"。当下受众较广的结构化思维模型就是"金字塔模型"，学习这种模型能帮助表达者在任何沟通场景中做到重点突出，逻辑清晰。从上图可见，这种模型的基本结构就像一座金字塔，结论先行，以上统下，归类分组，逻辑递进。表达时在内容组织上做到先重要后次要，先总结后具体，先框架后细节，先结论后原因，先结果后过程，先论点后论据，同时关注受众的意图、需求、利益和兴趣，将需要表达的信息有结构地传递。试举一例，来看看经过结构化思考前后表达效果上的差异。

【结构化表达场景】

律师助理王五需要在本周安排一次三方会谈，原定在周二上午九点进行会议，但周一下午接到甲方单位李思的电话说周二上午九点的会谈他无法参加，周三至周四下午都有时间。王五赶紧联系会议其他参与方协调更改会议时间。赵高说周二下午出差，周三下午五点才能返回；刘云说周三下午、周四上午有空当。王五综合这些信息后，又查看了主任的行程，发现周四上午大家都可以进行会议，所有人都能参会，于是去向主任汇报。

【王五未经结构化组织的表达】

"主任，刚刚李思总来电话说明天上午九点的会议他来不了，周三以后才有时间。赵高律师说她明天下午出差后天下午才回来，刘云总说目前周三下午，周四上午还有空当，三方会谈时间改到周四上午九点，正好您也有时间，您看可以吗？"

请问，假如你是王五的主任，你的感受是什么？

如果王五学习了结构化表达模型，将其所获信息用金字塔模型进行结构化组织，先总结出一个结论，也就是金字塔塔尖的核心观点，即周二的三方会谈改至周四上午九点召开，接下来梳理支撑论证核心观点的理由，一是三方会谈的关键人物甲方的李思不能参加周二的会议，但是周四可以参加，二是会谈另一方刘云和赵高周四也可以参加，三是律所主任也有时间参加，如下图所示。

金字塔模型的运用

进行上述结构化梳理之后，王五就可以向主任汇报，如果主任比较忙，可以直接和领导说结论，如果主任想知道具体原因，则可以根据上图金字塔下方的信息做进一步的汇报，需要指出的是，我们的表达方式可以根据情境和对话者的人格类型进行调整。如果主任是老虎型，直接给结论，请他定夺；如果主任是猫头鹰型，则既要给结论，还要说明理由和流程；如果主任是考拉型，则需要强调，改在周四召开会议不会给三方增加任何额外的负担；如果主任是孔雀型，则需要提一下他一直强调三方会谈的重要性。

【王五经结构化组织后的表达】

"主任，明天上午九点的三方会谈可以改在周四上午九点开吗？因为李思总刚来电说明天行程冲突，但周四可以赶来参会，刘云总和赵高律师也能参加，并且您也有空当。"

从以上示例可知，结构化表达模型分为四步：界定问题，明确目标，建构框架，清晰表达。

1. 界定问题。任何以提供解决方案为目标的沟通中，找准问题，命中靶心必然是良好沟通的开端，因此，界定清楚问题是进行清晰表达的第一步。法律咨询工作中，如何从当事人漫无边际的陈述中找到其真正要解决的问题，既需要我们对人性有一定程度的了解，更需要掌握找准问题、探究问题本质的方法，例如借助思维导图将问题的边界设定清楚，分析问题的构成要素，同时用"五问法"找出问题产生的根本原因，接下来从根本上寻找解决问题的法律对策就变得更简单了。

【界定问题场景】

律师助理王五接待了一位来访者张女士咨询离婚事宜。会谈中，张女士表达了要离婚的决心，但丈夫不同意离婚，双方无法达成协议，只能提起离婚诉讼，并详细列明了其和丈夫名下的共有财产以及自己名下的婚前房产，接下来，张女士反复陈述其对未满两岁的儿子有很深的爱，从怀孕到生产都受了很多苦，无论如何都无法割舍。王五指出未满两周岁的幼儿抚养权问题，法院会从有利于孩子身心健康的角度出发将孩子抚养权判归母亲，话音刚落，张女士就说那等儿子过完两周岁生日再起诉离婚。王五有点困惑，不知道张女士的真正意图是什么？

在上述场景中，张女士的问题是想要提起离婚诉讼，但是在孩子抚养权这个问题上却隐藏真实意图，恐怕其中的原因在于张女士内心的自我评判与愧疚，担心承认自己不想要孩子抚养权会引发王五对其本人产生消极评价，认为她没有作为母亲最起码的良心和道德，这就导致其在会谈中刻意强调对孩子的爱，而在做出真实决策时又做出与之相反的反应。这就需要我们明确向当事人表达无论做出什么选择都是可以的，然后，通过"五问法"来探究其问题背后的本质。所谓"五问法"是指为了探究问题的根本成因，对一个问题点连续追问为什么，根据需要确定追问次数，可以少于或者多于5次，直到找到根本原因。值得提醒的是，用"五问法"分析时应该保持空杯心态，避免先入为主的假设和逻辑陷阱，而是从结果入手，按照因果关系的逻辑顺序不断深挖，找到问题的根本原因，从而为后续提供解决方案确立明确的方向。

张女士离婚案五问法示例

五问法的运用

如上图所示，我们提出第一个问题，追问为什么要在孩子两周岁后提起离婚诉讼？张女士回答说不想要孩子抚养权，第二个问题就接踵而至，为什么不想要孩子抚养权呢？通过这个问题才清楚张女士基于再婚考虑想放弃抚养权，第三个问题进一步明晰了张女士因为工作不稳定，收入不高，如果再带着一个孩子会影响其在再婚中选择更合适的对象。由此可见，当我们对问题成因或者当事人目标不清晰时就可以运用"五问法"对于一个问题点连续提问为什么，找到问题症结所在，从而为后续寻找解决问题的对策与方案打下基础。

2. 明确目标。当我们清晰地界定了需要解决的问题后，就要进一步明确表达目标是什么，亦即在表达以后，你希望达到的结果和状态是什么。在法律咨询中，较为常见的表达目标有两种，第一种是行动性主张，明确告诉客户要做什么，并且说明采取行动后可能达到的效果，或者实现何种目标，换言之，采用"要做什么+这样做的好处"的句式明确提出主张和建议，"要做什么"是我们根据分析之后的结论提出的解决方案，"这样做的好处"是对上述解决方案的利弊分析，需要注意的是，不同的沟通对象所关注的"好处"是不一样的，因此，当阐述行动方案的好处时要根据受众不同的利益点进行有针对性的说明，该方案最重要的、受众最为关注的利益点放在前面。第二种是描述性主张，如告诉客户签订这个合同可能存在的法律风险就是一个典型的描述性主张，可以运用演绎或者归纳的方法建构要表达的思想的语句。一种简明易用的模型是"CABC框架"，即表达"在何种情境下（C：condition）-受众（A：audience）-做何行为（B：behavior）-获得何种预期结果（C：consequence）"。

3. 建构框架。针对问题，明确了我们的表达目标后就需要选择恰当的框架将要传递的信息进行"有效编码"，这是结构化表达中关键性的一步。一个基本的框架就是前述"结构化表达模型"，当受众熟悉该主题的情境下尤为有效，如向客户等利益相关人、团队成员等业内人士汇报法律咨询解决方案，需要指出的是，以结论先行为原则的"结构化表达模型"适用于大多数场合，但是在传递负面信息时，抑或在受众的情绪比较抵触时例外，这一模型通常用于正面信息或者中性信息的传递。第一步，须在受众理解与认可的情形下抛出结论，提出解决此法律纠纷的核心建议，第二步则是为证成核心建议提供3个左右的论据观点，[1] 第三步，逐一为每个论据观点提供必要的事例、数据、故事来支持自己的观点，第四步则需要在结尾部分重申自己最初阐明的结论，通过这种重述来让受众聚焦在你的核心建议，并与前面两相呼应，实现表达的逻辑闭环。

4. 清晰表达。初步建构了表达框架后，我们需要画出并完善结构大纲，避免在表达时思路不清晰，同时，结构图将表达的内在逻辑以视觉化的方式展示出来，辅之以语言，通过图文并茂的方式让受众对传递的信息一目了然，由此可见，可视化是让表达清晰的一个非常有用的工具。众所周知，人的大脑分为左脑和右脑，分别掌管逻辑思维与形象思维，我们日常表达中最常用的语言文字，极大激发受众左脑的逻辑思维部分，如果加入图像的形象化表达，则右脑的形象思维能力也被激发，就更容易准确接收并解码表达者所传递的信息，沟通效率得以提升。基于此，表达可视化的努力一是可以在表达中加入图表化内容，可以使信息一目了然，因为图表所传递的信息密度更高，传递信息速度更直观，同时更具有整体性，避免出现语言传递中"只见树木，不见森林"的偏狭；二是可以用讲故事、打比方甚或是使用道具等方式来增加表达的形象化。因为抽象的说理通过故事或道具可视化后更容易为受众理解和接受，几乎所有的销售高手都擅长讲故事，法律咨询工作中也潜藏着销售法律服务产品的目的，亦因此，如何将表达可视化、形象化也是我们需要不断实践并总结提升的沟通技能。

实践之

训练实验室：跟乔布斯学演讲。

乔布斯的产品发布会一直被认为是产品发布的经典之作，涉及如何向他人（公众）表达，请你结合我们之前的学习内容，评价乔布斯发布会的优点与缺点。

乔布斯演讲素材

---

〔1〕 为何在表达观点时以三点为宜？根据英国经济学家和逻辑学家威廉·杰沃斯在1871年所做的实验结果表明，人类大脑准确的短时记忆数量在5~9之间波动，基于此，为让受众在一般状态下准确接收你传递的信息，一次性传递信息要点数量最好在3个左右，也可以是2~5个。黄漫宇：《结构化表达：如何汇报工作、演讲与写作》，机械工业出版社2020年版，第107页。

学习乔布斯的演讲后，我认为其表达既有优点也有不足：

优点：

1. _____

2. _____

3. _____

存在的不足：

1. _____

2. _____

3. _____

对照我自己的表达，我需要提升的有：

1. _____

2. _____

3. _____

三、团队协作中的有效沟通：高效会议

从法学院逃逸的著名童话作家格林兄弟曾有名作《布莱梅的音乐家》，用童话故事生动阐述了团队合作的重要性。

【布莱梅的音乐家】

从前有一头驴，它为主人辛辛苦苦干了一辈子，老了没有气力磨面了，主人就想杀掉它。驴听到风声，就逃到布莱梅去，想在那里做个镇上的音乐家。一路上，它先遇见了同样年老体衰的猎狗，因无法再打猎而被迫出逃，于是一同前行。后来的旅途中加入了一只因年老牙钝无法捕鼠险被主人淹死的猫，一只不想成为主人周日午餐的公鸡，四个离乡避难的伙伴一起奔赴布莱梅。

晚上，它们发现一间灯火通明的房子，看见一群强盗正在享受美食，于是想了个办法，驴把前蹄搭在窗台上，狗跳到驴背上，猫爬到狗身上，鸡飞到猫身上，然后发出一个信号，全体开始奏乐：驴叫、猫喊、鸡鸣、狗吠，玻璃震得哗啦哗啦响，吓得强盗们作鸟兽散，四个伙伴进入屋内大吃一顿后，吹熄灯火，各自睡觉去了。一个强盗回屋侦察，看到猫的亮眼睛，以为是燃烧的煤炭，想去点火，猫跳起来，朝他脸上又嘘又抓，那强盗拔腿就逃，却又被狗咬伤，还被驴重重地踢了一脚，公鸡从梁上朝下大声"喔喔喔喔"，强盗吓坏了，回去后跟强盗头目说："屋里坐着个凶巫婆用长指头抓我的脸，一个人拿刀刺我的腿，院里一个黑怪物用木棍打我，屋顶上还坐着个法官大喊着要拿下我这个坏蛋，我只得赶快逃回来。"从此，强盗们再不敢到那座房子里去了。四个布莱梅镇上的音乐家快乐地住在那里，不用再到别处流浪去了。

在现代语境里，这个童话传递了一个重要的观念，即单个的人或动物并不具备完成复杂任务所需的全部才能或技巧，任何复杂任务的完成都仰赖于团队内部的有效沟

通与高效合作。团队成员之间的有效沟通能在团队内部共享彼此的信息，不断拓展"乔哈里窗"的信息共识区的边界，从而能发现成员各自思路的缺陷和偏见，能考虑到个体可能考虑不到的事情，也能更好地执行解决问题的方案。[1]

所谓团队沟通是指团队内部成员通过谈话来分享信息，以实现某个共同的目标。团队沟通常以会议形式呈现，有数据称全国每天上午就有近 3000 万个会议在召开，而不可避免地，会议中有 50% 的时间是被浪费了的，基于此，作为团队成员，如何高效地组织或参与会议成为法律服务者的沟通必修技能。

（一）组织高效会议的五个步骤

在我们要组织会议之前首先需要确定即将召开哪种类型的会议。通常而言有五种常见的会议类型，一是以共享信息为目的的信息共享会，这是一种过程导向的会议，是团队内部沟通非常重要的交流方式；二是以为某个具体问题寻找解决方案的对策讨论会，其以目的为导向，通常都是临时、迅速召开；三是团队内部定期召开的委员会会议；四是团队内部的培训会或研讨会，旨在引导与会者学习与了解新技术、新项目等；五是以团队内部各部门代表了解团队运营与发展为目的的运营会。[2]

1. 明确会议目的。组织高效会议的第一步就是要明确会议的目的，即讨论清楚召开会议的目的是什么？我们可以用几个问题来厘清这一点，这次会议是否非开不可？是否存在会议以外的其他实现目标的方法？这次会议如果进行顺利，将会取得什么成果？如果没有必要开会，就务必不要开会，因为任何会议的时间成本都是巨大的，有研究表明 44% 的人认为低效会议浪费了自己的时间，43% 的人认为会议的结论不清晰导致更大的混乱。

2. 明确会议类型与参与者。当明确会议的真正目标后就需要确定此次会议的类型，同时进一步明确会议的参与者，谁必须参加会议？这次会议中谁十分重要？谁可以不需要参加会议？选择参会人员时可以遵循如下四个原则。一是相关原则，每个参会者与会议有一定的相关性；二是目的原则，参会者都有特定的目标；三是权威原则，参会者中需要有会议主题高相关的专业权威，亦即内行参会；四是决策者原则，参会者中要包含能就会议主题得出结论，做出决策的人。

3. 讨论会议方案，制定会议议程。确定会议的目的、主题与参与者之后就需要在召开会议前制定确保会议顺利进行的会议方案，我们仍然可以用前述"5W1H"的模型来建构会议方案的基本内容，与将要参加会议的其他人制定具体的会议议程。

---

〔1〕［美］格洛丽亚·格莱勒斯、凯瑟琳·亚当斯：《高效小团体沟通：理论与实战》，刘海虹等译，复旦大学出版社 2013 年版，第 7 页。

〔2〕［美］博恩·崔西：《高效会议》，王琰译，中国科学技术出版社 2021 年版，第 29 页。

高效会议方案的5W1H模型

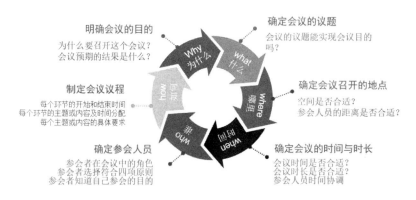

高效会议方案的 5W1H 模型

若要有效地召开会议，就需要根据上述 5W1H 模型制定书面的会议议程，无论是正式还是非正式的会议，无论会议时间长短，都需要有明确的书面议程，唯如此方能将与会者的注意力集中在讨论议程上的所有议题，并就需要完成的事项做出决定。会议议程的第一句话就应当描述此次会议的目的，然后按照优先级和重要性的顺序分项列明所有议题，将最重要的议题放在最前面，制定会议的流程。会议的流程应当将会议计划的开始时间和结束时间拆分成不同的时间段，不同的时间段有不同的会议主题，不同的议题承载着不同的会议内容，也有着相应的要求与对应的负责人、参与人与协助人。

4. 会议通知，分发会议背景信息。会议通知的目的是分享会议信息，拓展"乔哈里窗"共识区的边界，让参会者清楚会议的目的，参会需要做的准备以及需要解决的问题。会议通知的发放需要关注四个问题：一是会议通知发放时间，需及时、恰当。根据不同类型的会议，会议通知发放时间皆有不同，与会议的重要程度、会议时间与会议规模成正比，易言之，越重要、越长、越大型的会议，会议通知的时间应当越早，可以提前 10 天以上发送会议通知；越普通、越短、越小型的会议，可以提前 1~3 天发送会议通知。总而言之，会议通知发送时间过早，参会者易遗忘；过晚，参会者行程与会议冲突，来不及调整。二是会议通知的内容要全面，不能遗漏信息。三是会议通知要简洁清晰。四是会议通知要有回执确认程序（详见以下会议通知模板）。

表3　会议通知模板

_____:

为……，拟于××××年××月××日（星期×）在××地召开××会议，现将会议有关事项通知如下：

一、会议时间

××××年××月××日（星期×）8：45-11：15

二、会议地点

××地××楼××会议室

三、参会人员

部门	职务	姓名

四、会议议程

时间	主题/内容	要求	负责人
8∶45-9∶00	签到	所有参会人员到场后签到	会务组
9∶00-9∶15	会议开场	会议要求	主持人1
9∶15-9∶45	议题1	A组参会人员发言限时5分钟	A组参会者
9∶45-10∶15	议题2	B组参会人员发言限时5分钟	B组参会者
10∶15-10∶45	议题1与2的研讨结论	所有参会者可随时发表异议	主持人1
10∶45-11∶15	形成会议决议并确定具体行动方案	根据研讨内容得出的行动方案要可执行、可实施、有时间限制、有责任人	团队管理者
说明	会议中所用电子文件,须提前一天发给会务人员		

五、其他事项

1. 请参会人员提前10分钟到达会场,如有特殊情况不能参加,请于会前两天发至会务邮箱;
2. 会议背景资料已提前发至参会者邮箱;
3. 会议期间将手机调至静音,保持会场安静;
4. 会议纪要将在会议结束后发至参会者邮箱,请核阅后并反馈确认。

特此通知。

5. 会议总结并制作会议纪要。现实生活中,我们开了很多会议,但是没有任何结果,也不知道会上讨论议题的后续发展,其原因很可能在于会议没有形成总结结果并反馈给参会者，有专家将此界定为会议输出不足。[1] 所谓会议输出指的是会议的产出结果，除了形成某个结论或者方案外，还需要有具体的行动要求和工作安排，并及时反馈给参会者，唯如此，参会者才会清楚会议结论与自己工作是否相关，以及之后具体应当做什么，才有可能落实会议上所确定的决议或方案。当然，不同会议的输出重点是不同的，有的会议输出重在会后的工作落实，有的会议输出则强调形成某个文件，有的会议输出则强调对某个问题有了新的解决方法。总之，无论何种类型的会议在结束后都要有明确的重点输出反馈给会议的参与者。

一般而言，会议输出有口头传达、培训学习、录音录像、发送纪要、印发文件五种传递方式，法律服务工作中比较常见的是通过电子邮件发送会议纪要的方式。事实上，会议纪要是会议输出的主要形式，在会议过程中，会议记录人就需要做好会议纪要，首先需要简明扼要地记录会议议程、会议内容；进而需要记录会议中发言的要点、讨论的要点、工作的要点等；同时要详细记录会议形成的决议以及形成决议的过程；最后需要记录后续工作要点，包括工作内容、目标、责任人和落实人等（详见以下会议纪要模板）。

表 4　会议纪要模板

会议名称		会议编号	
会议时间		会议地点	
参会人员		参会人数	
会议主持人		会议记录人	
会议议程		会议议程对应结论	
会议内容纪要		会议内容纪要 需报送部门	
会议决议内容		会议决议 对应操作	
会后落实工作安排			
工作内容及目标	责任人	落实人	检查落实人
备注			

---

〔1〕　任康磊：《你真的会开会吗？高效会议的 4 个关键》，人民邮电出版社 2023 年版，第 43 页。

（二）高效参与会议的要点

通常我们评价一位会议参与者是否高效，主要关注三个方面：其一，专业性，即你的发言主题是否明确，是否能够言简意赅地表达自己的意见；其二，行为举止是否妥当，对同事尊敬，面对对手时有礼有节；其三，是否有良好的情绪控制能力，面对反对意见能集中于讨论本身而不是被情绪导引。

1. 会议前的有效准备。成为一个高效的会议参与者，首先需要养成良好的会议习惯，在会议之前做好充分的准备工作。审视会议目的，明确是否有必要参加会议，如与自己业务领域确实无关，可向会议发起者确认。收到会议议程后，熟悉会议的议程、会议摘要；针对会议议程做一些深入的调研，详细了解议题相关的材料，精心准备参会提案或者研讨准备，并且准备好应对反对意见；要让其他与会者明白，你为了这场会议做了充分的准备，做好准备是专业人士的标志之一。会议的主持人通常都是在你的职业生涯能够产生重大影响的人，因此，当你准备充分，就议题发表真知灼见，输出价值时，必然会被人所看见与赏识，但是，如果你准备不足，所有与会者会立即发现，而准备不充分或者非特殊情况的迟到都被认为是对会议组织者与会议主持人的不尊重。基于此，会议前做好充分准备是一个可以让我们受益终身的良好会议习惯。

2. 会议中的注意事项。会议运行过程中，一个高效的会议参与者首先会遵守会议的纪律，在自己发言的时间段里专业地发表自己的报告，避免冗长；参与讨论发言时，要言简意赅、切中要害，不要偏离议程。无话可说时就不说，不需要没话找话。会议中，发生争议时，要保持冷静，彬彬有礼，尊重对方的边界，坦诚地提出问题，而不是对质，避免被情绪影响。需要特别指出的是，通常会议的前 5~7 分钟都很重要，在这一时间段发言的结果会对会议决议产生比较大的影响，如果想要增加自己对会议议题结论的影响，那么请尽早发言，表达自己的观点，或者向正在就自己活动领域做报告的人提出正确的问题。

3. 面对不同类型的讨论者。会议中出现不同意见和争执并非坏事，适度的争议有助于激发团队的活力和创造力，但是过激的争议则会让会议无法顺利进行，亦影响团队的凝聚。通常会议研讨中会出现五种不同类型的讨论者：

第一种是唠叨型的讨论者，其表现为不断重复自己的观点而无法形成有效正向对话，面对唠叨型的讨论者，错误的做法就是粗鲁地打断其发言，而应当先赞扬或认可他们的观点，然后改变话题，掌握主动。这就像我们不能正面阻挡正在行驶的汽车，迫使其改变方向，而应通过掌握方向盘来改变，其原因在于，唠叨型的讨论者潜藏的心理需求是被认可，被看见，当我们主动满足其心理需求时，就能将对方拉回到会议议题的有效沟通中来。

第二种是好战型讨论者，其通常有极强的领地意识，当发言者的观点触及其领地时会有激烈回击甚至出现人身攻击。我们要认识到，参与会议的人都有一块需要防御的领地，这是他们地位的保证，可被视为自己的禁区，如果人们对自己的领地感到不安全就会变得具有攻击性。当对方的言行让我们认识到有可能已经侵犯到别人的领地时，可以采用两个技巧来进行调整，首先是强调对对方权限的尊重，包括对方的地位和领域，让对方安静下来，并意识到你并没有侵犯到他们的领地，继而向对方提问，让他们回答问题，从而转移注意力，回到会议议题中来。

第三种是扼杀型讨论者，其主要表现为对一切新的提案都否定。在会议中不免会出现喜欢敌视创意，扼杀新的想法的讨论者，如果不能很好地处理往往会错失真正的有建设性的创意。大部分思想的扼杀者往往是思想的贫乏者，因此可以通过反问的方式，要求对方提出自己的想法，并且借助会议主持人或者其他参与者施加压力，通常扼杀型讨论者并不能提出更好的创意与方案。

第四种是强势型的讨论者，其在会议中往往会限制甚至影响正常的讨论，因此要采取一些方法针对强势型的讨论者，如保持冷静，不回应对方的情绪，仅针对论点进行回应，并且向会议主持人表明自己的观点，反复强调自己的观点和立场，确保与会者听到自己的观点。

第五种是干扰型的讨论者，其通常会打断他人发言，或者与其他参会者讨论与议题无关的话题，从而影响会议的正常讨论，这时候，我们应当采取一定的技巧避免让干扰型的讨论者控制会议，或者避免陷入针对情绪的争议，那就是保持冷静，忽视干扰者，只向主持人陈述，说明自己有几个观点需要发表。

实践之

训练实验室：如何高效召开会议？

请以讨论如何做一个高效的沟通者为主题召开一次研讨会，一个小组作为会议的主持者，负责制作会议方案、发布会议通知、布置会议场地、组织会议运行、制作会议纪要等工作，其余小组作为会议的参与者，根据会议议程要求参与会议，做好会前准备、主题发言、评议以及会议复盘等工作。

高效会议素材

会议中的错误行为1

高级组织会议或讨论的原则与方法

学习单元二　案件事实的收集与处理

学习目标

①对"事实""案件事实""法律事实"的界定与理解。②对案件信息的收集与可视化建构。③拟定案件事实调查方案。

重点提示

①案件信息的收集方法。②案件事实的可视化建构。

 学新知　　 实践之　　 评价之　　复盘之

一、案件事实的界定

 学新知

（一）法律咨询中的案件信息

诚如前述，法律咨询与医疗咨询具有相同的逻辑结构，都是来访者"向专业人士求教解决相关问题的对策"，提供咨询服务的一方需要充分了解来访者的目的，所遇问题的详情，进行调查、研究与分析之后，提供专业的意见，帮助来访者采取最佳化的问题解决方案，基于此同构性，医疗咨询中行之有效的"望、闻、问、切"亦可在法律咨询服务中移植与化用为"听、记、问、求、答"，其中的前四个环节都是围绕案件信息的收集与整理而展开。

知识讲授·提供法律服务VS提供医疗服务

会见当事人　　　　　医生看诊病人

【法律咨询场景 1】

律师助理王五在社区值班时接待了一位来访者孙女士咨询房屋质量问题。

王五："孙姐，你的房子遇到了什么问题？"

孙女士："我在靖江家园买了一套二手合院别墅，今年 3 月份和老公一起去看了两次房子，我们两个人都蛮欢喜的，就在 5 月 20 日付的款，27 日办理了过户手续，准备夏天就搬进去住，一直也没时间过去收拾，没想到 6 月黄梅天，下了很长时间的雨，快半个月都是下雨。结果有一天我回家竟然发现客厅都被淹了，二楼的天花板已经塌了，到处都是水和泥。我特别气愤，那么贵的别墅竟然质量那么差，我赶紧通知了物业公司，物业公司的人来看了，没办法修又推荐了专门的泥瓦工来处理，结果我花了将近一万元钱。我听邻居说，这个别墅以前就漏过，而且以前住的人还请人来修过，但是我后来找卖方，他们居然说他们不知道，从来没有修过。我认为他明明是知道的！"

从孙女士的描述中，我们可以了解到她买了一幢别墅，过户不久后发现漏雨，她认为卖家故意隐瞒了房屋的质量问题，但是仅凭这些信息很难做出法律的判断，王五还需要收集更多的案件信息才能进一步调查事实并做出法律分析、提出解决方案。这些案件信息至少应当包括：案件的基本信息、案件事实、当事人的目标、当事人为解决纠纷已经走过的程序、当事人能够提供的证据、法律文书等资料。如何获取这些案件信息，整理分类后进行分析判断、发现并建构案件事实是提高法律服务能力的核心课题。

（二）客观事实、案件事实与法律事实

众所周知法律不能自动产生，更不能自动适用，从抽象的法律规范到适用于社会生活中具体的纠纷需要大量的工作在两者间形成链接，其中，法律人从事的工作在于将抽象的法律规范适用于社会生活中具体的个案事实并得出结论的过程中，而在这裁判结论的推导过程中，首先应当解决的是事实问题，就如德沃金曾指出的"诉讼总会引起三种争论：关于事实的争论，关于法律的争论，以及关于政治道德和忠实的双重争论，其中首要的问题是发生的是什么事？"然而，事实问题从来都是法律实务中由来已久和最难解决的问题之一，因为事实并不是现成地提供给我们的，确定事实是一个充满着可能出现的许许多多错误的困难过程。[1] 亦因此，理解何谓事实，厘清生活事实、案件事实与法律事实的关系成为处理事实问题的起点。

1. 何谓事实？"事实"一词在日常生活和理论研究中通常是多义的，因而人们很难给它下一个准确的定义。据《辞源》解释，"事实"是指"事情的真实情况"，其是对事物的实际情况的一种说明与判断。英国哲学家罗素认为"事实是不能定义的"，理

---

[1] [美] 罗·庞德：《通过法律的社会控制 法律的任务》，沈宗灵、董世忠译，商务印书馆 1984 年版，第 29 页。

由在于"事实的意义就是某件存在的事物，不管有没有人认为它存在还是不存在。"[1]显然，罗素实际上指出了"事实"（fact）的根本特性：客观存在性，即事实首先是一种事实存在，是指作为认识对象的"事物的真实情况"，其中的"事物"是指"客观存在的一切物体和现象"，即我们通常所说的"东西"（thing）。

进一步分析会发现，事实包含两层含义，即事实存在和事实判断。前者是从本体论上将事实界定为一种自在的、客观的事实存在，包括自然的存在与社会的存在，静态的事物与动态的行为、生活状态等，其皆处于人的认识与判断之外，是一种"自在"。后者则是从认识论上将事实界定为人的一种认识，是主体关于客观事物及其过程的反映或把握，易言之，当上述的"自在"进入人们的认识之后形成一种事实判断，即对"事物的真实情况"的陈述或认定，用彭漪涟的话来说，"事实是人对呈现于感官之前的事物或其情况的一种判断，是关于事物（及其情况）的一种经验知识，亦即是关于客观事物的某种判断的内容，而不是客观事物本身"。

尽管人们所说的事实经常指的是事实判断，但从认识的有机过程和联系而言，一个活生生的事实，应该由事实存在和事实判断来构成。一个案件既可以作为一种"事实存在"进行言说，也可以作为一种"事实判断"进行交流。[2]

作为"事实存在"的事实，是一种客观存在，是指曾经发生过或者正在发生的事件的原貌和自然状态，包含事件的所有细节和所有信息，当"事实存在"进入人们的认识，就有了"事实判断"，即对"事物的真实情况"的陈述或认定，而由于认识主体的限度和其他限制性因素的存在，作为"事实判断"的事实在范围上可能只包含存在的事实所涉及的部分细节和部分信息。由此可见，作为"事实存在"的事实与作为"事实判断"的事实，从内容上看，二者之间可能会表现为一种相互的交叉、重合或是某种程度上的背离。例如，①"靠窗桌子的第二个抽屉里有一副红色的华为蓝牙耳机"，这是一种事实存在；②小钱对王五说"桌子抽屉里有一副绿色的蓝牙耳机"，则是在作事实陈述，这是一个事实判断。

显然，与①所包含的信息相比，②说错了耳机的颜色，遗漏了耳机的品牌、摆放的位置等诸多信息。出现信息偏差的原因也可能是陈述主体小钱有红绿色盲，分不出红色和绿色，也有可能是小钱不知道这个耳机是华为的品牌，这些限制性因素导致小钱在陈述这个事实时遗漏了很多信息。

值得提醒的是，区分两种意义上的事实对于我们在提供法律服务活动中分析事实问题尤为重要，法律咨询中当事人对已经发生的案件事实的陈述就是一种典型的"事实判断"，因此认识论意义上的事实是法律活动中事实分析的逻辑起点。

关于事实的几个基本认识：事实（fact）≠"东西"（thing）

由于东西总处于一定时空之中，因此，只要是人们表达了对某件东西处于某时某地的一种断定，就不再是东西，而是事实。例如，"蓝牙耳机"是一件东西，"靠窗桌

---

〔1〕　罗素为维特根斯坦的《逻辑哲学论》所写的导言，［奥］维特根斯坦：《逻辑哲学论》，贺绍甲译，商务印书馆1996年版，第7页。

〔2〕　李安：《案件事实的发现与建构》，载《杭州师范学院学报（社会科学版）》2007年第2期。

子的第二个抽屉里有一副红色的华为蓝牙耳机"就是一个事实。

事实必然是用陈述句来表达。作为"事实判断"的事实总是对某事物实际情况，如某事物具有某种性质，抑或如该事物与某些事物具有某种关系等，所作的一种断定，因而必然是用陈述语句来表达的。

一个事物是许多事实的统一体。任何一个具体事物都是许多性质和关系的统一体，因而必然牵涉许多事实，也就是说，任一处于特殊时空中的具体事物，都可以用若干个概念去加以描述，从而可以对之做出若干个不同的判断，形成许多不同的事实。例如一把菜刀，既可以从它的材料判断它是由不锈钢造就的，也可以从颜色判断它是银白色的，也可以从功能判断它是用来切菜的，还可以从它作为某刑事案件证物来判断它是张某用来砍杀妻子的凶器，这些都是事实，因而这把菜刀就是上述诸多事实的统一体。

事实不可能是未来的。事实可以存而不在，但事实不可能既不存也不在，也就是说，事实在时间上或经验上必须是已经发生或者正在发生，而不可能是尚未发生的。其理由在于，事实必须是为人们所能直接或间接观察到，并且由认识主体作出判断而陈述出来，故而一切事实都是经验事实，由于时间总是单向度、不可逆地运行，因此未来对于任何认识主体而言都是尚未经历的领域，自然也就谈不上对之有任何经验。

【历史事实是事实】

假如孔夫子有一张桌子，那么"孔夫子有一张桌子"在孔子生存时代是一个事实，今天王五告诉小钱："孔夫子有一张桌子"，这仍然是一个事实，但是作为"事物"或者"东西"的那张桌子现在却不存在了，因此，那张桌子现在并不是"东西"，因为"东西只能存在，不能存而不在"，"但事实可以存而不在"，因为历史上的存在虽然不是现在存在的东西，然而在现在它仍然是事实。

【正在发生的事实是事实】

假如现在王五有一张桌子，那么"王五有一张桌子"是一个正在发生的事实存在，李思告诉小钱："王五有一张桌子"，这是作为认识主体的李思看到王五有一张桌子的事实而作出的一项事实判断。

【尚未发生的都不是事实】

王五对小钱说："明天会下雨，咱们出门得带上雨伞。"然而，明天下雨这件事尚未发生，所以这仅仅是王五对明天天气的一种预测观点而非事实。

事实的基本特征：

特征一：事实具有客观性，即事实现实地存在于自然界和人类社会中，无论是否被发现、被认知，它都现实地存在。

特征二：事实具有不变性，"任何一个事实都是在一定时空条件下的事实，一旦被发现，它就是过去或现在存在着的"，即事实一经发现或创造就不可回溯也不可更改，事实的发现、创造、理解虽依一定的理论，但事实的可靠性、真理性却不会因此而改变。

特征三：事实具有特殊性，任何事实都只能是而且必然是特殊的。每一个事实都是独一无二的，其发生的时间、地点、涉及的人物和事件的具体经过都是不可复制的，也无法被其他事实所替代。

特征四：事实与主观理性密切相关。一切事实都是客观与主观、经验与理性的统一与结合，因为事实虽是客观存在的，但是，人要认识事实就需要依赖人的主观理性，任何客观事实的陈述都离不开主观的判断。

2. 何谓案件事实？在上述法律咨询场景 1 中，孙女士买了一幢别墅，过户不久后发现漏雨，她认为卖家故意隐瞒了房屋的质量问题，这显然是一个事实，具有事实的客观性、不变性、特殊性的基本特征，但是我们仅凭这一事实很难作出法律上的评价，其原因在于这仅是孙女士对未经加工的生活事实的描述，混合了一种不含法律意义的自然事实——房屋漏雨，与具有法律意义的事实——孙女士购买别墅。通常，我们在法律咨询中首先遭遇的就是来访者未经加工的生活事实的描述，这就需要我们依据法律的训练与法感，从中筛选出与法律规则构成要件有关的事实要素，排除掉与法律评价无关的事实描述，进行"精简或补全"之后形成可供进行法律推理论证的案件事实陈述。

在日常生活中，人们所称的事实一般是指人们对客观事实感知的结果，渗透了诸如认知能力、价值观等主观因素，这种事实我们称之为生活事实。而生活事实一旦以纠纷的名义进入法律的视野，就意味着要戴上"法律的滤镜"，用法律的标准对生活事实做出评价，就必须根据法律的要求将当事者所经历的事实抽象、提炼并表述成案件事实。

然而，无论在学界还是司法实务界，案件事实都是一个极富争议的概念，因其既要面向生活事实又要面向法律事实。从使用场景上，有的是指案件的原始事实即客观发生过的案件事实，有的是指侦查得出的结论事实，其典型者如公安机关或检察机关的侦查结论，有的是指诉辩双方在法庭上争议的事实，有的是指最终由法律认定的事实，还有的是在上面一种或几种含义上使用这个概念，不一而足。

细致地梳理这些使用场景，我们可以发现，"案件事实"这个概念主要是在两种意义上被使用：一是将作为司法判决依据的、被法律认定的"事实"称之为"案件事实"；二是把案件的真实情况即实际发生过的客观事实（或称生活事实）称为"案件事实"。案件实际发生的"事实"即"客观事实"是存在意义上的"事实"，这个事实是唯一的、客观的、不以人的意志为转移的"事实存在"。作为司法判断的"事实"是在这个"客观事实"的基础上，经过人为"法律"加工过的"事实"，也就是前述"认识论意义上"的"事实判断"。学界在历经 2002～2003 年的激烈讨论之后，对案件事实与客观事实（生活事实）之间的区别与联系基本达成一致：客观事实（生活事实）指的是实际已经发生的"原汁原味"的事实；案件事实指的是在诉讼过程中依据程序规则、证据规则所证明的事实，它以客观事实（生活事实）为依托，意在还原、重现已经客观发生的生活事实，必须承认的是，由于认识能力的局限性，两者在内容上可能会重合，也可能会交叉甚至会出现某种程度上的背离。

德国法学家卡尔·拉伦茨则将这两种事实都纳入了案件事实的范畴之内，将案件事实区分为两个层次："已发生但未经加工的案件事实"与"选择法条并已进行法律判断之后最终形成的案件事实陈述"。[1] 这种区分对于我们理解案件事实的形成以及法律适用过程中法律与事实之间的互动关系殊为重要。

第一层级：已发生但未经加工的案件事实。这一层级的案件事实指的是实际发生的事实，它是纯粹的、未经法律加工的原始事实。这些事实可能是复杂多样的，包括当事人的行为、言语、物理证据等。在这一阶段，案件事实的描述是客观的，不涉及法律的评价或判断。这些事实尚未经过法律的筛选、解释或归类，仅仅是对案件原始状态的描述，我们也可以称之为客观事实（生活事实）。

第二层级：选择法条并已进行法律判断之后最终形成的案件事实陈述。在第二层级的案件事实已经过了法律的加工和处理。这意味着法律人已经根据现有的法律规范对第一层级的原始事实进行了筛选、解释和归类。在这一过程中，法律人需要识别哪些事实与法律规范相关，哪些事实具有法律意义，以及这些事实如何与法律规范相契合。这一阶段的案件事实陈述不再是纯粹的描述性陈述，而是包含了法律的评价和判断。这些陈述不仅反映了案件的实际发生情况，还反映了法律对案件事实的理解和解释。因此，这一阶段的案件事实陈述是法律与事实相结合的产物，是法律适用过程中不可或缺的一部分。

我们可以通过一个简单的例子来理解上述两个层级的案件事实：

【法律咨询场景 2】
王五在社区值班时接待了一位来访者张三，张三是社区所辖小区的业主，称："楼上 501 的邻居用菜刀砍了我家的电瓶车，我要找他讨个说法！"

在这个场景中，张三说的"邻居用菜刀砍了我家的电瓶车"显然是一个"已发生但未经加工的案件事实"，主要包括以下几个方面：
（1）张三家的电瓶车被砍：这是一个客观发生的事实，描述了电瓶车被砍的结果。
（2）砍车的是楼上 501 的邻居：这指出了涉事方的身份，即张三的邻居。
（3）使用工具是菜刀：这描述了砍车所使用的工具。
这些事实是对事件的直接描述，尚未涉及任何法律评价和判断。其中，"用菜刀"是无须作法律评价的日常用语，"砍"则既是日常用语也是法律语言，因为邻居使用菜刀做出的"砍"的行为既可能是一个表示动作的日常用语，也可能意指"侵害他人民事权益"中的"侵害"，此时其便被赋予了法律意义，也对应着相应的法律后果。由此可见，第一层级的"已发生但未经加工的案件事实"往往是日常用语和法律语言的混合体，这种混合可能呈现出不同的组合情况。有些案件事实只需要也只能用日常用语来描述，因为其指向的仅是事实存在，所传递的信息凭借信息接收者个人生活经验即可直接获悉，没有蕴含更多的法律意义；而有些案件事实则只是暂时使用日常用语作为过渡阶段，其最终要被归属到不同法律条文的要件事实之中，这些事实通常就是法

〔1〕[德]卡尔·拉伦茨：《法学方法论》，黄家镇译，商务印书馆 2020 年版，第 353~357 页。

律咨询中应当关注的重点所在，也是法律思维能发挥作用的用武之地；还有一些语词兼具日常用语和法律语言两种意涵，此时就需要我们在此间作出甄别和选择。在张三提出"我要找他讨个说法"的诉求时，他已经开始了对案件的法律评价和判断，从而进入案件事实的第二层级：其一，张三认为楼上501的邻居的行为构成了侵权：这是张三对邻居行为的法律评价，认为其行为侵犯了自己的财产权。其二，张三打算寻求法律途径解决问题：这表示张三已经开始了法律判断，他决定通过法律手段来维护自己的权益。

这个阶段的案件事实陈述已经融入了张三的法律评价和判断。他不再仅仅关注事件本身的客观情况，而是开始考虑如何运用法律手段来解决问题。

通过这个案例，我们可以看到拉伦茨所区分的两种案件事实在实际纠纷中的应用。"已发生但未经加工的案件事实"是对事件本身的客观描述，而"选择法条并已进行法律判断之后最终形成的案件事实陈述"则融入了当事人的法律评价和判断，反映了当事人对纠纷解决的期望和策略。这种区分有助于我们更清晰地理解法律适用过程中事实与法律规范的相互作用，以及当事人在纠纷解决中的角色和策略。但是，仅凭张三对于案件事实的发现与建构不足以支撑其向邻居讨个说法并获得法律的救济，这就需要王五带上"法律的滤镜"，在法体系中将未经加工的案件事实以可能适用的法律规范为判准进行逐一的筛选和甄别。

【法律咨询场景 2 分析】

第一，已发生但未经加工的案件事实。

（1）张三是社区所辖小区的业主。

（2）楼上501的邻居用菜刀砍了张三家的电瓶车。

（3）砍车细节。

①砍车事件发生的时间、地点。

②砍车事件的目击者或证人情况。

③砍车时使用的菜刀的特征。

④电瓶车的损坏程度和价值。

第二，选择法条并已进行法律判断之后最终形成的案件事实陈述。

法律关系的识别。确定张三与楼上501邻居之间的法律关系，如相邻关系、财产权保护等。

第三，法律规范的适用。查找和适用相关的法律、法规或判例，如《中华人民共和国民法典》（以下简称《民法典》）中关于财产权保护的规定。

第四，法律判断与案件事实陈述。

（1）分析楼上501邻居的行为是否构成侵权，如是否侵犯了张三的财产权。

（2）评估张三是否有权要求赔偿，以及赔偿的范围和方式。

（3）评估张三是否有必要采取法律行动，以及采取何种法律行动最为合适。

王五通过分析"已发生但未经加工的案件事实"，能够了解案件的基本情况并向张三追问细节，为进一步的法律判断提供基础。而在选择法条并进行法律判断后，"流转往返于规范与事实之间"能够形成更为具体的案件事实陈述，为张三提供合适的法律建议。于此我们可以看到，法律服务的"工作通常不是始于就既存的案件事实作法律上的判断，毋宁在形成——必须由他作出法律判断的——案件事实时就已经开始了"，在案件事实形成的过程中已经有法规范地参与，案件事实的形成和评价案件事实是否构成法律事实是齐头并进的过程。

通过对事实、案件事实的界分，可以看到"事实"包含了案件事实，第一层级的案件事实，即作为客观发生的事实存在是法律活动启动的初始动力，而第二层级的案件事实，即作为事实判断的案件事实是法律活动的起点，法律活动的目的在于发现第一层级的事实进而确保第二层级的案件事实形成过程的正当性与合法性，区分两种意义上的事实对于我们分析法律活动过程中事实问题的性质具有重要的意义，尤其是有助于理解法律事实。

3. 何谓法律事实？学界于此仍存争议，通常存在以下几种学说：

一是从立法者的立场对法律事实进行定义，其典型者有：

（1）法律规定构成要件说。该说将法律事实等同于法律规范的构成要件，认为事实只要能与法律所设定的事实模型重合就可称为法律事实。用大陆法系的法律技术来衡量，其属于法律中的法律事实模型，乃是判断生活事实是否是法律事实的标准。

（2）法律规范之事实说。该说认为，道德、宗教规范所支配者就是道德或宗教事实，而为法律规范所支配之事物即为法律之适用对象，人们称其为法律事实。这种法律事实实际上是把法律看成是社会关系的调控器，认为只要能纳入法律调整和控制范围的事实都可称之为法律事实。[1]

（3）实证法之规范说。该说认为，"所谓法律事实当指实证法所规范之生活事实，从而法律事实之主要特征应有：具体性和事实性，亦即法律事实所指称者，本来或一直是发生于或继续存在于具体案件中之事实或状态"。[2]

从立法者立场所分析的法律事实都是规范或典型的法律事实，是由立法者在法律中精心设计，用以描述和界定各种法律情境和行为的法律事实模型。这种法律事实模型是对社会生活中各种情况的抽象和概括，旨在提供一种标准或框架，用以指导法官、律师和公众如何理解和应用法律，它体现了法律的普遍性和共性，而非特定个案的特殊性。这种事实与其说是法律事实毋宁为一种由立法者设计的、旨在实现法律目标和价值的"制度事实"。[3] 所谓制度事实，是法律规范中存在的行为模式或假设条件，是立法者对认为需要由法律调整的生活事实所做的归纳、描述乃至预测，其是一种典型的抽象事实，经由立法者筛选过滤，通过立法中的沟通与对话，把立法者认为需要由规范调整、限制、惩罚或肯定的事件与行为纳入规范调整的范围，反映社会发展的规律与需求。

二是站在司法的立场上对法律事实所作的定义，其典型者有：

（1）法律关系的因果关系说。该说认为法律事实就是"由法律规定的、能够引起

〔1〕 陈金钊：《法律解释的哲理》，山东人民出版社 1999 年版，第 283~285 页。

〔2〕 黄茂荣：《法学方法与现代民法》，中国政法大学出版社 2001 年版，第 199 页。

〔3〕 杨建军：《法律事实的概念》，载《法律科学（西北政法学院学报）》2004 年第 6 期。

法律关系产生、变更和消灭的客观情况或现象。"[1] 易言之，正如法律规范并不调整人类的所有活动一样，并不是所有的事实都会与法律规范发生联系，导致相应的法律后果出现，只有具有法律意义的、能够引起法律关系的产生、变更或消灭的与生活事实有关的自然事实或人的行为才是法律事实，那些与人类生活无直接关系的纯粹的客观现象就不是法律事实。

（2）法律适用的前提说。该说认为，在大陆法系，法律适用的最基本原则就是"以事实为根据，以法律为准绳"，由此原则所推出法律适用最常用的"涵摄"方法，相当于形式逻辑中的三段论。在三段论中，法律规范为大前提，法律事实为小前提，判决就是法官运用法律规范对法律事实进行推理所得出的结论，在这里，法律事实就是指经法官认定的有法律意义的事实。

在司法者立场对法律事实作出的两种定义中，法律与事实是分开的，法律在这里主要是指规则，而事实则是法官经过去伪存真、去粗取精，排除了大量个性的事实。这种事实既引起了法律关系的产生、变更和消灭，又是由法官等在法律程序中反复质认、最后由证据加以证明的事实。[2] 但应当指出的是，这种界定存在着循环论证，一方面，法律事实是法律关系产生的前提，另一方面又说只有引起法律关系的产生、变更、消灭才能称为法律事实，两者互为前提，论者不免陷入循环论证的怪圈。

三是综合说，综合两种不同立场，界定法律事实为由"法律规范所框定的，而又经由法律职业群体（法官起着最终决定作用）证明的'客观'事实。其中的法律规范反映了立法者对什么是法律事实的框架性认识，而法律职业群体证明的则是客观事实本身所具有的法律意义。"其中的法律规范反映了立法者对什么是法律事实的框架性认识，而法律职业群体证明的则是客观事实本身所具有的法律意义。[3]

由此看来，基于不同的立场对法律事实就会有不同的理解和定义。

从立法者的角度来看，法律事实是立法者基于对生活事实的抽象与概括而形成的，是立法者主观意识介入下的产物，其形成要通过对社会分析与论证，进行价值考量与比较选择，进而经过利益集团的对话、协商，进行程序内的博弈，作出利益权衡与取舍，借助立法的正当程序将社会意欲调整的事实予以类型化、抽象化地进行描述，达到立法者对社会关系的调整目的。但是，如果从司法的角度看，我们会发现立法者立场所界定的法律事实本质上是制度事实，其与法律事实是极为不同的概念，不能等同混淆。

从司法者的角度看，当一个纠纷进入法律服务者与司法人员的视野时，他们主要关心的是该纠纷所涉及的事实是否为法律所涵盖（即为法律所调整），该事实是否真实，是否有证据支撑，证据是否较为充分，该事实是典型事实（事件、行为）还是疑难事实，案件涉及单一事实还是多重事实，多重事实是否都与案件相关联，依据该相关联的事实如何进行法律推理，推理后产生何种法律后果，法律文书中如何进行说理

---

[1] 王利明：《民法总则研究》，中国人民大学出版社 2003 年版，第 180~181 页。
[2] 杨波：《法律事实辨析》，载《当代法学》2007 年第 6 期。
[3] 陈金钊：《论法律事实》，载《法学家》2000 年第 2 期。

论证等。在此过程中，法律职业者必须借助法律事实发现、法律解释、漏洞补充、价值衡量、法律论证等方法，对事实及其法律意义进行阐释。这里的法律事实是由多方主体依据既定的规则建构起来的一幅案件事实图景，它是某种法律裁决据以作出的事实依据。就像吉尔兹在《地方性知识》中所说的："法律事实并不是自然生成的而是人为造成的，一如人类学家所言，它们是根据证据法规则，法庭规则、判例汇编传统、辩护技巧、法官的雄辩能力以及法律教育成规等诸如此类的事务而构设出来的，总之是社会的产物。"在此意义上作为一幅案件事实图景而被界定与形塑的法律事实具有如下特征：

（1）法律事实具有客观实在性。虽然我们说法律事实不同于客观事实，但是，本质上任何被法官认定的事实首先应当是一种客观事实，任何引起当事人之间权利、义务产生、变更、消灭的事实首先应当满足客观性的要求，当事人、律师或法官不能无中生有，编造、伪造事实以增加权利或减少义务。虽然法律事实与作为事实存在的案件事实之间的关系十分复杂，可能交叉、重合，甚至背离，但是，客观性始终是法律事实的首要特征，法律事实必须与客观事实相竞合，否则就是伪事实。至于部分案件中法律事实与案件事实出现背离，则反映了人们认识存在偏差的事实。

（2）法律事实是经过法律规范过滤了的事实。一个案件发生之后，作为一种事实存在，其就自在于世界之上，但是，这个自在的"已经发生过的案件事实"无法直接转化为法律事实，需要根据现有的法律规范对这些原始事实进行筛选、解释和归类，这也为当事人以及法律职业者重塑事实提供了一个机会。所以，在探讨法律事实的相关问题时，与其说我们的目标是努力使法律事实保持与自在的案件事实相符合，而毋宁说是如何规范案件事实形成与重塑的过程，保持法律事实形成过程的合法性与有效性。在这一意义上，我们说法律事实是经过法规范过滤了的事实。

（3）法律事实须在法律规范制约下形成与建构。法律事实是经过法律规范过滤了的事实，其形成离不开规范的制约。首先，法律事实的形成与建构受到实体法规范的制约。如前述法律咨询场景2中，张三来找王五咨询，认为："楼上501的邻居用菜刀砍了我家的电瓶车，我要找他讨个说法！"于是，一个已经发生的事实——"邻居用菜刀砍张三的电瓶车"被带上了"法律的滤镜"进行审视与评价，这一事实是否能被建构为一个法律事实？无论是案件当事人张三，还是律师王五或相关证人都会自觉或不自觉地依据法律规范中的要件事实来搜集、整理、判断证据材料，并在此基础上去建构法律事实，这一建构过程就是将具体的原始事实抽象为符合实体法规范要求的制度事实的过程。正是在这一意义上，我们说法律事实是实体法规范制约下的产物。其次，法律事实的形成与建构受到程序法规范的制约。毋庸置疑，法律事实是在证据规则作用下的产物。由于证据规则的作用，例如非法证据排除规则的存在，可能导致许多能够证明案件事实的具有法律意义的证据材料被排除，使得一些证据信息不能进入诉讼之中发挥证明作用。但由于形式理性在司法程序中所具有的特殊意义，一般说来，只要符合证据规则的形式要求，法律事实的认定就是有效的，而且也只有在符合证据规则的形式要求的情况下，认定的法律事实才是有效的。因此，在这一意义上，可以说法律事实是依据证据规则而剪裁出来的事实。

（4）法律事实由多方主体参与建构与形塑。如果说法律事实是依据法律实体规则、程序规则和证据规则建构出来的案件事实图景，那么所有参与主体都是这幅案件事实图景形成中不可或缺的主体，都参与了法律事实的重塑过程，只不过每个主体所发挥的作用不同罢了。为便于理解，以刑事案件法律事实形成过程为例：刑事诉讼中代表国家追诉犯罪的检察官，在起诉书中要提供一个关于被告人犯罪行为的基本事实轮廓，进而在法庭审判过程中，通过法庭上的调查、辩论活动逐步地将其所描绘的事实图景清晰地呈现出来，以赢得法官的确信。作为辩护一方的被告人及其辩护人则相反，其在整个刑事庭审过程中都试图着力改写或部分改变控方所描绘的事实图景，使其呈现出另外一种样态，赢得法官的确信，以达到对其有利的目的。刑事诉讼过程中的证人、鉴定人等其他诉讼参与人则作为控辩双方中某一方的辅助者参与对事实的描绘活动，进而从具体细节上影响事实的形成。法官是整个审判程序控制者，在主导程序运行的过程中或多或少地影响着法律事实的形成，同时，作为认定法律事实的主体，法官要依据法律事实作出最终的裁判。

4. 四种事实的区别。以上分别介绍了生活事实、案件事实、制度事实与法律事实，为帮助更好地理解，我们需要进一步厘清这四种事实的区别与联系。生活事实是基础事实，它直接反映了事件的实际情况，仅仅反映了人们的日常生活；制度事实为事件的处理提供了制度上的指导和规范，它是法律规范适用的基础；案件事实是在法律程序中需要被证明的具体事实，它可能基于生活事实但需要通过证据来加以确认，通常具有法律争议性；法律事实则是根据法律规定对案件事实进行法律评价和判断的结果，具有法律上的约束力和效果。这四种事实相互联系，生活事实是案件发生的根源，制度事实为案件处理提供了框架和规范，案件事实是将生活事实转化为法律事实的中间环节，而法律事实则是最终对案件进行法律评价和处理的依据。

实践之

［工作任务一　莫兆军事件］

第一，工作任务描述：请围绕莫兆军事件探讨"以事实为依据 以法律为准绳"中的事实应当是客观事实还是法律事实。

第二，小组讨论。

第三，课堂讨论并评价。

第四，案例材料。

莫兆军事件新闻报道如下：

2001年9月27日9时，广东省四会市人民法院开庭审理一宗民事欠款纠纷案，莫兆军像往常一样担任审判员。轰动一时的"被告自杀，法官被捕"事件由此拉开序幕。

案件的原告叫李兆兴，他起诉称张坤石、陆群芳、张小娇、张妙金因购房资金不足，向其借款1万元，要求法院判令4名被告迅速清还借款及应付利息，并承担本案诉讼费用。他提交了一张签有4名被告名字的借条作为证据。

借条与其起诉的内容一致：今借李兆兴现金壹万元整作购房之用（张妙金与陈超

新购入住房一套），现定于今年（2001年，编者注）8月底还清，逾期不还将予收回住房。落款是：借款人张妙金、父张坤石、母陆群芳、妹张小娇。

被告：借条是被逼迫之下写的。

被告人一再辩称借款之事莫须有，并且提出借条是在冯志雄用刀胁迫之下才抄写并签名的。而冯志雄是这个案件背后的关键人物，张氏一家人在答辩状里陈述了冯志雄炮制借条的来龙去脉。

张小娇在一加油站工作期间与冯志雄认识并发展为恋人关系，后得知冯志雄已有妻儿即提出断绝关系，冯志雄死活不肯并一直纠缠跟踪张小娇。当年4月26日下午，冯志雄在茶山酒店门口截住张小娇说要"说清楚"，纠缠时抢走张小娇的手袋，内有其姐张妙金与姐夫陈超新所签订的购房合同及国有土地使用证。

5月1日，冯志雄带李兆兴来到张家，手持水果刀对张小娇说："你和我分手也可以，但你必须补偿我的经济损失，否则今天就用刀砍你。"他要张小娇写下欠李兆兴1万元的借条，然后又用刀威胁其父母张坤石、陆群芳在借据上签名，还让张小娇代其姐张妙金签名。

法官：借条有效被告应予还钱。

庭审中，双方对借条的来源各执一词，原告说是对方自愿填写，合法有效，被告说借条是受暴力威胁才写的，违法无效。于是法官莫兆军询问被告有否报警，他们答复没有，至于当时是否受胁迫被告也未能提供证据。

张氏一家明确表示不愿调解，过了两个多星期，莫兆军对该案作出一审判决。他在判决书中写明：原告所诉被告欠其借款1万元，有被告亲笔签名的借据证实。而被告的辩解理由因未向公安机关报案，且庭审时未提供证据证实，经查亦无法认定。最后，莫兆军本着"谁主张谁举证"的原则，判决被告张坤石、陆群芳、张小娇在判决生效10日内清还原告李兆兴借款1万元并计付利息，张妙金不负还款责任。

一审判决后，张坤石夫妇和女儿张小娇没有提出上诉。

惊变：被告法院门前服毒自杀。

这宗民事欠款纠纷案很快进入执行程序，这时，一件令人意想不到的事情发生了。2001年11月14日中午，张坤石夫妇在四会市法院正门外的围墙边喝农药自杀身亡。

真相：借条确系威逼之下所写。

张氏夫妇之死，一石惊起千层浪。事发第二天，四会市公安局立即传唤了冯志雄和李兆兴。2001年11月18日凌晨2时，冯志雄供述承认是自己和李兆兴胁迫张小娇及其父母3人写下借条，并且在此之前，已拦路抢去张小娇姐姐的购房合同和土地使用证。

这已涉及刑事犯罪。四会市检察院对冯志雄、李兆兴两人提起了公诉。2002年9月，四会市法院对该案作出一审判决。法院查明：2001年4月26日下午，冯志雄强行抢去张小娇的手袋，内有张妙金与陈超新所签订的购房合同及国有土地使用证。第二天，他打电话给张妙金购买房屋的原屋主陈某，叫其用一万五千元赎回他抢得的土地使用证、购房票据，但遭到陈某拒绝。此后，冯志雄找到李兆兴商量，以李兆兴的名义要张小娇写下借款1万元的借据，并写明到期不还，就到法院提起诉讼追收。2001

年 5 月 1 日下午，冯志雄伙同李兆兴携带一把水果刀，一瓶用矿泉水瓶装好的液体（自称硫酸），到张小娇家用暴力手段胁迫张小娇按其拟好的"借条"抄写借据，并逼在场的张坤石、陆群芳签名。其后两人多次向张小娇要钱，被拒后，2001 年 9 月 3 日，李兆兴按冯志雄的提议，持"借据"及土地使用证、购房合同书等向四会市法院提起诉讼。

惩恶：两恶人告假状被判蹲监。

四会市法院还认定：在法院审理期间，由于冯志雄、李兆兴分别作伪证，致使法院作出张坤石、陆群芳和张小娇败诉，需清还李兆兴"借款"并支付利息的错误判决，造成张坤石、陆群芳在法院进入执行程序期间，因心理失去平衡而服毒自杀身亡的严重后果。法院判决冯志雄、李兆兴犯抢劫罪，分别判处有期徒刑 14 年和 7 年。冯志雄、李兆兴不服法院判决，提起上诉，肇庆市中级人民法院在同年 12 月作出终审判决，维持原判认定的罪名，量刑部分冯志雄减为 10 年，李兆兴减为 5 年。

高潮：法官被捕涉嫌玩忽职守。

致使张氏夫妇官司败诉的原因查明了，事情似乎水落石出，应该了结了。但是接下来的发展更加出人意料：2002 年 10 月 22 日，担任审判这宗民事欠款纠纷案的法官莫兆军被肇庆市检察院刑拘，同年 11 月 4 日被逮捕，涉嫌罪名是玩忽职守。

焦点：是否构成玩忽职守罪。

记者就此前往莫兆军工作单位四会法院和主办莫兆军涉嫌玩忽职守案的四会检察院采访，双方意见泾渭分明、截然相反。四会法院一负责人告诉记者，张氏夫妇服毒自杀，主审法官莫兆军被捕，在法院以及当地引起了极大的震动，甚至造成了一些不良影响。有些当事人到法院打官司时就扬言："只要法官不判我胜诉，我就死在法院门口。"他还说，出事后，审委会讨论的案件比以前多了好几倍，一些比较简单、自己就能定的案件，法官都不敢判了，统统提交给审委会，因为谁都不知道会不会再发生"莫兆军事件"。

法官们并非杞人忧天。记者在采访中就亲历过这样的事。一个老妇人找到徐副院长，反映她申请执行的一宗案件，说着说着她情绪激动起来，就拿起手中的黑色塑料袋说，里面装着的是农药，假如法院不帮她执行到钱，她就像张氏夫妇那样到法院门口一死了之。

影响：个别法官不敢自行断案。

该负责人认为，法官判案看的是事实，依照法律规定"谁主张，谁举证"，张氏夫妇败诉完全是因为证据不足，承担举证不能的责任，莫兆军法官当时依照双方举证下判，行为是不构成违法的。而且他指出，该案是否是错案仍未有结论，上级法院对此至今没有定论。

四会检察院一负责人认为，莫兆军在办理该案过程中的行为已构成玩忽职守罪。被告人已多次强调借条是受胁迫写的，但莫兆军对此没有充分重视，并不进行全面调查，而且不将审判情况向领导汇报，导致错误判案，令张氏夫妇因感冤屈而自杀。

据悉，经广东省高级人民法院指定管辖，莫兆军涉嫌玩忽职守案由肇庆市中级人民法院在四会开庭审理。

2003 年 12 月 4 日，肇庆中院作出一审判决，认为莫兆军行为不构成犯罪。随后，四会市检察院不服这一判决，由肇庆市检察院通过广东省检察院向广东省高级人民法院提出抗诉。2004 年 3 月 23 日下午，对莫兆军的抗诉案在广东省高级人民法院开审。经过 3 个月的审理后，6 月 29 日，广东省高级人民法院对莫兆军涉嫌玩忽职守一案作出终审判决，驳回检察院的抗诉意见，一审判决认定事实清楚，适用法律正确，维持原判。

第五，莫兆军案刑事裁定书如下：

广东省高级人民法院刑事裁定书

（2004）粤高法刑二终字第 24 号

抗诉机关广东省肇庆市人民检察院。

被告人莫兆军，男，1963 年 8 月 15 日出生于广东省四会市，汉族，中专文化，原是四会市人民法院审判员，住四会市东城区黎巷。2002 年 10 月 22 日被刑事拘留，同年 11 月 4 日被逮捕，2003 年 9 月 4 日被取保候审。

辩护人邵树强、文炜，广东国政律师事务所律师。

广东省肇庆市中级人民法院审理肇庆市人民检察院指控被告人莫兆军犯玩忽职守罪一案，于 2003 年 12 月 4 日作出（2003）肇刑初字第 26 号刑事判决。宣判后，肇庆市人民检察院以该判决认定被告人莫兆军不构成犯罪确有错误为由，提出抗诉。本院受理后依法组成合议庭于 2004 年 3 月 23 日在本院审判法庭公开开庭进行了审理。广东省人民检察院指派检察员朱华出庭支持抗诉，被告人莫兆军及其辩护人邵树强、文炜到庭参加了诉讼，现已审理终结。

原审判决认定：2001 年 9 月 3 日，原告李兆兴持借款借据、国有土地使用证、购房合同等证据向广东省四会市人民法院提起诉讼。该借条的内容为："今借李兆兴现金壹万元正（10000 元）作购房之用（张妙金跟陈超新购入住房一套），现定于今年八月底还清，逾期不还，将予收回住房。此致 借款人张妙金、父张坤石、母陆群芳、妹张小娇 2001 年 5 月 1 日。"李兆兴诉称张妙金等四人未能按期还款，请求法院判令他们归还借款和利息并承担诉讼费用。四会市人民法院经审查认为，原告的起诉符合法律规定的条件，依法决定立案，并确定适用简易程序审理，排定由该院民庭审判员莫兆军独任审判，书记员梁志均担任记录；案件编号为（2001）四民初字第 645 号，开庭日期为 2001 年 9 月 27 日上午。同月 7 日四会市人民法院向被告张妙金、张坤石、陆群芳、张小娇送达了原告李兆兴的起诉状副本，以及答辩、举证通知书、应诉通知书、开庭传票。

2001 年 9 月 27 日上午，被告人莫兆军依照法律规定的民事诉讼简易程序审理了原告李兆兴诉被告张坤石、陆群芳、张小娇、张妙金借款纠纷案。原、被告双方均到庭参加诉讼。被告人莫兆军在庭审的过程中，依照法律规定进行了法庭调查、质证、辩论和调解。经调查，原、被告双方确认借条上"张坤石、陆群芳、张小娇"的签名均为其三人本人所签，而签订借据时张妙金不在现场，其签名为张小娇代签。但被告张小娇辩称，借条是因 2001 年 4 月 26 日其装有房产证的手袋被一名叫冯志雄的人抢走，其后该冯带原告李兆兴到张家胁迫其一家人签订的，实际上不存在向原告借款的事实；

事发后张氏一家均没有报案。当天的庭审因被告一方表示不同意调解而结束。

庭审后，被告人莫兆军根据法庭上被告张小娇的辩解和提供的冯志雄的联系电话，通知冯志雄到四会市人民法院接受调查，冯志雄对张小娇提出的借条由来予以否认。

2001 年 9 月 28 日，被告张妙金、张小娇到四会市人民法院找到该院的副院长徐权谦反映情况，并提交了答辩状，徐向被告人莫兆军询问情况，并将其签批有"转莫庭长审阅"的答辩状交给了被告人莫兆军。

2001 年 9 月 29 日，四会市人民法院作出（2001）四民初字第 645 号民事判决，判令被告张坤石、陆群芳、张小娇于判决生效后 10 日内清还原告李兆兴的借款一万元及利息，并互负连带清还欠款责任；被告张妙金不负还款责任。同年 10 月 12 日，判决书送达双方当事人。原告李兆兴表示没有意见，被告一方认为判决不正确，表示将提出上诉。但直至上诉期限届满，被告一方始终没有提交上诉状和交纳诉讼费用，该民事判决发生法律效力。

2001 年 11 月 8 日，李兆兴向四会市人民法院申请执行。该院依程序于同月 13 日向被告张坤石等人送达了执行通知书，责令其在同月 20 日前履行判决。同月 14 日中午，被告张坤石、陆群芳夫妇在四会市人民法院围墙外服毒自杀。

2001 年 12 月 5 日下午，中共四会市委政法委书记吴瑞芳与张坤石、陆群芳的家属张水荣、张继荣、张妙金、张小娇四人签订《协议书》，由中共四会市委政法委补偿张水荣、张继荣、张妙金、张小娇等家属人民币 23 万元，协议书由吴瑞芳（无加盖任何单位公章）、张水荣、张继荣、张妙金、张小娇分别签名确认。该款由四会市人民法院先行垫付。

张坤石、陆群芳自杀后，四会市公安机关进行侦查，查明李兆兴起诉所持的"借条"确是李兆兴伙同冯志雄劫取张小娇携带的"国有土地使用证"后持凶器闯入张氏一家的住宅，胁迫张坤石、陆群芳、张小娇写下的。

原审判决认定上述事实，有经法庭质证的书证、鉴定结论和证人证言等证据证实。

原审法院认为：被告人莫兆军对当事人张坤石夫妇自杀这一超出正常的后果不可能预见，主观上没有过失的罪过；其在案件审理中履行了一名法官的基本职责，没有不履行或不正确履行工作职责、致使公共财产、国家和人民利益遭受重大损失的玩忽职守行为，且张坤石夫妇自杀死亡的后果与被告人莫兆军履行职务行为之间没有刑法上的因果关系。因此，被告人莫兆军的行为不符合玩忽职守罪的构成要件。依照《中华人民共和国刑事诉讼法（1996 修正）》（以下简称《刑事诉讼法》）第 162 条第 2 项之规定，宣告被告人莫兆军的行为不构成犯罪。

肇庆市人民检察院抗诉提出：（一）被告人莫兆军在审理李兆兴诉张妙金、张坤石、陆群芳、张小娇借款纠纷一案中，有严重不负责任、不正确履行职责的玩忽职守行为。表现在：（1）根据《刑事诉讼法》第 84 条规定，任何单位和个人发现有犯罪事实或犯罪嫌疑人，有权利也有义务向司法机关报案或举报；1998 年人民最高《法院关于在审理经济纠纷案件中涉及经济犯罪嫌疑若干问题的规定》（以下简称《规定》）第 11 条也规定，人民法院作为经济纠纷受理的案件，经审理认为不属经济纠纷案件而有经济犯罪嫌疑的，应当裁定驳回起诉，将有关材料移送公安机关或检察机关。被告人莫兆军在被告张小娇等强烈提出原告赖以起诉的"借据"是原告和冯志雄持刀和硫酸胁迫写下、实际上没有借原告1万元、原告与冯有刑事犯罪的重大嫌疑下，没有履行上述规定所要求的职责和义务，属于严重的玩忽职守行为。（2）在庭审过程中被告人莫兆军没有穿制服，法庭用语不规范，在双方争吵时走出法庭不理，使法庭秩序十分混乱，这种工作态度不能说是基本履行职责。（3）被告人莫兆军没有按照主管领导批示要求将处理意见报告领导后再作判决，是严重不负责任的表现。（二）被告人莫兆军的玩忽职守行为与造成重大损失之间具有刑法上的因果关系。（1）任何玩忽职守行为，都可能引起一个或多个不特定的危害后果，只要出现其中一个且达到追究刑事责任标准的，就应追究行为人的刑事责任。虽然被告人莫兆军的行为不是必然导致张坤石夫妇自杀的后果，但确实是引起其自杀的唯一原因。（2）作为司法工作人员，应当知道如果自己在执法中不认真履行职责，导致案件错判，将会出现严重的危害后果，当然也包括受冤枉一方自杀的情形。而无论被告人莫兆军是由于应当预见而没有预见，还是轻信能够避免，都应当追究其刑事责任，原判认为张坤石夫妇的自杀是意外事件完全错误。

广东省人民检察院支持抗诉认为：（1）被告人莫兆军违反法律规定，草率下判，在客观方面实施了玩忽职守行为。原判认为被告人莫兆军是按照民事诉讼"谁主张、谁举证"的原则履行职务的，但这只是针对一般民事案件的规定，当民事案件涉及刑事犯罪时，应当遵循例外的法律规定，即《刑事诉讼法》和《规定》。（2）被告人莫兆军应当预见自己的行为可能发生危害社会的结果，但因为疏忽大意而没有预见，主观上是疏忽大意的过失，不属于意外事件。被告人莫兆军在法院工作时间长达16年，其工作经验应当预见当事人在被抢劫、被迫写下借条但法庭却草率下判、不能给其主持正义后，只能以死抗争的结果。（3）被告人莫兆军的行为致使公共财产、国家和人民利益遭受重大损失。张坤石夫妇的自杀造成了恶劣的社会影响，23万元的赔偿，本身不能弥补上述影响，而且无论出于何种性质、通过什么程序支付、由谁支付，国家均因此而付出了23万元。因此，被告人莫兆军的渎职行为与上述严重后果存在必然的联系。

综上，肇庆市人民检察院抗诉和广东省人民检察院支持抗诉均请求本院撤销原判，作出被告人莫兆军有罪的判决。

被告人莫兆军自行辩护提出：（1）在审理该民事案件中，其作为主审法官，完全是依照民诉法规定的程序，按照"谁主张、谁举证"原则作出判决，已经完全正确地履行了工作职责，不存在玩忽职守的行为。第一，民事诉讼法要求法官不能偏听偏信，要求当事人对自己的主张负举证义务，如果仅根据被告一面之词将原告当成犯罪嫌疑人，显然有违公平，也缺乏依据。第二，抗诉机关指控其在案件审理中思想不重视、态度不端正没有事实依据。在该案审理中，其不存在不穿制服、中途离庭、听任当事人对骂而不制止的表现；抗诉机关采信原被告双方证言，没有考虑到被告一方多名证人均是亲属，其众口一词可信度不高；而原告一方指证法官是为了推卸责任，这些证言都难保客观、真实。第三，抗诉指控其下判前未报告主管院长不是事实。庭审后，由于被告一方提出被胁迫的问题没有证据证实，其与本庭其他同事商量大家都认为原告所诉有证据证实，被告所辩没有证据证实，且长达几个月的时间里没有报案、没有向亲属反映的表现不正常，不可信，所以才作出判决。接到副院长徐权谦在被告方的答辩状上的批示后，其便将案情向徐汇报并请徐签发判决书，但徐表示根据证据只能判定被告一方败诉，并以权力下放为由要求莫自己签发；案发后徐权谦所作证言及提供的接访记录不真实。（2）其本人的职务行为与张坤石夫妇自杀的后果没有刑法上的因果关系，张氏夫妇自杀完全是意外事件。法官在办案中通过证据推定法律事实，但由于各种客观原因，不能完全排除所认定的法律事实与客观事实相反的可能性，法律赋予当事人很多救济措施，就是为了防止错案的发生。而本案当事人不循法律赋予途径主张权利而选择自杀，是任何人都难以预见和阻止的。

被告人莫兆军的辩护人提出：（1）莫兆军没有玩忽职守行为。抗诉书认为莫兆军违反刑诉法84条和最高法院的规定，没有将案件裁定驳回起诉、移送公安机关，反映检察机关对民事诉讼缺乏了解：第一，莫兆军对被告的抗辩意见已经给予充分重视，在法庭上询问被告是否有报案，庭后传冯志雄到法院接受调查询问，这表明其尽了民事法官的责任。第二，"发现犯罪事实或犯罪嫌疑人"同样要有证据证实，不能仅因任何一方的抗辩理由就可以"发现犯罪事实或犯罪嫌疑人"。第三，任何民事案件的债务人都会提出一些理由对抗债权人的主张，但是仅有口头陈述而没有证据，当然不会被采纳。如果法官仅因为一方当事人所言而将案件驳回起诉，移送公安机关，那对原被告双方都是不公平的，民事诉讼程序也将陷于混乱，这才是真正的玩忽职守。（2）莫兆军客观上不存在玩忽职守行为，与其后发生的"严重后果"没有刑法上的因果关系，两被告是在服判并放弃了所有法律赋予的权利后自杀的，其责任不能加在主审法官莫兆军身上。（3）该民事案件事后虽证实判决结果与客观事实不符，但根据最高法院和广东省高级人民法院的规定，"出现新证据而改变裁判"的情形不属于追究错案责任的范围。

综上，被告人莫兆军及其辩护人请求本院驳回抗诉，维持原判。

本院经审理查明，原审判决认定被告人莫兆军作为独任法官在审理李兆兴诉张坤石、陆群芳、张妙金、张小娇借款纠纷一案中履行职务的事实清楚，有民事诉状、答辩状以及相应的民事证据材料、法庭笔录、民事判决书和民事诉讼的相关法律手续等书证以及证人证言等证据证实，证据确实、充分，足资认定。

本院二审中，控辩双方围绕被告人莫兆军是否构成犯罪这一核心问题分别提出自己的观点和理由。现将双方的争议焦点和本院评判分列如下：

（一）关于原审判决认定事实是否存在错误的问题。

1、检察机关抗诉提出，被告人莫兆军在开庭时没有按照规定着装，存在用语不规范、训斥当事人、中途擅自离庭任由双方对骂等错误做法，原审判决认定被告人莫兆军在庭审中基本履行了自己作为独任法官的职责显然是错误的。被告人莫兆军及其辩护人否认上述指控。

经查，根据李兆兴诉张坤石等借款纠纷一案开庭后经原被告双方签名确认的法庭记录所反映的审理情况，该案的审理没有违背法定程序，负责庭审记录的书记员梁志均也证实当天的庭审依程序进行。被告人莫兆军开庭时按规定着装，期间没有离庭、喝水、训斥当事人等不规范行为。检察机关提交的多名当事人指证被告人莫兆军庭审不规范是在张坤石夫妇自杀之后所发表的有利于自己的意见，与庭审中发表的意见不符，难以排除利害关系的可能。因此，检察机关的上述指控证据不足。

2、检察机关抗诉提出，被告人莫兆军不按主管领导指示迳行下判而原审判决不认定这一事实是错误的。被告人莫兆军及其辩护人否认上述指控。

经查，现有证据虽可证实徐权谦在接待当事人来访后与被告人莫兆军之间有过沟通，但在如何沟通的问题上两人说法不一。被告人莫兆军一直辩称，其拟好判决书后，有人送来了徐权谦签批有"转莫庭长审阅"的答辩状，其立即带上判决书稿到徐的办公室，将案情向徐汇报，徐听后表示"根据证据也只能这样判"；其要求徐签发判决书，但徐表示根据职权莫自行签发即可。徐权谦则证实，听取当事人上访反映的情况后即叫被告人莫兆军到办公室，要求被告人莫兆军认真审理此案并报告审判结果，同时建议莫考虑一下该案适用独任审判是否合适；但被告人莫兆军接了答辩状就走了，没有汇报判决情况；等到张坤石夫妇自杀才知道判决结果。徐权谦还提供其接待张妙金、张小娇来访时的"接待记录"，该记录的"处理意见"一栏写有"请莫兆军同志认真审阅当事人的材料并在判决前将判决情况先告知我才发出判决书"。综合上述情况，由于被告人莫兆军与证人徐权谦双方对谈话内容陈述不一；而徐提供的"接待记录"中的"处理意见"只能证明是徐所写及提供，并不能证明告知了被告人莫兆军。因此，原审判决在证据不足、缺乏排他性的情况下，不采纳检察机关指控的上述情节没有不当。

此外，《中华人民共和国人民法院组织法》《中华人民共和国民事诉讼法》以及最高人民法院关于落实人民法院审判组织权限的有关解释明确规定，合议庭或独任法官有权根据案件事实依照法律作出判决，对重大疑难案件可提请院长提交审判委员会讨论决定。在实际工作中，合议庭或者独任法官对于一些重大敏感案件主动向院长、庭长汇报，听取领导意见或者就案件中发现的问题提出建议的做法是客观存在的，但这属于人民法院内部汇报、请示及沟通的一种方式。对于某一案件是否需要报告院长、庭长，由合议庭或独任法官决定。只有经过法定程序由审判委员会讨论决定，才能作出不同于合议庭或独任法官的处理意见，院长、庭长个人不能改变合议庭或者独任法官的意见。因此，合议庭或者独任法官审理非重大疑难案件后直接作出判决的行为，属于正确履行职责的行为。检察机关以被告人莫兆军没有听取领导意见迳行下判，作为指控被告人莫兆军不正确履行职责的一个理由缺乏法律依据。

(二) 关于被告人莫兆军是否有玩忽职守行为的问题。

1、检察机关抗诉认为，被告人莫兆军没有严格执行《刑事诉讼法》第84条和《规定》，发现犯罪嫌疑而不移送公安机关，是不正确履行职责的表现。

被告人莫兆军及其辩护人提出，被告人莫兆军在履行职责时严格遵循了民事诉讼"谁主张、谁举证"原则完全正确。

经查：

(1) 民事诉讼首先必须遵循民事诉讼的证据规则。人民法院在民事诉讼中处于居中裁判的地位，审判人员对双方当事人均应一视同仁，保证双方当事人在诉讼中充分行使自己包括举证的权利在内的各项诉讼权利；在作出孰是孰非的判断时必须以事实和证据为依据，而不能听信任何一方没有证据佐证的一面之词。原、被告双方举证的权利义务是平等的，任何一方无法举证证明自己的主张就必须承担举证不能的败诉结果。因此，法官遵循"谁主张、谁举证"原则是在民事诉讼中正确履行职责、体现司法公正的基本要求。李兆兴诉张小娇等借款纠纷案中，原告举出四被告签名的借据支持自己的主张；四被告也承认借据上除张妙金外其余三人签名的真实性。而被告一方提出的张妙金之名是张小娇代签的主张，有李兆兴认可而得到证实；至于辩称借据是因为受到胁迫而签订，原告李兆兴当庭否认，而被告一方既无法提供相关的证人证明，也没有报案材料等证据加以佐证。主审法官莫兆军庭后向冯志雄调查，冯也予以否认。因此，作为当时的主审法官莫兆军根据已质证确认的证据认定借贷关系成立，不采纳被告一方提出的受胁迫的抗辩意见并无不当。从被告人莫兆军对原被告双方的主张和抗辩及提交相关证据审查、调查和确认的行为看，没有失职之处。

（2）法官判断民事案件是否有犯罪嫌疑必须有相应的证据支持。《规定》第11条规定，人民法院作为经济纠纷受理的案件，经审理认为不属经济纠纷案件而有经济犯罪嫌疑的，应当裁定驳回起诉，将有关材料移送公安机关或检察机关。但李兆兴诉张坤石等借款纠纷案并非经济纠纷案件，被告一方提出的也非原告涉嫌经济犯罪而是暴力性犯罪，检察机关引用上述解释并不符合本案事实。同时，该解释强调"经审理认为"显然是指按照民事诉讼的证据制度，从双方当事人举证、质证中，发现相关的证据证明案件涉嫌经济犯罪，才能决定移送刑事审查，而并非检察机关理解的只要有一方当事人提出案件涉嫌经济犯罪嫌疑，就必须移送刑事侦查机关。否则，任何在民事诉讼中举证不能的当事人都可能以对方当事人涉嫌犯罪为抗辩理由终结民事诉讼程序，民事诉讼制度就没有存在的必要。

（3）任何人举报犯罪行为或犯罪嫌疑人必须有相应的证据支持。《刑事诉讼法》第84条规定，任何单位和个人发现有犯罪事实或者犯罪嫌疑人，有权利也有义务向公安机关、人民检察院或者人民法院报案或者举报。根据我国刑事诉讼"以事实为依据、以法律为准绳""未经法院审判任何人不得被认定有罪"的基本原则，"发现有犯罪事实或者犯罪嫌疑人"的前提必须是有相当充分的证据佐证。在李兆兴诉张坤石等借款纠纷一案中，被告一方虽提出借据因胁迫而立，但并不能提供可以证明被胁迫的证据，也未能提供在房产证被抢后向房地产管理机关或公安机关报案的证据。在这种情况下，如果人民法院终结民事诉讼，移送刑事侦查机关，不但于法无据，更加是不严格履行法定职责、不体现司法公正的表现。

综上，检察机关抗诉指控被告人莫兆军在审理李兆兴诉张坤石等借款纠纷一案中违背法定职责的理由不能成立。

2、检察机关抗诉指控被告人莫兆军没有尽职尽责，导致了错误的判决。

被告人莫兆军及其辩护人认为被告人莫兆军履行了民事诉讼法规定的职责；结案之后发现新的证据证实案件判决结果与客观事实不符的责任不在于被告人莫兆军。

经查：

（1）被告人莫兆军在审理李兆兴诉张妙金等借款纠纷一案中依照法定程序履行职

责，没有不负责任或不正确履行职责的行为。

首先，被告人莫兆军充分考虑了双方当事人的主张。作为主审法官，被告人莫兆军经庭审调查确认了借条上"张坤石、陆群芳、张小娇"的签名均为本人所签，"张妙金"的签名为张小娇所代签之事实；对于被告在法庭上提出借条是冯志雄、李兆兴胁迫下所写的抗辩意见，被告人莫兆军首先询问被告是否有报案及因何没报案，在得知没有报案的答复后，又在庭审后传讯冯志雄到法院调查。可见被告人莫兆军在审理阶段较认真地审查了证据、负责任地对待被告方的抗辩意见。

其次，被告人莫兆军严格按照民事诉讼中证据采信的原则决定证据的取舍。原告举证有被告签名的借条，是直接书证。被告方提出受胁迫的情况，但无法举证，且没有报警求助，尤其是在被告人莫兆军两次提示后仍然没有报案的表示。尽管如此，被告人莫兆军还是在庭后调查了冯志雄，用以证实被告的抗辩意见是否真实。但在经过开庭和调查后，均没有证据推翻原告提供的直接证据，故被告人莫兆军确认借条是合法、有效的证据而予以采纳，完全符合民事诉讼的"谁主张、谁举证"的原则。

再次，司法实践中，案件一方当事人在书证面前提出异议但因为举证不能而被判败诉的案件通常是权利义务关系明确而适用简易程序审理的。原告李兆兴诉被告张小娇等四人借款纠纷一案，借款关系、债权人、债务人明，借款用途、借款金额清楚，借款期限确定，被告也确认借条是他们所写，辩称被胁迫又无任何证据支持的情况下，适用简易程序没有不当。被告人莫兆军在案件虽有争议，但按照当时证据能排除合理怀疑下，确认该案事实清楚、权利义务关系明确、证据充分，作出独任判决，是符合民事诉讼分析、判断证据的一般原则的，不足以认定属于严重不负责任行为。

最后，被告人莫兆军在判决书中清晰地表达了判决的理由。被告人莫兆军草拟的判决书客观反映了原被告双方的诉请及答辩意见，并作了必要的分析，指出原告的主张有被告亲笔签名的借据证实，事实清楚，证据充分，其理由成立，应予支持；被告提出冯志雄抢走张妙金与陈超新所签订的购房合同及土地使用证，后与原告在其家里用刀威迫他们写下借据并在借据上签名，但均无一人向公安机关报案，庭审时也没有提供证据证实，经法院调查亦无法认定，因此法院对被告方的主张不予支持。上述判决全面反映案件事实，且符合民事法律的基本原则，判决有理有据。

（2）造成该民事案件判决结果与客观事实不符的责任不应由被告人莫兆军承担。

首先，原告李兆兴与冯志雄相互勾结，迫使被告签订与事实不符的借条，企图通过人民法院的判决达到非法占有他人财产，而在民事诉讼中冯志雄面对调查作了伪证，因而造成该案的错误判决。人民法院和法官受民事诉讼证据规则所限，作出了后来被证明与客观事实不符的判决，本身也是冯志雄、李兆兴的不法行为的受害者。

其次，被告张小娇等人不行使法律赋予的权利，使冯志雄、李兆兴的犯罪行为得不到揭发，客观上促使了冯志雄、李兆兴欺骗人民法院作出错误判决的犯罪目的的实现。一方面，张小娇被冯志雄抢去手袋以及随后被胁迫签订借条后，没有及时报案，不但使得自己的权利得不到国家机关的保护，而且助长了冯志雄、李兆兴的犯罪气焰。另一方面，在法官多次询问其是否报案之后，张小娇等人仍然无动于衷，客观上使得其抗辩理由更加缺乏令人信服的理由。更为重要的是，张小娇等人在因为无法举证、法院已经作出不利于他们的判决之后，依然不行使法律赋予的上诉权、申诉权，使得一审不符合客观事实的判决没能依法定程序进入二审或再审程序由上级法院进行审判。因此，对于不符合客观事实的判决最终生效并进入执行程序，当事人本身负有明显的责任。

最后，是民事审判的职能及民事诉讼证据规则的限制。"谁主张、谁举证"是我国民事诉讼法规定的民事诉讼举证基本原则。虽然民事诉讼法也规定在当事人无法举证的情况下，人民法院可以依职权调取证据的补充原则，但民事诉讼中法院所能采取的调查核实证据的手段十分有限，不可能也不允许采取类似于刑事诉讼的取证方式获取证据。因此，被告人莫兆军在被告一方对借条提出异议后向冯志雄核实时，只能按照民事诉讼的取证方式进行询问，当冯坚决否认并不能印证被告方的诉辩，已基本穷尽补充证据的手段。而在公安机关介入之后，经过采取刑事诉讼的强制措施，冯志雄、李兆兴最终交代了事实真相，这是民事诉讼绝对不可能做到的，当然也是主审法官莫兆军所不能做到的。

因此，在原告李兆兴诉被告张小娇等人借款纠纷一案的民事判决中，庭审认定的法律事实与公安机关采取刑侦手段以后最终查明的客观事实不符，并非因为被告人莫兆军不履行或不正确履行职责所导致。检察机关指控被告人莫兆军有玩忽职守行为的抗诉理由不成立，不予采纳。

（三）关于当事人自杀的严重后果和重大损失与被告人莫兆军的职务行为是否存在必然联系的问题。检察机关抗诉指控，由于被告人莫兆军的玩忽职守，导致出现了两名当事人服毒自杀的严重后果和国家赔偿 23 万元的巨大损失，两者之间有刑法上的因果关系。

被告人莫兆军及其辩护人认为，当事人服毒自杀是意外事件，赔偿 23 万元并非由于案件错判而作出，与被告人莫兆军的职务行为无关。

经查：玩忽职守罪作为一种渎职犯罪，其构成要件要求：（1）行为人在履行职责中有玩忽职守行为；（2）造成了国家和人民利益的重大损失；（3）两者之间具有刑法上的因果关系。在原告李兆兴诉被告张小娇等借款纠纷一案审结之后，被告中的张坤石、陆群芳夫妇服毒自杀，造成了很大的社会影响；为此，中共四会市委政法委与张氏夫妇的子女商定由其补偿张氏夫妇的子女人民币 23 万元。但是上述后果与被告人莫兆军的职务行为之间没有刑法意义上的必然因果关系。甚至连张氏夫妇的子女也无法预料其父母的行为及后果。且本案证据证明被告人莫兆军已经依法履行自己的职责，不存在玩忽职守行为，因此上述后果不能证明被告人莫兆军构成玩忽职守罪。

1、张坤石夫妇在败诉后因对方当事人申请强制执行而到法院门口服毒自杀，是他们对于败诉的结果有怨气并作出极端的选择。但指控张氏夫妇自杀的唯一原因是被告人莫兆军的职务行为和四会市人民法院所作出一审判决所致没有依据。主要表现在：一方面，在民事诉讼中，一方当事人胜诉、一方当事人败诉是客观存在的普遍现象。一审法院作出孰胜诉孰败诉的判决后，二审法院予以改判甚至还有相当一部分的错误判决是在再审程序中得以纠正的。法律规定二审终审制度、再审制度的目的就是为了保障公民的合法权益，保证人民法院的判决符合事实和法律。这就赋予了当事人在自己的合法权益得不到保护的时候通过启动新的程序寻求司法救济的权利。事实上，当事人败诉后认为一审法院判决错误的都会通过法律赋予的权利寻求法律的再保护的。张坤石夫妇及张小娇姐妹在一审判决之后完全可以行使上述诉讼权利。但他们放弃或者没有选择这种法律赋予的权利，使得错误的判决丧失了被纠正的机会，生效并进入执行程序，最终张氏夫妇出于绝望作出极端的选择，无论是对法院还是法官来说，这都是不希望发生的结果。另一方面，张氏夫妇最终选择了极端手段是不恰当的。张氏夫妇的自杀反映出其对法律、对法院、对法官的严重不信任。事实上，被告人莫兆军严格履行职责，严格按照民事诉讼程序操作，其证据采信也符合民事证据原则，判决中也充分论述了对原被告双方诉讼请求和抗辩意见采信与否的理由，不存在偏袒任何一方的情况。且经审查被告人莫兆军在审理该案前与冯志雄、李兆兴素不相识，没有证据证明被告人莫兆军与原告方存在串通一气、故意偏袒的事实。因此，被告张氏夫妇因法律意识淡薄以及对自己举证不能、放弃权利、败诉后选择极端手段最终自杀身亡的选择是不恰当的。

综上，张氏夫妇在败诉后服毒自杀的行为直接诱因虽然是法院所作出的与客观实际不符的判决，但实际原因是其自身对自己权利的放弃以及对法律、对法院、对法官的误解。检察机关抗诉提出是由于被告人莫兆军不正确履行职责所造成的严重后果的理由不成立。

2、关于赔偿张坤石子女 23 万元的问题。

根据最高人民法院和本院有关错案追究的规定，民事案件由于出现新的证据而发现原判错误需要纠正的，不属于错案，不能追究办案人员的错案责任，也不存在错案赔偿的问题。原告李兆兴诉被告张小娇等人借款纠纷一案的生效判决是结案后一方当事人涉及刑事案件取得了新证据，从而改变了原来的证据状况，这些新证据在民事诉讼时没有也不可能取得，因此该民事判决不属于错案，作出该判决的法院也无需承担国家赔偿的义务。在张氏夫妇自杀后出现的 23 万元赔偿，实际上是当地有关单位在事实真相和责任没有完全查明之前出于抚慰给予死者家属的安抚性的补偿；该款名义上是由政法委赔偿却没有加盖任何单位公章，而垫付的却是四会市法院，其程序很不规范。可见，这 23 万元无论是依据上、标准上还是程序上都不是基于错案而按照国家赔偿的程序、标准予以赔偿的，不能认为是错判所造成的损失。检察机关的抗诉理由混淆了该不该赔、该如何赔、由谁来赔等关键问题，不能成立。

3、检察机关指控被告人莫兆军"应当预见而没有预见严重后果"、该严重后果与其职务行为有必然联系理由亦不能成立。

一方面，在民事诉讼中，不排除有个别当事人败诉后做出过激的行为，但绝大多数的当事人都是通过上诉、申诉等合法途径以争取对自己有利的裁判结果。采取极端措施甚至自杀，极为罕见，尤其是当事人已经一而再再而三地放弃了各种有利于自己主张权利的机会。被告人莫兆军作为该案的主审法官，不可能意识到当事人会不循合法途径而采取过激行动。另一方面，张氏夫妇从未流露过要自杀的情绪和倾向。不能认定被告人莫兆军没有及时掌握当事人情绪从而采取防范措施而导致严重后果。法官在审理案件时对一些案件加强一般防范和特殊防范是必要的，但虽经法官指引仍没有循合法途径寻求保护，毫无先兆突然自杀的情况已超出法官的正常预见。因此要求被告人莫兆军承担没有及时注意当事人动态并加以控制、避免当事人自杀后果发生的责任，否则就是玩忽职守的理由过于牵强。

综上所述，检察机关认为被告人莫兆军构成玩忽职守罪的抗诉理由不成立，不予采纳。被告人莫兆军及其辩护人关于被告人莫兆军不构成犯罪的辩护意见理由成立，应予采纳。

本院认为，被告人莫兆军作为司法工作人员，在民事诉讼中依照法定程序履行独任法官的职责，按照民事诉讼证据规则认定案件事实并作出判决，没有出现不负责任或不正确履行职责的玩忽职守行为，客观上出现的当事人自杀结果与其职务行为之间没有刑法上的必然因果关系，其行为不构成玩忽职守罪。原审法院根据已经查明的事实、证据和法律规定，作出被告人莫兆军无罪的判决，事实清楚，证据确实、充分，适用法律准确，审判程序合法。检察机关抗诉指控被告人莫兆军犯玩忽职守罪的理由不成立。经本院审判委员会讨论决定，依照《中华人民共和国刑事诉讼法》第195条、第162条第2项以及《最高人民法院关于执行〈中华人民共和国刑事诉讼法〉若干问题的解释》第176条第3项之规定，裁定如下：

驳回抗诉，维持原判。

本裁定为终审裁定。

审　判　长　　吴铭泽

代理审判员　　吴锡权

代理审判员　　赖俊斌

二〇〇四年四月二十八日

书　记　员　　陈锦莲

［工作任务二　辛普森案的事实分析］

第一，工作任务描述：请检索辛普森杀妻案的相关资料，分析该案的案件事实。

第二，案例材料。

辛普森案，也称为"辛普森谋杀案"，是美国历史上最著名的刑事审判之一。1994年，前美式足球明星 O. J. 辛普森因涉嫌谋杀其前妻妮可·布朗·辛普森和她的好友罗纳德·戈德曼而被起诉。此案因其高度的公众关注度、复杂的证据和种族问题而备受争议。

案件的基本事实：包括辛普森与被害人的关系、案发现场的情况、警方调查的过程等。

关键证据：如血迹、手套、鞋子等物证，以及相关的证人证言。

审判过程：包括陪审团的选定、证人的出庭、辩护律师的策略等。

判决结果：辛普森最终被判无罪。

第三，作业要求。

案件梳理：请详细梳理案件的基本事实，包括案件发生的时间、地点、涉及的主要人物，以及案件的主要经过。

证据分析：请分析案件中的关键证据，包括物证和证人证言。你认为这些证据所支撑的证据事实是什么？是否充分支持起诉方的指控？辩护律师提出的反驳理由是否合理？

个人见解：请表达你对本案的个人见解，包括对案件结果、法律问题和社会影响的看法。你也可以提出自己认为值得进一步探讨的问题或观点。

第四，提交要求。

请将你的案例分析以 Word 文档的形式提交。

提交截止日期为作业下达后一周。

请在提交时注明你的姓名和学号。

第五，评分标准。

案件梳理清晰，事实梳理准确。（30 分）

证据分析深入，法律问题分析合理。（40 分）

社会影响分析全面，个人见解独到。（20 分）

语言表达流畅，逻辑清晰。（10 分）

第六，参考资料。

［辛普森案相关新闻报道和评论文章］

［相关法律书籍和论文］

请注意，以上仅为参考资料的一部分，你可以根据自己的需要查找更多的相关资料。在查找资料时，请确保信息的准确性和可靠性。

二、案件事实的收集

在法律咨询中，了解案件的详情，明确来访者的目标是我们提供法律解决方案的起点，通常我们获取案件信息的途径有两种，其一是会见，与当事人、证人以及案件相关的其他人员进行面对面的沟通交流，这是法律咨询工作中获取案件信息最基本的方式；其二是事实调查，我们在了解案件基本情况后，可以根据案件需要，运用各种调查手段收集案件事实材料。比如通过调查、取证等方式获取相关证据和资料，包括文件、合同、照片、录音、录像等，或如通过公开渠道查询相关信息，还可以通过社交媒体和网络平台获取相关信息，例如微信、微博、抖音等。

（一）会见中获取案件信息

法律咨询中的会见是指法律服务者与当事人、证人、对方律师等其他与案件相关人员的谈话。会见的目的主要是获取案件信息、识别案件事实、了解当事人意图、与当事人建立信任关系等。会见是法律咨询中获取案件信息最为直达的方式，通过会见我们可以听取当事人的直接陈述，面对面交流中，当事人通常会直接描述他们的情况、经历、争议点等，而这些直接陈述是获取案件信息的最直接和主要的方式。通过会见中的询问与交流，我们能更深入地了解案件具体细节，包括事实背景、证据情况、时间线等，而这些细节对于案件的分析和后续策略制定至关重要。通过会见，我们可以评估证据和可信度，通过观察当事人的言行举止，评估他们所提供的证据的可信度和可靠性。这对于判断案件的真实情况、识别潜在风险以及制定合适的法律策略都具有重要意义。通过会见我们可以更加明确当事人对案件的目标和期望，从而更好地为当事人提供法律建议和服务。同时，会见中面对面的交流有助于建立我们与当事人之间的信任关系，有了信任，他们才更有可能提供全面的、真实的案件信息，这对于我们全面了解案件并为其提供有效的法律服务至关重要。

由此可见，会见是法律咨询中获取案件信息的重要途径，尤其初次会见当事人时，赢得信任、确认诉求、了解案情是会见的基本目标，亦因此，我们既需要在会见前做好计划与准备，更需要在会见中掌握"一听、二记、三问、四求"的技巧与方法。

一听当事人讲故事。了解案情最直达的方式就是听当事人（证人）讲"故事"，因此在会见中，倾听会见对象的陈述是非常重要的，听其全面、详细地叙述案件的全部过程，以便了解案件的背景、事实、证据和法律问题。无论多么复杂的故事，都离不开"故事"的5W1H六要素，即时间（When）、地点（Where）、人物（Who）、起因（Why）、经过（How）、结果（What），我们可以此六要素建立案情的基本框架。"一听"中除了我们在上一单元习得的倾听方法，还需关注以下几个关键点：

（1）充分尊重与包容。我们要保持耐心并专注于当事人的叙述，在他们的陈述中寻找给他带来麻烦的原因。在这个过程中，要让当事人有足够的时间来描述他们的问题，因为从心理学的角度看，一个人将自己的故事讲述给初次见面的人必然会存在种种顾虑。切记不能随意打断对方陈述，允许当事人用自己习惯的表达方式来讲述，其原因在于，语言是一种习惯，改变表达方式会让当事人无法陈述清楚案情。在这一阶段，我们不能过多引导，甚至试图用自己的推测去拼凑整个事件，而是要通过当事人自己的回忆将事件一点点展开，我们要做的不过是帮助他注意一下先后顺序。

【法律咨询场景 1 再现】

律师助理王五在社区值班时接待了一位来访者孙女士咨询房屋质量问题。

王五："孙姐，你的房子遇到了什么问题？"

孙女士："我在靖江家园买了一套二手合院别墅，今年3月份和老公一起去看了两次房子，我们两个人都蛮欢喜的，就在5月20日付的款，27日办理了过户手续，准备夏天就搬进去住，一直也没时间过去收拾，没想到6月黄梅天，下了很长时间的雨，快半个月都是下雨。结果有一天我回家竟然发现客厅都被淹了，二楼的天花板已经塌了，到处都是水和泥。我特别气愤，那么贵的别墅竟然质量那么差，我赶紧通知了物业公司，物业公司的人来看了，没办法修又推荐了专门的泥瓦工来处理，结果我花了将近一万元钱。我听邻居说，这个别墅以前就漏过，而且以前住的人还请人来修过，但是我后来找卖方，他们居然说他们不知道，从来没有修过。我认为他明明是知道的！"

回到前述法律咨询场景 1，孙女士虽然已经谈到了主要问题，但是时间顺序并不是看起来那么清晰，不够全面，甚至有可能遗漏一些重要情节，比如孙女士什么时候向卖方提到的屋顶漏雨，哪位邻居在什么时候告诉孙女士这个房子以前曾经维修过，又如孙女士说她3月看了两次房，但并未谈及看房的具体过程以及情节，两次看房间隔的时间，是否查看每一间房屋和每一面墙等，这些情况我们不能够用自己的想象去填充。因此，王五可以这样说：

> "孙姐，我理解您的心情，您想要咨询的问题我大概清楚了。现在我想听听整个事情的来龙去脉，您就按照每一个事情发生的先后顺序讲给我听，不要担心在法律上面是不是重要，您自己按照自己的节奏谈就可以了。"

孙女士于是重述道："3月的一个周末，我在搜房网上看到一个房源，就是这个合院别墅的介绍，我觉得还不错，于是就按照上面的联系方式给业主打了电话，卖方就约我第二天去实地看一下，第二天下午到了那里，因为有点早，我就在小区里面逛了一下，然后在别墅前碰到了赵先生，他就是房屋的业主，他带我进了房子，他老婆在里面，给了我一些当时楼盘开盘时的资料。他们两个带我看了客厅、饭厅、卧室、厨房还有卫生间……"

（2）积极倾听与回应。在倾听当事人陈述时应当与其进行目光交流，并经常鼓励其继续陈述，可以通过简单的提问，如"然后呢?"也可以用肢体语言，如点头或者是简单的语言，如"我明白""我理解"。

（3）表达共情与理解。人情味在会见中必不可少，这是建立我们与当事人之间信任关系的基础之一。我们在会见中应当充分表达对当事人处境的理解和对案情的高度兴趣。同时，应当尽量避免表达自己对案情的评价性理解，以建立起与委托人之间的信任，从而让其更多地得到倾诉。比如，我们想让当事人谈谈他的孩子溺水身亡的经过，当然不可以冷冰冰地直接说："请谈谈你小孩死亡的经过"，而应当用更富人情味的语气说："你一定非常伤心，我能理解这种感觉。它到底是怎么发生的呢?"

二记会见全过程。会见中，除了听当事人讲"故事"，记录也是非常重要的一环，因为人的记忆是不可靠，只靠倾听无法留住案件的全部情况，因此，利用书面文件和笔记来帮助我们掌握案件情况殊为必要。在当事人展开案情叙述的时候我们就重要问题所做的笔记，可以使我们在会谈后重新审视整个事件的发展过程，也可以帮助我们思考分析下一步需要进行案件事实调查的内容，此外，这些记录除了可以帮助自己回忆外，还可以在今后与当事人的讨论中使用之前他们曾使用过的语词，便于他们更好地回忆。会见记录中需要注意的事项包括如下几点：

（1）准备记录工具。应该准备一支笔、一本笔记本或电子设备（如录音笔、平板电脑等）来记录会谈内容。确保这些工具在会见前已经准备好，并且随时可以使用。如果可能的话，还可以同时使用专门的法律文件管理软件或应用程序，如律通、天行通等软件系统，这样可以更方便地整理和保存记录。

（2）使用表格工具。我们在做会见记录时，可以提前制作计划表、备忘录这一类的表格工具。注意制作的每个表格都需要写明页码与总页码，如"第2页/共10页"，这样方便检查是否有遗失页码的情形。

计划表用于会见前的客户信息整理，需要记录首次建立联系的方式、日期时间、客户的姓名、工作单位、联系电话、电子邮箱、地址、法律问题的基本类别，预约见面的时间和地点、其他关于客户的背景资料、预计出席会见的人员等。

会见备忘录是用于会见对象陈述的案件相关事实记录和证据列表。需要写明案件类别，案件事实，证据列表，案件主要的争议焦点，会见的方式、日期、时间、地点，会见对象的姓名、工作单位、联系方式，记录人姓名，参与会见的人员姓名等内容。记录案件事实的时候，可以采用一问一答的形式，也可为陈述案情的形式。备忘录尾部要留有会见对象确认签名的地方，由其确定内容正确并且签字。

（3）记录的要点。如果可能的话，我们应该尽量逐字记录当事人的陈述，也要重点关注并记录案件的关键信息，这有助于确保记录的准确性，并且可以避免遗漏重要信息。如果当事人同意，也可以使用录音或录像设备来记录会谈内容。同时，在记录时，我们应该保持客观中立，避免加入自己的主观解读或意见，而是尽可能准确地记录当事人的陈述和案件情况。记录中尽量使用简洁明了的语言，避免使用过于复杂或专业的术语，这有助于确保记录易于理解，并且可以作为后续工作的参考。

（4）确认与保管。在记录完成后，让当事人阅读并确认记录内容是否准确并签字。如果有任何不准确或遗漏的地方，及时进行修正和补充，这有助于确保记录的准确性，并避免后续纠纷。经签名确认的记录文件要妥善保存，确保文件安全、易于查找，并遵守相关的法律和行业规定，如保密义务等。

需要注意的是我们不能因为记笔记而忽略了对当事人的倾听，因此不要一直埋头记录，而需要与会谈对象有互动，记录时也要遵守相关法律法规和职业道德规范，尊重当事人的隐私和权利，避免侵犯其合法权益，确保记录的合法性和保密性。

三问关键信息。诚如前述，沟通是一种信息的双向流动，在法律咨询的会见中，我们不能仅止于倾听与记录，像一个"树洞"一样没有任何回应，我们既需要结构化地梳理对方谈话中的信息，还需要进行反馈确认，并通过向对方提问来收集与补全信息。其中，事先拟定问题清单与掌握灵活的提问技巧都十分重要。

拟定问题清单。通常会见中，事先拟定问题清单能帮助我们更详尽细致地收集案件信息，这些问题旨在了解案件的背景、事实、证据和争议点，从而帮助我们为当事人提供准确的法律建议。拟定问题清单时，我们需要关注如下几个方面：

其一，明确会见目的与背景。在制定问题清单之前，首先要明确本次会见的目的和背景。这是首次会见当事人，会见目标是为了了解案件的基本情况、收集证据，抑或是为了准备庭审，又或是会见证人，只有明确会见的目的，才能更有针对性地设计问题。

其二，设计问题结构。问题清单总体结构需要包含：

（1）开场与基本信息。设置一些基本的开场问题来建立信任和亲近感，并确认当事人的基本信息。例如："您好，我是×××，很高兴能与您会面。首先，请您简要介绍一下自己的基本情况。"

（2）案件背景与经过。案件的背景和经过，包括事件发生的时间、地点、涉及人员等，围绕5W1H案件事实六要素来设计问题。例如："请您详细描述一下这个案件的发生经过。""在这个过程中，您是否注意到了什么不寻常的地方或异常情况？"

（3）法律关系与争议焦点。分析案件涉及的法律关系和争议焦点，明确双方的权利义务和争议的核心问题。例如："根据您所描述的情况，您认为这个案件涉及哪些主要的法律关系？""您和对方在哪些问题上存在争议？您认为这些争议的核心是什么？"

（4）证据与证明材料。询问当事人是否已经收集了相关证据和证明材料，以及这些材料的可信度和完整性。例如："您是否已经收集了与本案相关的证据或证明材料？能否向我介绍一下这些材料的内容？""这些证据是否足以支持您的主张？如果不够充分，我们还需要进一步收集哪些证据？"

（5）当事人期望与诉求。了解当事人对案件的期望和诉求，以及他们对可能的解决方案的态度和意愿。例如："您对于这个案件有什么期望或诉求？您希望达到什么样的结果？""您是否愿意通过调解或协商的方式来解决这个纠纷？或者您更倾向于通过诉讼来维护自己的权益？"

（6）法律建议与后续计划。基于收集到的信息，为当事人提供初步的法律建议，并讨论后续的计划和策略。例如："基于我们目前的了解和分析，我建议您……您对此有什么看法或建议？""接下来，我们需要做……工作来推进这个案件。您是否需要我的协助来完成某些任务或收集某些材料？"

问题清单的设计需要注意问题之间应具有逻辑联系，形成层次递进的关系，可以先从宏观的角度提出问题，再逐渐深入到具体的细节，形成一个完整的问题链。问题设计上既要有开放式问题来引导当事人详细阐述，也要有封闭式问题来确认具体事实或细节。问题应明确具体，避免歧义，同时语言要简洁明了，避免使用专业术语或过于复杂的句子结构，便于当事人理解，这样可以确保对方能够理解并准确回答你的问题。在提问时要展现出对当事人的尊重和同理心，避免使用过于强硬或冒犯性的措辞。

问题清单制定好后，要进行仔细的审查与修改。确保每个问题都是必要的，没有遗漏或重复。同时，也要考虑对方的回答可能会带来哪些信息，以及如何进一步追问。

表5　会见问题清单示例

会见问题清单			
会见时间：	会见地点：	会见对象：	
项目	须收集的信息	问题示例	备注
开场与背景信息	会谈对象的基本信息。	请您提供一下您的全名、年龄、联系方式和现居住地址。 您是本案的直接当事人吗？如果不是，请说明您与本案的关系。	

案件背景和经过	案件涉及的主要当事人有哪些？他们的身份和关系是什么？ 案件发生的时间、地点和背景是什么？ 当事人之间是否存在之前的法律纠纷或争议？	请简要描述一下案件发生的背景和情况。 您认为是什么导致了这个问题或争议的产生？ 是否有任何书面文件或证据与案件相关？ 请简述一下本案发生的原因和背景情况。 您是否之前与对方有过类似的纠纷或争议？ 您是否尝试过通过其他途径（如调解、协商等）解决此问题？
法律关系与争议焦点	本案涉及的主要法律关系是什么？请简要说明。 双方的主要争议焦点是什么？有无达成共识的可能性？	您认为自己的哪些权益受到了侵犯或受到了什么法律问题的影响？ 您是否了解相关的法律规定或先例？
证据与证明材料	目前已经收集到的证据有哪些？它们能否支持我方的主张？ 还需要收集哪些证据？如何收集？	您手头有哪些证据支持你的说法或立场？ 是否有其他人（如目击者、专家等）可以为您提供证词或支持？
当事人期望与诉求	当事人通过这次法律咨询达到什么目标或结果。	您希望通过这次法律咨询达到什么目标或结果？ 您对案件的期望或担忧是什么？ 您对本案涉及的法律问题有何了解？是否咨询过其他律师或法律机构？ 您对本次会见的期望是什么？希望得到哪些方面的帮助或建议？ 您是否有任何特定的法律要求或期望？比如希望得到什么样的赔偿或解决方案。
法律建议与后续计划	当事人为解决纠纷走过了哪些程序？ 当事人的配合意愿。	您是否已经采取了任何措施来推进本案的进展？比如向法院提起诉讼或联系对方进行协商。 您对于本案的后续发展有何预期或担忧？ 您是否愿意配合我们进行进一步的证据收集、调查或庭审准备工作？

| 其他相关事项 | | 您是否与其他律师或法律机构有过接触或咨询？
是否有任何特定的法律条款或规定您希望律师关注或研究？您是否有任何其他问题或疑虑需要向我们咨询或讨论？
您是否同意我们将本次会见的记录用于案件的准备和处理工作？ | |

多样化的提问方式。会见时，当事人可能会不愿意或者无法提供所需要的信息，这或许是因其相信这些信息会有损自尊，或对自己的案件不利，或与他人对自己的期望相悖，或者透露这些信息是不合时宜或不道德的。此外，陈述那些曾使其受伤的事件，总会使陈述者的伤痛"死而复生"，因此很少有人会主动透露这些事件。基于此，我们需要在会见中主动询问案情，追问案件的细节，其目的主要有四点：

目的1：为了区别有用信息和无用信息。为实现这一目的，会谈中我们可以采用开放式提问，当事人可以自由回答，我们并没有预期从这些问题中必然获得信息，因此也无须对如何回答问题进行指导，例如："您能详细描述一下事件发生的经过吗？""关于这一点，您能给出更多的背景信息吗？""您认为这个决定的背后原因是什么？"

开放式提问能帮助我们获取更多的信息，但缺点是当事人容易发散，往往答非所问，脱离案情，这就需要我们能适时提问将谈话拉回到案件本身。

目的2：为了追问我们认为重要而被当事人忽略的信息。为实现此目标，会谈中可以采用具有特定目的与指导性的封闭式提问。这类问题的答案通常是限定的，例如："这个日期是否准确？""您是否与对方有过书面沟通？""这个事实是否已经被记录在案？""您当时戴什么颜色的帽子？"

封闭式提问能帮助我们获取确切的信息，或确认某个具体的事实，但缺点是当事人往往会有被讯问的不良感受，同时，当事人往往会对自己有利的事实过分夸大，并隐瞒对自己不利的事实。

目的3：为了探知当事人所提供信息背后隐含的问题。为实现此目标，我们既可以采用引导式提问方式，也可以采用假设性问题提问方式。

引导式问题的回答通常是自由的，旨在引导对方围绕某个具体的方向来回答，帮助我们获取更深入的信息。例如："您为什么要开车去呢？""从这个角度看，您认为会有哪些影响？""基于您的经验，这种情况通常是如何解决的？""如果您作为对方，您会如何应对这个问题？"

假设性问题通过假设某个情境，了解对方可能的反应或策略，获取更多的信息。例如："如果……发生，您会如何调整您的立场？""假设这种情况被法院采纳，您觉得会有什么后果？""如果证据不足，您会考虑采取哪些替代方案？"

这两种提问方式都能帮助我们获取更多隐含的信息，但需要指出的是，这两种提问方式的问题需要精心设计，否则有可能适得其反。

目的4：为了更精准地理解对方的回答并得到对方的确认，以确保我们正确理解了对方的意思。为实现此目标，在会谈中我们可以采用反馈确认的澄清性问题提问，也可以针对具体细节进行追问。例如："我理解您的意思是……""如果我没理解错，您是想说……""为了确保我们的理解是一致的，我想确认一下您讲的这句话的意思是……"

上述这些问题就是典型的进行反馈确认的澄清性问题，通常在会谈中用于小结确认阶段使用。例如："您能进一步解释那个概念吗？""能给我一个具体的例子吗？""关于这一点，您能否提供更多的细节？"

上述这些问题就属于追问性问题，当对方的回答模糊或不够具体时，我们可以使用这类问题进一步追问。

四求已有证据。在会见当事人时，律师应当请求当事人提供一系列与案件相关的资料。这些资料对于律师了解案件背景、事实、证据和争议点至关重要，有助于律师为当事人提供准确的法律建议。以下是一些建议性的资料清单，可以根据具体情况进行调整和补充。

（1）身份证明文件：身份证或其他有效身份证件的复印件。

（2）案件相关文件：合同、协议、收据、账单等书面文件。与案件有关的电子邮件、短信、社交媒体消息等电子数据。任何与案件相关的官方文件或证明，如警方报告、法院传票等。

（3）证据材料：照片、视频、录音等视听证据。物品样本、损坏物品等实物证据。证人证言或联系方式，以便律师后续联系。

（4）背景信息资料：当事人的个人背景资料，如职业、教育经历等。与案件相关的公司或组织的背景资料，如企业注册信息、营业执照等。

（5）法律文件和先前咨询记录：如果当事人之前与其他律师或法律机构有过接触或咨询，提供相关的法律文件或咨询记录。任何已经签署的法律文件或协议，如起诉状、答辩状、和解协议等。

（6）财务和损失信息：如果案件涉及财务损失或赔偿，提供相关的财务文件，如收入证明、损失清单、医疗费用收据等。

（7）其他相关资料：如果案件涉及特定行业或领域，提供相关的行业资料、专业文献或专家意见。任何其他与案件相关的重要信息或文件。

请注意，以上资料清单仅供参考，我们应根据案件的具体情况和当事人的需求进行调整和补充。在请求资料时，我们应清晰地向当事人解释为什么需要这些资料，并告知他们这些资料将如何用于案件的处理。这有助于建立我们与当事人之间的信任关系，并促进案件的顺利进展。

实践之

（二）会见仿真实训

[工作任务一　国际会见客户大赛]

第一，项目描述。

每组学生从给定的会见记录中了解案情，收集整理案件相关信息，并以表格形式整理。

第二，实训步骤。

步骤1，学生随机分为8组（每组5人），1、2、3、4组领取南非队资料，5、6、7、8组领取南非队与印度队资料。

步骤2，各组分别认真阅读、分析各自的会见记录并讨论：①案件详情、当事人的目标、客观事实、有待查证的事实、关键事实、自相矛盾的事实。②本次会见的评价，运用了哪些沟通技巧，提问方式，效果如何？是否有效控制了会见过程，需要做哪些改进？③拟定下次会见的问题清单。

步骤3，各组将上述案件信息与分析结果用思维导图或者表格形式进行整理。

步骤4，任意抽取5组汇报本组讨论分析结果，由教师对各组提交的报告进行评价。

第三，效果评价。

教师对各组提交的报告进行评价，评价要点包括：

（1）案件信息的收集是否齐全；

（2）案件信息的归类是否准确；

（3）案件性质是否明晰；

（4）能否从当事人的谈话中准确把握其心态与目标；

（5）能否准确识别案件的关键事实、自相矛盾的事实，并对事实分级评价；

（6）能否对会见进行有效评估；

（7）所提交的表格，其思路是否清晰、栏目设计是否简洁明了、用语是否规范。

第四，实训资料。

1999年国际客户会见大赛，南非队、印度队分别于当事人第一次会见时，展示开场白、情况介绍以及见面后10~20分钟之间的谈话内容。

一队：南非队；

C 指客户（当事人）；

ST1 指律师 1；

ST2 指律师 2。

ST1：菲利浦先生，首先向你告知，你今天向我们告知的一切都将被严格保密。这里你告知的任何内容都不会被散播出去。

C：好的。

ST2：所以请试着尽可能向我们坦诚，我们也会试着尽可能对你坦诚。

C：好的。

ST1：我想我们的秘书已经通知你我们为此次首次会见留出了 30 分钟，但是我们会非常尽力地在这儿为你服务。无论有什么工作要做，无论你需要做什么，我们都会随时准备去做以尽可能地帮助你。

C：太好了，太好了。我确实十分需要帮助。

ST2：我想首先让你知道，我们对此次半小时的首次会面的收费是 200 兰特（南非货币单位），此后我们每小时收费 400 兰特，我想这对我们才公平。我和我的同事认为，两人组成团队的智慧要优于一个人，而且我们尝试一起工作以缩短时间从而把费用降到最低。你认为这样可以吗？

C：哦，当然，很好。

ST2：好的，那就太好了。

ST1：现在，为什么不谈谈你为什么来这里呢？出了什么问题？

C：呃……如果你们最近几个月里看了新闻或报纸，你们一定知道这个九岁的小女孩，Amanda Richardson，她失踪了，她的父母在到处找她。我知道她在哪儿，但我不知道我该怎么做，怎么去处理。现在警察都介入了，人们都在议论，我真的不知道该怎么办。

ST1：我必须承认，我不是完全清楚这个案子。所以，你是否可以透露一些这个女孩的背景，到底发生了什么？

C：她 3 个月前突然失踪，她的父母现在到处找她。

ST2：她最初从哪儿来？在哪儿失踪的？

C：她住在郊区，还有……

ST1：在美国？

C：是的。对，对，芝加哥的一个郊区，希尔森林外面。当时她在那里的一个小学附近的公园玩，我正在为我的一个客户找一个小女孩，她看起来非常符合那个形象，所以我叫她。

ST1：先生，我可以打断一下吗？你的意思是你当时为了某人搭载另外一人？你当时到底在做什么？

C：我当时为了我一个客户到处找一个像 Amanda 那样的小女孩。

ST1：哦，我知道了，好的。你可以谈谈你的这个客户吗？你当时找某个小女孩做什么？

C：我的客户打电话叫我去找一个给他们做……你也知道……

ST1：你知道他们要这些小女孩干什么吗？

C：不能告诉你。不关我的事。我所知道的只是他们对小孩感兴趣，所以我出去找，满足他们。

ST1：你和你的雇工之间有合同吗？

C：不，没有。我是指，他们只是打电话给我，然后他们每个小孩给我点钱。

ST1：哦，我刚才说的是跟你的雇主之间，不好意思。

C：是的，我明白。

ST1：所以你是说这只是你们之间口头上的协议？

C：当然，就是这样。

ST1：你为谁工作？那是个什么组织吗？还是个人？

C：不，那只是……你也知道……那些多年间跟我已经有协议的人打电话给我，他们知道我能找到他们想要的小孩。

ST2：所以，菲利浦先生，原来那天是你带走了 Amanda Richardson？

C：是我干的。

ST2：你把她带去哪里？

C：我把她带去希尔森林外边我客户的家。

ST1：是你亲自把她带去那里的？

C：是的，她不像我通常带去的其他小孩那样。正常情况下，他们大多是些无家可归或离家出走的小孩，所以他们，他们会很高兴找到一个人说说话，还能带他们兜风，和他们沟通。所以我觉得 Amanda 也是一样，但我把她带到车里的时候她开始大声叫，一直叫，一直叫……

STI：你是怎么把她弄到车里的，菲利浦先生？

C：我当时随身带着一个洋娃娃——你知道，这通常对这样的小女孩都很有效。

ST1：嗯。

C：她当时也带着一个洋娃娃在公园里自己走，所以我，你知道，对她讲或许我可以载你回家，这样你的小娃娃还可以跟我的娃娃交个朋友，于是她就上车了。

ST1：她是自愿跟你上车的？

C：是的。大部分小孩都是这样。

ST1：后来发生了什么，什么时候她发现……

C：嗯，是这样，我正把安全带给她系上开始开车走，她肯定住在相反方向，所以她知道我们当时没走对方向，所以她开始大叫。于是我努力让她安静下来，安抚她，你知道，那样一切就都好了。但是她一直叫，一直叫，一直叫……天呐，所以我……

ST1：你对她说了什么？你怎么对她解释的？

C：你知道，我告诉她我们很快就到家了，但我们得先到别处停一下。

STI：我知道了。

C：但她就是不买账。我用尽了所有方法，你知道，可我的把戏都不管用。所以，我最后，我只是……我知道……只是快疯了，只是，你知道，我很快打了她一下，说"安静"。然后她用头撞了什么东西，然后，你知道，她终于安静了，然后，就好了。

ST1：所以，这就是车里发生的一切？

C：是的。

ST1：这样，我已经知道 Amanda Richardson 究竟发生什么事了，你把她从学校接出来，然后她上了你的车……

C：是学校附近的公园。

ST1：对，学校附近的公园，你载着他，她一直大叫，所以你打了她。

C：呃……嗯。

ST1：你刚才说她自己用脑袋撞了什么东西是吗？

C：听起来是这样。

ST1：好的，然后发生了什么？

C：然后她就安静了。于是我把她带到我客户的家那儿，然后正当我停车的时候，一定是把她惊醒了，然后……

ST1：她真的醒了？

C：她醒了，然后她又开始大叫。所以，我说："安静""安静""安静"……

ST1：你又打她了吗？

C：不，不，没有，我只是把手放到她身上，你知道，我试着让她安静下来，用手捂着她嘴巴这样她能安静下来，这样她才能听见我对她说什么，但是她还是一直叫，一直叫……

ST1：她当时哭了吗？

C：她只是尖叫。

ST1：好的。

C：她只是尖叫，或许，我知道，或许有些眼泪，我……

ST1：你要喝点水吗？

C：不，我很好。

ST1：好吧。

C：她一直挣扎，发出声音，于是我只是一直用力摁着她，越来越用力，终于她停下了。于是好了，你知道，下车来，去……

ST1：你自己一个人下车，还是跟着她？

C：不，我停了车然后走进房子里，然后……她当时没有呼吸了。

STI：嗯。

C：于是我抱起她，把她带进房子，然后我的客户和我一起努力让她恢复呼吸……

STI：让她醒过来？

C：对，对。用人工呼吸，但她已经死了，她……她，这以前从来没发生过。

STI：你确定她已经死了？

C：是。

ST1：你怎么得出这个结论的？

C：她没呼吸了呀。她没呼吸了，而且……已经没……

ST1：心跳？

　　C：没心跳了。我是说，我们不是医生，我们也不知道，但当时真的没有心跳了。所以，但是，我不知道该怎么办，而我的客户想，呃……或许我们该把她埋在他房子附近的树林里面。这在我听起来是个不错的建议。所以，但是在我们干之前，他想要给她拍些照片，这样我可以知道她长得怎么样，因为她看起来太符合他想要的了。所以他拿出 Polaroid（宝丽来，相机牌子）给我，所以，然后……

　　ST1：我不太明白，菲利浦先生，为什么你们想要给已经死了的 Amanda Richardson 拍照呢？

　　C：因为她看起来太符合他想要的形象了。

　　ST1：他想干什么？

　　C：Amanda Richardson，我是说，我不能……

　　ST1：一个问题，为什么是这个人？

　　C：我猜是年龄正好，头发颜色正好，老实说我不知道。

　　ST2：是为了性方面的满足吗？

　　C：可能吧。不，我不知道，我不知道做的什么……我知道……把小孩带去，再带走，你知道，在预定的时间内。

　　ST1：你做这个多长时间了，菲利浦先生？

　　C：哦，有段日子了。四五年吧。

　　ST1：你过去的几年碰到过什么问题吗？比如你是否在某些时候从良心上感到干这样的事情是不对的？

　　C：没有。

　　ST1：没有。直到这件事之前，一切都很好？

　　C：关于孩子们？当然。

　　ST2：你以前因为孩子失踪而惹上过什么麻烦吗？这是第一个吗？

　　C：不，因为我总是把她们带回我当时接她们的地方。从来没出岔子。你知道，她们大多是离家出走或无家可归的，这么说吧，所以没人会找她们，没人想她们，所以这是我们第一次碰到这样的问题，所以我不知道该怎么处理。

　　ST1：我们还能找回那些照片吗？所以，你们真的埋了这个女孩？

　　C：是的，我们干了。

　　ST1：发生了什么？他到底说了什么，干了什么？

　　C：他只是说我需要给她拍几张照片，这样你下次就知道我想要什么了。

　　ST1：他是让你再去找一个跟她一样的小孩吗？

　　C：当然。他是我一个常客。

　　ST1：对于她的死，他是什么态度？

　　C：嗯，他很失望，因为，你知道，她真的是他想要的那一种。

　　ST1：你通常接受现金支付吗？

　　C：是的。所以，但是现在我已经有这个女孩儿的这些照片了，但是她的照片已经到处都是了，报纸上，所有媒体上，而且警察也来了，她父母也来了，我不知道该怎么处理这些照片，但是，我……

ST1：你担心什么，菲利浦先生？你为什么来见我们？

二队：印度队；

C 指客户；

ST1 指律师 1；

ST2 指律师 2。

ST1：嗨，我是××，这是我同事×××。

ST1：你怎么样？请坐吧，谢谢。

ST2：我希望你没费太大劲来我们办公室。

C：没有。

ST2：没费太大劲停车。

C：没。

ST1：我知道这儿的交通和停车条件简直太糟了，因为我们也得从别处赶到这儿。

C：哦，是啊。

ST1：很能理解。这城市太糟了，你是做什么的，菲利浦先生？

C：我是个会计师。

ST1：呃……

C：在本市的一家银行里。

ST1：我们能帮你点什么？我们能为你做什么吗？

C：嗯，我原先想你们能帮上我。正如你们已经从媒体上、电视上、报纸上看到的那样，这个小女孩，九岁的小女孩，Amanda Richardson，已经失踪了几个月的那个——我知道她现在在哪儿，但我不知道该怎么办，你知道，告诉其他人，你知道，告诉警察，因为我知道他们在找她。所以我想你们可能能帮上我。

ST2：菲利浦先生，我们开始之前，你看上去确实很不舒服。当然，很多人在面对数个陌生人时比面对一个陌生人更感到不适，因为我们彼此不太了解，但很重要的是，你应当记住我们需要知道你知道的一切信息，这样才能尽我们所能给你最好的服务。

ST1：请放心，你在这儿所说的一切都将会是保密的，都将只会有我们三个人知道。除非你想提起诉讼或类似的，那将会是另一种情形，我保证，除此之外我保证你说的会被严格保密。

ST2：而且在那种情况下（即诉讼的情况）没有你的明确同意我们什么也不会做。所以你大可放心，然而……

ST1：你想来点什么喝的吗？

C：不，我很好。

ST2：水或其他的，好吧。现在你可以告诉我们……

STI：告诉我们……

ST2：……发生什么了吗？

ST1：发生了什么，然后我们能为你做点什么？

C：嗯，呃……正像你们知道的那样，这小女孩失踪了，我，呃……我知道她在哪儿，我想，我想让你们知道，告诉警察她在哪儿，这样她的父母能找回她。但我不知道该怎么做，我想也许我可以打电话，打给警察，匿名电话，然后让他们知道她在哪儿，而且我还有她的一些照片，而且我想如果，或许我能只是，你知道，或者把这些照片给你们转交给他们。这样我可以不接触他们，所以没人会知道照片是我的，或许就直接烧了、处理了。然后我的噩梦就能结束了，我就能睡着了。

STI：好的，我想我们知道了这个小女孩现在显然有很大麻烦，因为你看上去很受困扰。现在，我能对这一步给出的建议是我们慢慢地、好好地回顾整件事，帮我们形成一个整体的画面……

C：好的。

ST1：……这样我们或许能更好帮你。因为它困扰着你，也同样困扰着我们，现在再让我们慢慢回顾它，让我们知道为什么它给你带来了噩梦。

C：嗯……我的一个常客打电话给我告诉我他想要一个小女孩。所以我告诉我一个线人，然后她给我一个提示说有个小女孩正在一个我们经常去的小学旁边的公园一个人玩，她看起来很不错，而且跟其他的那些没什么两样……

ST1：呃……嗯。

C：……小女孩们，所以我，你知道，问她是否愿意上我的车，因为天已经开始黑了，或许我能带她回家，你知道，已经是晚饭时间了，而且车里也有个洋娃娃，然后我告诉她它们可以做朋友，然后我们可以一起兜风。然后，很好，她上了车，但刚刚上车一会儿她开始尖叫，一直叫，一直叫……我试着安抚她让她安静下来。她不像我之前处理过的大多数女孩那样，因为她们，你知道，都很乐意来，而且很高兴能跟我交朋友，通常，她们都是无家可归或刚从家里出走，所以这时候有个人能说说话简直再好不过了，你知道，你知道，但她一直大叫。所以我努力安抚她，让她冷静些，找机会告诉她，告诉她一切都将……但是她只是一直叫，一直叫。最后我终于打了她让她安静，然后我听见"嘭"一声，然后她就安静了。所以太棒了，我可以把她带到我客户的家那儿，但在停车的时候她一定被惊醒了，因为突然她又开始大叫了，一直叫，一直叫……所以这时候因为停车了我至少有两只手可以闲下来，所以我用尽全力，你知道，让她安静下来，然后当然我不知道她叫什么名字但是一直试着套出来，求求你，求求你，你知道，都会好的，好的然后突然，她停下了。我知道，她不再尖叫了，她停了。所以我，太好了，我下车来，绕到车这边抱起她，我突然发现她没有呼吸了。于是我把她带进我客户的房子里。我们试着让她重新醒过来，但是她再也不能了。当然，我从来没碰到过这种事，所以我手足无措，而我的客户也是，沿着街走有片树林或许我们能过去把她埋在树林里。我不担心，问题就会迎刃而解了，那很好，他说在干之前他想拍几张这个女孩儿的照片，因为，这是，你知道，这正是他想要的那一类型，但很不幸她已经死了。所以他拍了一些照片，把照片交给我以让我下次再找的时候明白他想要哪一种类型。然后我们把她弄到街那头，埋了她，我想，就是这样了，很好。我重新开始我的生意，但突然间，她的父母出现在电视上、报纸上、广播里，突然间警察也掺和进来了，政治家、每个人都在关于这个小女孩的混乱中出现了，然而，我只是，我开始做噩梦，我手足无措。我想或许我可以打电话给警察告诉他们小女孩在哪儿，呃……但我不确定他们是不是会顺着线索找到我。我真的不知道该怎么办，天呐……

ST1：嗯……在我们进一步深入之前我应该问你，或许是告诉你，我们是律师，我们总是想要知道细节，好的。所以，我们要做的是，要你试着建立一个整体的框架，这样我们才能更好地理解它们，现在你或许可以把他们跟一些更恰当的背景结合起来。一旦我们把这个框架和事实结合起来，就是我们会按照一个时间轴来做，你知道，事情怎么发生的，什么时候，等等，我们才能更好地看清能做些什么。好吗？然后（与ST2耳语），你有什么更详细地想说的吗？

ST2：是啊，任何时候你觉得一些问题让你感到不舒服，立刻让我们知道。我们会修正然后稍后再重新问。而且，一旦不明白一定要毫不犹豫地打断我们。这样在服务上对你有帮助对我们也是。我们真的理解你对发生的这些事情的担心，还有你对之想做的，现在我想让我们开始询问好吗？

ST1：嗯，对，现在你干嘛不做点什么，告诉我们更多有关这个女孩的事呢？我真的想知道你是如何在路上找到她的，还有你是在哪里……

C：呃……

ST1：……就像你已经说的那些，接着说。

C：像我找，呃……找大部分孩子那样。她当时一定是独自在一个公园玩，我早先已经给我的线人们说过了我要找一个小女孩儿。所以，显然他们在经过那个公园看见她时马上通知我，然后我开车过去，确认她仍然在那儿。呃……所以……你知道，我主动提出载她回家跟父母吃晚饭，所以她上车来，然后你知道，她开始摆弄那些洋娃娃，或者我想她将会摆弄那些娃娃，但突然她就开始尖叫了，一直叫个不停。所以，然后，那样，你知道，那时你知道，我打了她然后她就安静了，然后到我们到了客户家那儿都很好，你知道，然后……

ST1：再告诉我们一些你的那些线人的事，以及你想从他们那儿知道些什么信息，也就是你想让你的线人们帮你找到些什么。

[工作任务二　会见证人角色扮演实训]

法律咨询中的会见根据会见对象的不同可以有两大类，一是会见当事人，二是会见证人，两者都是我们收集案件信息的重要途径。会见证人又可以分为会见友好证人、会见中立证人、会见不友好证人，无论哪种，都比会见当事人困难很多。会见证人时，我们需要根据案件的基本情况，证人的立场等选择不同的会见策略。我们以法律咨询场景2为示例：

【法律咨询场景2再现 会见证人】

王五在社区值班时接待了一位来访者张三，张三是社区所辖小区的业主，称："楼上501的邻居用菜刀砍了我家的电瓶车，我要找他讨个说法！"

王五对案件的事实进行了梳理发现诸多砍车细节需要确认，于是询问张三。

（1）砍车事件发生的时间、地点；

（2）砍车事件的目击者或证人情况；

（3）砍车时使用的菜刀的特征；

（4）电瓶车的损坏程度和价值。

张三称自己在邻居老周砍车时并未目睹全过程，不过楼下201的邻居老叶看到了。王五需要会见证人老叶。

王五首先询问了社区工作人员，了解到老叶大概四十多岁，是一位大学老师，平时居家办公比较多，为人和善，也很热心，经常为社区提供公益服务。王五判断老叶至少是一名中立的证人，于是让张三陪同前往老叶家里拜访。

（在会见前，务必对证人的基本情况、与案件的关系及其可能的立场有充分了解，有助于制定针对性的询问策略。）

在老叶家，张三引荐介绍说明来由后离开了老叶家，留下王五单独会见证人。

（通常中立的证人与案件没有什么关系，对案件会做比较客观的陈述，如果当事人在场，尤其又是邻居，证人往往会碍于情面，未必会如实陈述自己看到的事实，也有可能只说对当事人有利的内容，缺乏全面性。王五提前预判老叶是中立的证人，遂提前与张三沟通，让其在引荐介绍后主动回避。）

张三走后，王五进入证人会见阶段：

开场阶段：建立信任。

王五（微笑并点头致意）：叶老师，非常感谢您的配合，愿意为我们提供证言，刚刚在社区，刘书记也跟我说您是一位很热心的业主，参加了很多公益活动，用自己的专业为社区做了很多实事。

叶老师（点头回应）：你好，小王，刘书记过誉了。我会尽力提供我所知道的信息，毕竟楼上楼下都是邻居。

（会见中立的证人，可能的障碍就是证人往往基于"多一事不如少一事"的想法，不太愿意作证，遇到这种情况就需要与证人沟通，既可以向证人分析利害关系，引发证人对弱者的同情，打消证人的顾虑，还可以阐明解决这个案件的社会意义，肯定证人作证的重要意义，从各个角度说服证人作证。）

引导陈述阶段：开放式提问。

王五：叶老师，请您详细描述一下您所目击的情况。当时您看到了什么？能否从头到尾为我们讲述一下？

叶老师：前天傍晚，六点左右，我在阳台上修剪盆花，突然听到楼下有吵闹声，我开窗探头看了看，就看到老周手里拿着菜刀，在砍张三的电瓶车。

深入询问细节阶段：开放式加封闭式提问。

王五：您能否描述一下老周当时的动作和表情？他砍电瓶车时有什么特别的地方吗？

叶老师：他看起来很生气，动作也很粗鲁。就是拿着菜刀不停地砍电瓶车的车身和轮胎。

律师：那您有没有注意到张三当时的反应？他有没有试图阻止老周？

叶老师：张三当时好像不在场，我是后来听到他的声音才知道他回来了。他回来后看到电瓶车被砍，非常生气，然后就去找老周理论了。

澄清与确认阶段。

王五：叶老师，您确定看到的是老周在用菜刀砍电瓶车吗？已经傍晚六点多了，天有点黑了，有没有可能是其他人或者您看错了？

小叶：我确定是老周，因为我和他住同一个单元，对他很熟悉，而且当时我还劝了他一下，他还回应我了。

王五：您当时怎么劝他的？老周怎么回应的？

叶老师：我就劝他莫生气，有事情可以商量。他抬头看了我一下，说"做人不能欺人太甚"，然后就进单元楼了。

王五：除了您目击的情况外，您是否还知道其他与这起事件相关的信息？比如老周和张三之间是否有过矛盾或争执？

叶老师：我听说他们之前因为一些琐事吵过架，但没想到会发展到这种地步。

（当证人表述不清或存在矛盾时，应适时追问和澄清，以确保证言的准确性和完整性。同时，在询问过程中，我们要有意识地观察证人的表情、语气和肢体语言等非言语信息，这些信息可能有助于判断证言的可信度。王五注意到叶老师在描述事件时表情严肃，语气坚定，似乎对自己的证言很有信心。）

确认证言与结束阶段。

王五：叶老师，您的证言对我们了解案件情况非常重要。请您再次确认一下，您所描述的都是您亲眼所见的事实吗？

叶老师：是的，小王。我可以确定我所说的是真实的。

王五：叶老师，非常感谢您的配合和诚实证言，这对我们调查案件真相非常有帮助。如果后续还有需要您配合的地方，我们会再联系您的。

叶老师：不客气，希望能帮助解决这件事情，双方都是我的邻居。

（确保对证人的陈述进行准确、完整的记录，并妥善保管相关材料。同时，要遵守保密义务，不得泄露证人的个人信息和证言内容。）

通过这样的询问过程，王五获取到叶老师作为目击证人对事件的详细描述，确认了老周砍电瓶车的行为，并了解到张三与老周之间可能存在的矛盾背景。这为后续的调查和处理提供了重要的证据和线索。

【会见不友好证人角色扮演实训】

一、案例材料

赵思（女，37岁）要求与丈夫刘军（男，38岁）离婚。两人于2007年春节经人介绍相亲认识，2007年4月登记结婚，于2008年1月生育一女，婚后刘军因嫌弃赵思生的是女儿，经常打骂女儿并把自己的疾病归结于女儿和赵思。同时由于赵思未婚先孕，刘军怀疑女儿不是自己亲生的，不但打骂女儿而且打骂赵思，夫妻二人经常争吵。赵思认为目前的婚姻给自己的身心带来了巨大的折磨，多次与刘军协商离婚未果，前来咨询，想起诉离婚。王五在会见当事人后决定到当事人常住社区调查取证，社区的高主任接待了他们。

材料一：

你是赵思所在社区的高主任，你对赵思一家的情况很了解，赵思曾因受到其丈夫的打骂，一度想轻生。你认为赵思要求离婚可以理解，但是俗话说"宁拆十座庙，不破一桩婚"，作为社区的主任，你觉得不能表现出对离婚的赞同。况且，赵思的家庭情况十分困难，是低保户，如果离婚，女方以及孩子会加重社区的负担；赵思的身体也不好，如果离婚后赵思的身体状况恶化，她女儿可能会成为孤儿，你不希望你管辖的社区出现这种情况。还有，刘军性情暴躁，你也不想惹祸上身。所以，赵思每次来找社区，你都对她要求离婚的决定表示劝和不劝离。

材料二：

你们是学习法律事务在王五任职的律所实习的学生，王五接受了赵思的求助，并对案情有了一定了解，带领你们来社区调查取证，希望能从赵思居住的社区获得一份证词，证明赵思与其丈夫的感情确实破裂，并希望得到关于刘军实施家庭暴力的信息。但据赵思说，社区的高主任并不赞成她离婚，不想给她离婚提供帮助。

二、工作任务实施步骤

步骤一：将学生分为若干组，四人一组。两人扮演赵思代理人，手中只有案例和材料一，一人扮演社区高主任，手中只有案例和材料二，一人为督导，对会见证人进行观察与评价。

步骤二：教师讲解会见证人技巧。

步骤三：每组学生会见证人，督导员观察，教师或学生助教分散至各组或巡回观察各组会见情况。

步骤四：督导员对其所观察到的情况做汇报，扮演证人的学生、负责会见证人的学生分别描述会见的过程和感想。

步骤五：教师进行总结，小组进行复盘。

（三）事实调查

如果说会见是法律咨询中收集案件信息、发现案件事实图景的重要途径，那么事实调查则是建构案件事实图景的必要途径。事实调查是一个宽泛的概念，广义的事实调查是指司法人员、执法人员及其他有关人员为查明案件事实而进行的与证据的收集、审查和运用有关的各种调查活动的总称。[1] 法律咨询中的事实调查是指法律服务者运用各种调查手段收集案件事实材料，了解案情，并加以分析，最终获取有关案件证据资料的过程。

众所周知，调查是人类认识客观事物的基本方法之一，法律活动中事实调查也是调查的一种，但是其显著区别于社会生活中常见的一般调查活动。

首先，事实调查的目的是戴上"法律的滤镜"查明案件事实，亦即去发现与建构经过法律规范过滤的"案件事实图景"。不同于一般意义上的事实，这样的"案件事实图景"有着更强的说服力，它不仅是一种客观陈述，还能让法官内心产生确信，采纳

---

〔1〕 何家弘主编：《证据调查实用教程》，中国人民大学出版社 2000 年版，第 5 页。

该事实，使案情向真实的方向再现。[1] 法律上的事实需要具备下列全部或绝大部分条件：

（1）不仅讲述人们的行为，还要讲述人们行为的理由；

（2）说明或解释所有已知或公认的事实；

（3）由可靠的证人所讲述；

（4）有详细的细节支持；

（5）与常识一致，并且没有令人难以置信的成分；

（6）以让每项后续事实都显得越来越合理的方式组织故事。

其次，事实调查总是围绕证据进行，总是服务于证据的收集、审查和运用，获取支撑"案件事实图景"的证据资料。一般的调查活动以查明事实为基本任务，而事实调查中，查明事实仅完成调查任务的一部分，更重要的是证明案件事实，即用合法的证据来证明已经查明的案件事实，形成"有证据支持的事实"。基于此，事实调查要全面、客观、合法地开展，时刻关注所取的事实材料的证明力，材料所反映的情况是否客观真实，与案件事实是否具有一定的关联性，事实材料的来源、内容、形式以及取得的方式和程序是否合法都会对其证明力产生影响。

最后，事实调查通常贯穿于整个案件处理的全过程，从接待当事人到咨询、调解、谈判、仲裁以及诉讼各阶段，法律服务者无不在"发现事实-分析事实-再发现事实-建构事实-阐述事实"的循环之中，只要案件没有最终结束，这个循环也不会停止。

1. 事实调查的模式。事实调查阶段，法律服务者既是案件事实的"发现者"，又是案件事实的"建构者与陈述者"，既需要我们充分调用已有的知识储备与经验来选择、确定一个有效的"事实假说"（我们也可以称之为"故事"），以此为出发点追寻证据，同时又从证据中不断完善形塑"事实假说"，将收集的信息按其发生时间及内在逻辑排序、整合，并以客观的、合乎情理的、具有说服力的方式予以表达。为此，我们在会见当事人获取案件的基本情况后，分析已知事实和证据，提出事实假设，进行调查。通常存在两种事实调查模式，一种是常规调查，或称"正式调查"，另一种是非常规调查，或称"非正式调查"。

（1）常规调查模式。常规调查，是指有明确法律依据的必要的事实调查。这种调查是根据法律的要求进行的，调查获取的事实材料是用于证明案件事实的必要材料，因此，调查的内容、范围，是法律规定、明确无疑并且必不可少的。常规调查中主要有两类展开调查的逻辑顺序：[2]

第一，根据法律要素展开的事实调查。根据法律要素展开的事实调查，是指以法律规定中的内容、要素为依据进行的事实调查。这种调查是以法律法规的具体规定为依据，是一种典型的常规调查方法。这种事实调查遵循三段论的形式逻辑展开，第一步就是寻找大前提，细致地分析案情，确定案件可能适用的法律、法规、规章等法律条文，并解析其事实模型中的构成要素；第二步就是以上述具体规范中的制度事实为

---

〔1〕 史蒂芬·卢贝特：《现代诉讼辩护分析与实务》，吴懿婷译，商周出版社2002年版，第29页。

〔2〕 李傲：《互动教学法——诊所式法律教育》，法律出版社2004年版，第159页。

依据，寻找相关的案件事实。这种事实调查方法主要适用于法律关系明确、法律规定清晰、在法律分析和法律推理中占优势的案件，在这种方法中，大前提的确定，即法律规范的选择至关重要，这就需要调查者有良好的法学素养，掌握法律研究技能，能够根据案情迅速准确地筛选法律确定大前提。

第二，根据时间先后顺序展开的事实调查。根据时间先后顺序展开的事实调查，是指以案件发生的时间先后为依据，依次进行的事实调查，这种调查方式更关注案件发生、发展、结束的整个过程。它适用于事实间隔时间长，历史久远；或当事人与对方有过长期交往；或事件发生时间虽然短暂，但时间因素在事态发展中起重要作用的案件。使用这种调查方法时，对时间概念提出了很高的要求，我们在会见中需要引导当事人完整回忆案情，按时间顺序陈述事实，同时客观理性地分析当事人陈述的内容，从中提取出正确的案件发展历程。易言之，根据时间先后顺序展开的事实调查，需要以良好的会见为基础。

需要指出的是，我们要关注动态的时间段与静态的时间点两种不同的时间概念。动态的时间段要求我们关注案件的发展，全面了解案情，将证据放在整个案件中，不能孤立地分析。静态的时间点则主要包括案件的起止时间，它关系到案件是否超过诉讼时效等重要问题。

这两种常规调查方法各有其利弊，根据法律要素展开的事实调查，案情明确，证据材料也因法律的明确规定而变得显而易见，往往会成为案件双方争夺的重点。而根据时间先后顺序展开的事实调查，往往涉及时长很长，案情冗长，所牵涉的事实繁多，证据不会是显而易见的，需要调查者通过对案情的全面了解来分析出所需要的证据材料，判断证据轻重，作出取舍。同时，随着时间的推移，案情也会发生变化，与之而来所需的证据也会发生变化，需要做好应变的计划。

（2）非常规调查模式。非常规调查，是指根据个案的特点，主动调查与案件相关的事实，广泛地掌握信息，期望从中获得对本方当事人有利的证据，用来辅助常规调查得来的证据的调查。[1] 这种调查方式由于缺乏法律的明文规定，相对于常规调查来说，它的内容和范围都更加灵活广泛。不过，它搜集到的事实材料的证明力不足，不能直接作为法官裁决的依据。即便如此，这种调查方式通过提供多元化的事实材料，仍可以在某种程度上影响法官的内心判断，为案件的审理方向提供有力的推动力。在司法实践中，经验丰富的律师经常能够巧妙运用这种非传统的调查手段，成功瓦解对方精心构建的证据体系，使案件形势发生戏剧性的转变。在这些非常规的调查手段中，尤为常用的是根据案件的因果联系来进行的事实调查，也常被称为"建构故事"式的调查方法。

这种根据案件的因果联系来进行的事实调查，是通过详细剖析案件发生的起因、经过和结果，建构出一个情节完整、逻辑合理的"故事"来展现事实真相。它特别适用于那些注重情节、行为人动机和目的，且法官拥有较大自由裁量权的案件。在这种调查方式中，人物心理、故事背景和实施细节等非传统证据也得到了重视，虽然这些

---

〔1〕 李傲主编：《法律诊所实训教程》，武汉大学出版社 2010 年版，第 41 页。

事实材料并非法律所规定的必要证据，但它们对于增强己方故事的可信度起到了重要的支撑作用。需要注意的是，尽管"故事"是建构出来的，但它并非是毫无根据的臆想，而是必须基于客观事实，并需要律师通过搜集证据来证实其可行性，从而赢得法官的支持。在我国，由于法官的自由裁量权受到较为严格的限制，这种调查模式的作用可能并未得到充分发挥。然而，即便如此，我们在调查实践中仍不应忽视这种调查方式，只要能够恰当运用，它仍然可以为己方在案件审理中争取到有利的位置。

2. 制定案件事实调查方案。如前所述，我们在案件事实调查阶段作为案件事实的"发现者"和"建构与陈述者"，所有的发现、建构和陈述都必须建立在严密的事实调查基础之上，需要事先制定完善的调查方案，确立事实调查应当遵循的原则，根据对案件的初步分析选择调查模式，厘定调查范围，明确调查任务，唯如此，我们在事实调查中才不会毫无头绪，所发现的证据、所陈述的事实才能少有疏漏与破绽。

第一，遵循案件事实调查的原则。

原则1：实事求是。事实调查既是一种专门的法律活动，又是一种认识活动，而认识的主观性等多种因素会导致这种认识活动产生偏差。诚如前文所述，我们所追求的法律事实不等于客观事实，客观事实一经发生即成过去，法律事实仅仅是在证据基础之上对案件客观事实的再现与还原，由于认识能力的局限性，两者在内容上可能会重合，也可能会交叉，甚至会出现某种程度上的背离。因此，我们在事实调查时首先需要秉持的原则就是实事求是，一切从实际出发，尽可能地还原案件真实，即使存在困难也不可弄虚作假。在确定调查范围，明确调查任务时，我们要避免主观臆断和片面主义，深入分析案情，全面收集事实材料，确保调查的详尽和周密。

原则2：进行成本与收益分析。在事实调查阶段，调查者总是希望能尽可能全面地收集证据，但我们需要面对的现实是，任何调查都涉及人、财、物，需要成本，而这些成本、时间的限定以及案情进展速度会对案件事实调查的进行形成种种限制，使得调查不可能面面俱到，亦因此，我们在事实调查中必须有成本思维，需要综合分析事实材料获取的成本及其收益（即该项证据在"案件事实图景"中的重要程度）来作出选择与取舍。对于所需时间长、收集成本高的事实材料，除非是定案的关键证据，否则不可太过强求，以免舍本求末耽误其他重要证据的收集工作。因此，在事实调查中，我们在确定调查范围、制定调查任务时应当考虑到调查工作所需要的时间、投入的经济成本、当事人的承受能力、调查的可行性等因素，分清主次，力争调查收集最佳证据，对于时间短、成本低、容易收集的重要证据不要遗漏。

原则3：不要把鸡蛋放到同一个篮子里。案件事实是不断变化的，单一的证据链条往往存在较大的诉讼风险，因此，我们必须坚持不要把所有的鸡蛋放到同一个篮子里，在案件的事实调查中，保持开放的思维，收集多样性的证据，形成一个具有多方面证明案件事实的证据网，努力建立"金字塔式"的证据推理结构，而不是过于依赖某一种证据或某一位证人，将所有的推理都建立在某一个事实基础之上，如果这个事实出现偏差，或对方掌握了摧毁这一事实的相反证据，则所有的后续工作都将功亏一篑。

第二，确定案件事实调查范围。事实调查前，除了明晰必须遵循的原则外，我们还需要做好其他的准备工作，例如对相关法律法规的深入研究、对涉案人员的背景调查、对关键证据的预先分析等。然后我们才进入事实调查的第一步：确定案件事实调查的范围。毋庸置疑，任何严谨完善的事实调查都离不开调查范围的支撑，然而，到底哪些事实需要调查，哪些事实无须关注，调查多少事项才算充足、完备，法律并没有给出明确的规定。在实践中，我们在确定案件事实调查范围时至少需要考虑如下两点：

（1）事实调查范围≥举证责任的要求。举证责任是指法律规定的，对于有待证明的事实向人民法院提出证据加以证明的责任。根据举证责任分配规则，当案件事实无法查明时，由承担举证责任的一方承担不利的诉讼后果。例如，民事案件遵循"谁主张，谁举证"的证据责任负担原则，由提出请求的一方举证；行政案件由被告对作出的具体行政行为承担主要举证责任；刑事案件由公诉人承担举证责任。显然，举证责任是法律对审理案件所需材料最基本的要求，如果没有这些事实材料，案件将无法审理和进行，因此法律对举证责任的特殊要求必然地影响到事实调查的深度和广度，直接决定了案件事实调查的最小范围。易言之，事实调查至少需要满足举证责任的要求，首先完成己方举证责任。需要强调的是，事实调查不能仅止于举证责任的要求，原因在于，举证责任所要求的证据材料都是法律要求提供的，当事人不提交则承担可能败诉的风险，具有被动性。而事实调查是法律服务者为发现与建构事实而进行的证据收集，具有主动性，为当事人之利益的需要，积极主动收集案件事实材料，需要运用多样的非常规调查模式收集其他证据，辅助证明己方观点。

（2）根据证明标准确定事实调查范围。证明标准是指"为了实现法定证明任务，法律规定的在每一个案件中诉讼证明必须达到的程度。证明标准是衡量证据的证明程度的标准，它既是衡量当事人举证到何种程度才能满足举证要求的标准，又是法官据以确信案件事实以及评判法官对事实认定是否妥当的尺度"。[1] 不同的案件类型和诉讼阶段，证明标准有所不同。例如，刑事案件通常要求达到"排除合理怀疑"的证明标准，而民事案件则采用"优势证据"标准，行政案件采用的证明标准介于两者之间，采用"明显优势证据"标准。因此，证明标准的不同影响了事实调查的范围。例如，刑事诉讼采用的证明标准明显比民事诉讼证明标准严格许多，有些在刑事诉讼中的必要证据可能在民事诉讼中毫无价值，证明标准的确定直接决定了我们对证据的选择和取舍。实践中，我们应当根据不同的证明标准，合理地确定自己的调查范围，规划自己的调查计划，确保事实调查的准确性和高效性。

第三，明确调查任务，提出调查假设。确定了事实调查范围后，我们还需要完成四个步骤：明确调查任务—分析已知证据—提出调查假设—制作行动计划表，最终形成案件事实调查方案。[2]

（1）明确调查任务。如同事实调查范围一样，调查任务根据不同的案件也有不同内容，它可以分为总调查任务和具体任务。在准备工作做完之后就需要具体地进行调查，可是案件的复杂性，证据的多样性，不可能一次调查就可以顺利取得所有材料，

---

〔1〕 姜明安主编：《行政法与行政诉讼法》，北京大学出版社 2005 年版，第 533 页。

〔2〕 何家弘主编：《证据调查实用教程》，中国人民大学出版社 2000 年版，第 124~125 页。

往往需要进行几次调查工作，分阶段地进行。每次要完成什么，怎样安排顺序，都是调查任务决定的。调查任务的好坏，直接影响到这次调查工作，甚至是全局调查计划的成败。律师在撰写调查计划时，要以调查范围为前提，明确此次调查的具体任务、目标和调查顺序。

（2）分析已知证据。证据调查任务明确之后，不应仓促地开始调查工作，而应该首先分析已知的证据。在这个阶段，律师所掌握的证据主要来自会见当事人的结果。已知的证据可以分为两类：一类是我方所掌握的能够证明本方主张的证据，可以称为本证；另一类是我方所掌握的能够证明对方主张的证据，可以称为反证。本证是我们分析的重点，律师要通过分析已有的本证，分类出哪些是直接证据，哪些是间接证据，这些证据能证明哪些案件事实，直接证据是否真实，间接证据是否完整，如果不完整还需要哪些证据等。同时，反证不能忽视，所谓"知己知彼，百战不殆"，诉讼是一场没有硝烟的战争，律师不仅要收集对自己有利的证据，同时也要尽量减少对方的证据。对反证的分析能够使我们了解对方的证明程度和将要进行的调查策略，更好地进行自己的调查计划。然而，这里要强调的是已知的证据，律师在实践中不能先入为主，而是要全面客观地分析当事人所提供信息的可靠性，有没有主观因素的介入，初步了解己方的情况。掌握哪些证据，缺乏哪些证据要做到心中有数。

（3）提出调查假设。在确定调查任务和分析已知证据之后，律师就需要客观地推测未知事实和潜在证据，这种推测是我们确定具体调查内容的前提。当然这种推测必须是客观的，合理的，有可能的；盲目地推测只能导致调查的失败。但是推测毕竟不是现实，律师在提出假设时要充分考虑最坏的情况，知悉可能的困难，提前做好其他打算，拓宽证据渠道，避免假设错误而手足无措的尴尬局面。

（4）制作行动计划表。行动计划表在会见部分已经提到，在事实调查阶段也同样适用。律师在明确调查任务、分析已知证据和提出调查假设之后，就要开始制作行动计划表。在后面的实施阶段，要严格按照计划表，有序地进行。

实践之

课堂实训：王五给"文心一言"AI模型下达指令，对法律咨询场景1中的案件制作一份案件事实调查方案，请针对此方案提出修改建议，并制作一份优化后的事实调查方案。

【法律咨询场景1再现】

当事人孙女士自述："我在靖江家园买了一套二手合院别墅，今年3月份和老公一起去看了两次房子，我们两个人都蛮欢喜的，就在5月20日付的款，27日办理了过户手续，准备夏天就搬进去住，一直也没时间过去收拾，没想到6月黄梅天，下了很长时间的雨，快半个月都是下雨。结果有一天我回家竟然发现客厅都被淹了，二楼的天花板已经塌了，到处都是水和泥。我特别气愤，那么贵的别墅竟然质量那么差，我赶紧通知了物业公司，物业公司的人来看了，没办法修又推荐了专门的泥瓦工来处理，结果我花了将近一万元钱。我听邻居说，这个别墅以前就漏过，而且以前住的人还请人来修过，但是我后来找卖方，他们居然说他们不知道，从来没有修过。我认为他明明是知道的！"

【"文心一言"AI模型拟定的案件事实调查方案】

案件事实调查方案如下：

第一，前言。本调查计划旨在全面、系统地调查委托人购买的靖江家园二手合院别墅漏水问题及相关事实，为委托人提供有力的证据和法律支持，以便维护其合法权益。

第二，调查目标。

（1）确定别墅漏水的原因及具体损失情况；

（2）查明别墅是否曾存在漏水问题，并核实是否经过维修；

（3）评估卖方对别墅漏水问题的知情程度；

（4）收集相关证据，形成完整的证据链，为后续法律行动提供支持。

第三，调查内容。

（1）别墅漏水原因及损失情况调查：进行现场勘查，记录别墅漏水情况及损失程度；收集相关照片、视频资料，记录现场情况；聘请专业鉴定机构对漏水原因进行鉴定，并出具鉴定报告。

（2）别墅历史维修记录调查：向物业公司调取别墅的历史维修记录，了解是否曾有漏水问题的维修记录；核实维修记录的真实性，确认是否涉及漏水问题；如有必要，向相关维修单位或个人进行访谈，了解维修情况。

（3）卖方对别墅漏水问题的知情情况调查：与卖方进行访谈，了解其对别墅漏水问题的态度和解释；收集卖方在交易过程中的相关陈述和承诺，评估其真实性；如有必要，向卖方的前任业主或邻居等第三方进行访谈，了解他们对卖方知情情况的看法。

（4）相关法律法规及政策咨询：检索有关房屋买卖、质量问题及责任追究的相关法律法规；分析案件适用的法律条款，为委托人提供法律建议和行动方案。

第四，调查方法。

（1）现场勘查：亲自前往别墅进行实地勘查，记录详细情况；

（2）文件资料收集：向相关单位或个人收集文件、照片、视频等资料；

（3）访谈调查：与相关人员进行面对面或电话访谈，了解案件事实；

（4）鉴定评估：聘请专业机构对漏水原因及损失情况进行鉴定评估。

第五，调查时间安排。

（1）现场勘查及初步资料收集：××××年××月××日至××月××日；

（2）访谈调查及文件资料深入收集：××××年××月××日至××月××日；

（3）鉴定评估及报告撰写：××××年××月××日至××月××日。

第六，调查团队与分工。

调查负责人：负责整体调查工作的策划、组织、协调与监督；

现场勘查人员：负责现场勘查、资料收集及初步分析；

访谈调查人员：负责与相关人员进行访谈，收集证言和证据；

法律顾问：负责提供法律咨询，分析案件适用的法律法规，并协助制定后续行动方案。

第七，调查预算。根据调查工作的实际需要，制定详细的预算计划，包括人员费用、鉴定费用、资料收集费用等，确保调查工作的顺利进行。

第八，注意事项。在调查过程中，确保调查活动的合法性和合规性，遵守相关法律法规；保持客观、公正的态度，避免主观臆断和偏见；尊重被调查人员的合法权益，保护其隐私和个人信息安全；及时记录调查过程中的重要信息，确保调查结果的准确性和完整性。

第九，调查成果。提交一份详细的调查报告，包括别墅漏水原因、损失情况、历史维修记录、卖方知情情况等内容，为委托人提供有力的证据和法律支持，以便维护其合法权益。

以上即为本次案件事实调查计划方案，我们将严格按照方案执行，确保调查工作的顺利进行。

三、案件事实的处理：拼图寻宝

有学者指出每一个"事实碎片都闪耀着同一事实之母的光芒"。[1] 我们在进行案件事实的建构时所做的工作犹如在进行一个拼图游戏，需要把每一个事实碎片嵌入需要陈述与讲述的"故事"图景之中，并为这些事实碎片找到可以黏合与支撑的证据链条。基于此，我们将法律咨询工作中的案件事实处理称为"案件事实的拼图寻宝"，而这种拼图寻宝活动的起点就是要学会将案件事实图景进行可视化的建构。

（一）案件事实图景的可视化建构

所谓案件事实图景的可视化建构，是指通过图形、图表等视觉元素，将案件中的关键事实、证据、逻辑关系等清晰地呈现出来，以便能够更直观、更深入地理解和分析案件，具体包括以导图、表格的形式梳理案件事实，探究法律事实，厘清法律关系，清晰表达案件主体法律关系、时间顺序等要素，从而将案件的各种要素清晰地呈现出来。我们在梳理案件事实时，采用可视化建构带来的好处是显而易见的。

1. 可视化建构有助于全面展示案件事实。可视化的建构通过图表、动画等形式，将案件的起因、经过、结果等关键信息直观地展现出来，能帮助我们迅速、清晰地梳理复杂的案件事实，避免事实的遗漏，同时也避免文字描述可能带来的理解偏差或遗漏，在全面整理的基础上有效提取所需信息，从而可以迅速把握案件的核心内容，将复杂案件事实从混沌中理出秩序构造场景，为后续的法律分析和法律决策提供有力支持。

2. 可视化建构有助于厘清案件中的逻辑关系。在复杂的案件中，各个事实、证据之间往往存在错综复杂的联系。通过可视化手段，可以将这些联系以直观的方式呈现出来，帮助我们更好地理解案件的整体结构，发现可能存在的矛盾或遗漏。

3. 可视化建构还有助于提升案件管理的效率。传统的案件管理方式往往依赖于大

---

[1]　龙宗智：《事实碎片都闪耀着同一事实之母的光芒——论"印证"的机理》，载《当代法学》2022年第1期。

量的文字材料和人工分析，工作效率较低。而可视化建构可以将案件信息以更直观、更简洁的方式呈现出来，减少查阅和分析文字材料的时间，提高案件处理的速度和质量。

同样是对案件事实的梳理，下面哪种方式可以更迅速地了解案情？

【法律咨询场景3】

王五的老师交给他一份当事人陈述，让他从冗长的陈述里整理出案件详情，王五采用了两种方式整理：

方式一：2007年刘生入股40万元至双流公司，与刘军共同成为双流公司的股东。后二人渐起分歧，二人于2008年6月12日签订股权转让协议，约定刘生将股权转让给刘军，刘军支付股权转让款。股权转让款交割时间为2008年12月31日。协议签订后，刘军分别于2009年3月8日、2009年4月5日向刘生支付股权转让款10万元和18.45万元。后刘军再未支付。为确认刘军欠付的股权转让款，刘生与刘军于2009年12月5日签订借款协议，将未支付的股权转让款35万元转变为借款。约定还款时间和金额为2010年8月30日还款10万元，2010年10月30日还款20万元，2011年12月30日还款5万元。后刘军于2011年6月25日还款10万元后再未向刘生履行还款义务。

方式二：可视化呈现

很显然是第二种方式能够让受众在更短的时间内了解案情。有研究结果显示，人类对于图像的接受能力远比对文字的接受能力强。因此，对于案件事实的梳理，图表方式比文字方式能更加高效地传递信息。[1]

（二）可视化建构的方法

在案件事实的可视化建构中，很多方法都有其独特的价值和用途，需要根据不同案件的特点和需求，选择最合适的技术方法进行可视化建构。较为常用的方法有如下四种：

1. 流程图与时序图。流程图用于展示案件的发展流程，包括事件的顺序、因果关系等。时序图则强调时间线上的事件发展，重点表达的是案件的时间，通过对时间的梳理，清晰地展现案件相关事实，对于分析时间敏感的案件尤为有用。这两种图都可以清晰地看出案件从发生到发展的整个过程。

2. 关系图与网络图。关系图用于展示案件中各元素（如人物、证据、事件）之间

---

〔1〕 洪东冬、陈凤贵：《案件事实可视化梳理在法律诊所课程教学中的应用研究》，载《现代职业教育》2021年第24期。

的关系，重点表达的是"关系"。关系图表达的"关系"多种多样，可以是法律关系，也可以是事实关系，还可以是主体关系，因案而异，如果一个案件，当事人只有两个，没有复杂的主体关系需要呈现，就不应当选择关系图。网络图则更侧重于展示这些元素之间复杂的交互和联系。通过这两种图，可以快速地识别出案件中的关键节点和关联。对于涉及众多人物、证据和事件的复杂案件，构建人物关系图、证据链网络图等，可以帮助我们迅速识别关键人物、证据和线索，理清案件中的复杂关系。

3. 数据图。数据图是将数据以图形、图表等形式直观地展示出来。通过柱状图、饼图、折线图等，可以清晰地看出数据的趋势、比例和对比关系，有助于我们快速把握关键数据点，发现异常或规律。数据图重点表达的是数据，当案件涉及的数据为关键信息时可采用数据图，如在涉及大量数据，如证人证言、鉴定结果、财务犯罪、经济纠纷中，可以通过柱状图、饼图、折线图等数据可视化方法直观地展示数据，帮助分析者更快地把握案件的关键信息。如果一个案件没有复杂的数据需要表达，就不需要选择数据图。

4. 地理信息可视化。对于涉及地理位置和空间关系的案件，如盗窃、抢劫等刑事案件，地理信息可视化技术非常有用。它可以通过地图标注、热力图等方式，清晰地展示案件发生地的分布情况、人员流动路径等，有助于分析者快速识别关键地点和行动轨迹。

应当看到的是，每个案件都有其独特性和复杂性，因此在具体应用中，可能需要结合多种可视化技术进行综合分析。此外，可视化技术只是案件事实分析的一种辅助手段，还需要结合其他证据和分析方法，以形成全面、准确的案件事实分析结论。上述刘生与刘军借款纠纷，时间跨度长，先后签订两份协议，每份协议都约定了交付款项的时间，其中第二份借款协议还约定了分期还款，每期还款都有具体的时间。同时还出现刘军的实际还款时间与约定还款时间相互交错的情况。因此，在梳理案件事实时可以采用时间图，按照时间顺序将两份协议及约定和实际履行情况通过图表清晰地表达出来，这种可视化表达直观性远甚于文字描述。

（三）可视化之案件事实关系图的制作

事实上，无论国内还是国外，亦无论是法官还是律师，梳理案件事实都是一个以证据分析为基础，运用推理来发现或建构事实的过程，案件事实的整理与认定渐变成司法实践中最难解决的问题之一。传统认识论中，事实整理与认定所存在的障碍（比如事实技术方法的滞后性、证明责任的僵化性和认知能力的有限性）如何借助"可视化"下新的思维方法和认知工具进行解决?[1] 案件事实关系图或许能为法律咨询工作中梳理案件事实提供一条新的路径。案件事实关系图是一种用于梳理和呈现案件中各个事实之间关系的可视化图表，用于在案件调查、法律诉讼或决策过程中，直观地展示案件中各主体、事件、物体之间的关联、相互影响以及时间顺序，通常包括案件的基本事实、相关人物、时间线、因果关系等元素。它通过图形化的方式，将复杂的案

---

〔1〕 蔡一博、高富平：《事实认定三步法的可视化研究——以民事案件的事实演算为例》，载《晋阳学刊》2017 年第 6 期。

件事实信息简化、整理和呈现，帮助我们更好地理解案件的全貌，把握案件的关键点和细节，为后续的法律分析、证据收集、策略制定等提供有力的支持。案件事实关系图的制作有如下几点需要关注：

1. 明晰案件事实关系图的关键要素。

（1）人物：案件中涉及的各方当事人，在案件事实关系图中，可以用不同的符号或颜色来区分不同的人物，用不同颜色或者形状的关联线来连接区分人物间的关系。

（2）行为与事件：案件中发生的关键行为和事件，如合同签订、侵权行为、犯罪行为等。这些行为与事件在案件事实关系图中按照时间顺序排列。

（3）物：案件中涉及的物品、文件、证据等。这些物通常与相关人物和事件相连，往往作为支撑案件事实图景的证据。

（4）关联线：用于连接人物、事件和物之间的线条，表示它们之间的关联关系。关联线的粗细、颜色、箭头等可以表示关联的程度和方向。下图是一个时间轴事实关系图，包含了四个要素，横轴是案件的时间轴，不同的时间点，按照时间先后顺序分布在时间轴上；事实框代表该时间点发生了怎样的事件，主体有怎样的行为，并通过不同颜色深浅分布在时间横轴的上下方；证据框是指明事实框依据的是什么证据，如《中华人民共和国民事诉讼法》所确定的八类证据，比较常见的包括当事人陈述、书证、电子数据等。

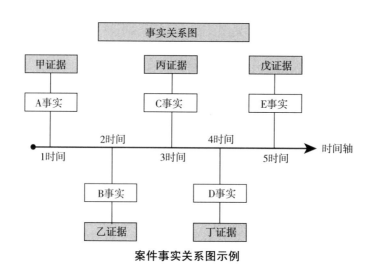

案件事实关系图示例

2. 理解案件事实关系图的思维逻辑。需要指出的是，案件事实的梳理并非只按照时间先后顺序或者步骤方法简单罗列，可视化的重点也不是如何操作软件，如何绘制图表，而是思维方式，通过探究法律事实，理清法律关系，从而清晰呈现出案件主体、法律关系、时间顺序等要素，所以重点不是用什么软件，哪怕不会用任何软件，在纸上画，只要画出的图能准确表达并有说服力，那也是可以的。因此，在制作案件事实关系图之前，我们首先要做的是根据当事人的陈述，建构一个初步的案件事实场景，亦即需要基于当事人的立场、日常生活感知以及相关的证据建构一个"故事"，这个

"故事"以证据为素材,将案件事实围绕目标、按照一定的逻辑要求进行深度加工处理,对案件进行合理化的建构与理解,然后通过可视化的思维表达出来,才能最大程度发挥案件事实梳理的价值和作用。

(1) 建构"故事"图景。如前所述,法律事实的形塑仰赖于证据的支撑,所以人们常说"打官司打的是证据",然而,必须承认证据就像一面"镜子",虽然能够映射事实,但不等于再现事实,甚至所反映的事实犹如"水中月""镜中花"般捉摸不定。亦因此,不同的事实主张者和事实认定者基于不同的视角、立场和目的,赋予同一项证据的意义可能会大相径庭,证据之间的不同组合可能也会形成不同的案件事实场景,这就为处理法律纠纷时进行事实认定与处理带来障碍。为解决这一难题,域外学界提出了很多理论和方法,[1] 其中,彭宁顿和黑斯蒂提出的故事方法(Pendleton and Hastie's Story Model),认为故事是一种有效的论证形式,威廉·瓦格纳、克劳姆巴格等提出的锚定叙事理论(Anchoring Narrative Theory),认为人们在理解和接受信息时会根据自己的经验和知识进行"锚定",因此故事中的细节和情节对于说服力非常重要。贝克斯将论证方法融入故事方法中提出的一种论证与故事的混合理论(Bex's Hybrid Theory)认为,人们更容易接受一个有逻辑性和连贯性的故事,而不是一堆杂乱无章的证据,认为论证和故事可以相互补充,从而达到更好的说服效果。[2] 这些理论都为我们进行案件事实处理时建构"故事"提供了理论支撑。律师等法律服务提供者帮助当事人讲述一个连贯的、有说服力的故事来证明己方的主张。这个故事通常包括一系列的事件、情节和证据,以及对这些证据的解释和分析。通过讲述这个"故事",当事人能更好地向法庭展示自己的观点和证据,并使法官更容易理解和接受他们的主张。

所谓故事方法,也称为叙事方法,即基于证据构建完整的故事来描述案件事实,并以故事从整体上解释证据。故事方法属于一种整体方法,能够帮助人们进行合理地预测推理、有序地组织证据、全面地厘清案情。一个完整的故事应当符合"动机—目的—行为—结果"的故意行为故事图式。仍以上述法律咨询场景2的案例为示范

【法律咨询场景2再现 建构"故事"】

王五在社区值班时接待了一位来访者张三,张三是社区所辖小区的业主,称:"楼上501的邻居用菜刀砍了我家的电瓶车,我要找他讨个说法!"王五对案件的事实进行了梳理,发现诸多砍车细节需要确认,于是询问张三并会见了证人叶老师,收集如下案件信息。

其一,砍车事件发生的时间、地点:7月6日下午6点左右,靖江家园3幢1单元楼下。

其二,砍车事件:张三楼上501的邻居老周用菜刀不停地砍张三的电瓶车的车身

---

〔1〕 张景溪:《事实认定中"证据之镜"的功能局限与弥合路径——基于论证与故事的混合理论》,载《山东法官培训学院学报》2023年第3期。

〔2〕 [荷] 弗洛里斯·贝克斯、维奥拉·贝克斯·雷米特:《难民法中证据的故事论证评估法》,杜文静译,载《证据科学》2021年第6期;尹洪阳:《事实认定过程中的证据叙事分析》,载《中国政法大学学报》2018年第2期。

和轮胎。

其三，砍车事件目击证人：张三楼下 201 的邻居叶老师，目睹事情发生，张三不在现场。

其四，砍车动机：张三与老周因邻里琐事纠纷吵过架，老周心怀怨气。

其五，电瓶车的损坏程度和价值：电瓶车于一年前购买，购入价 2000 元，老周用菜刀砍导致车身油漆损坏，后轮胎损坏需要更换新轮胎。

王五梳理以上案件信息，按照"动机—目的—行为—结果"故事图式，建构如下"故事"图景：

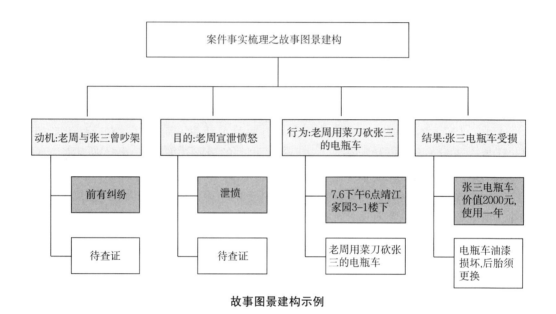

故事图景建构示例

（2）多重叙事视角。我们都喜欢看电影，案件故事的建构犹如电影。电影中一般会有复杂的多线叙事，如果把电影看作一个大故事，那这个大故事中的各个叙事线，就是一个个的小故事，各个小故事共同绘就、促成大故事的形成。而法律咨询与服务中面对的案件事实也同样如此，通常一个法律纠纷的产生往往并非单一事件的发展所导致的，而是众多原本独立发展的事件线相互交织在一起，最终促成了纠纷的形成。故而，一个咨询案件所指向的大的案件事实，可以划分为多个小的叙事线，亦即一个复杂案件犹如一头大象，看似非常庞大，但实际上，这头大象是很多只麻雀组合而成，我们要解剖这头大象只需两招秘籍：拆解大象与解剖麻雀，其中熟练地解剖麻雀是所有法律学习者需要掌握的基本专业技能。

回到案件事实的梳理与建构，需要关注在一个案件中，存在多个主体时往往会存在多个故事版本，对于各个叙事线，我们需要分别梳理建构案件事实的故事场景，一个叙事线完结之后再开启下一个叙事线。否则，各个叙事线中的事件缠绕在一起，会让我们的"案件事实关系图"没有条理，缺乏层次，无法完整掌握每个叙事线的前因后果及发展脉络，也不便于后续使用。同时，每个叙事线需要按照时间顺序呈现事实，以形成清晰的事实脉络，力求每个"事实碎片"都有相应的证据支撑，然后按照"故事"的内在逻辑制作可视化结构图。如此，这些根据案情并基于因果关系的常识和经验建构的案件事实关系图，既能从整体解释证据，又能根据证据论证支持故事，还可以攻击对方故事，削弱其似真性和融贯性。（见下图复杂案件事实关系图）

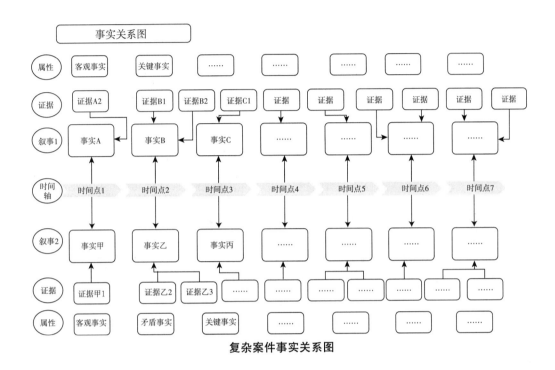

复杂案件事实关系图

如上图，中间轴为时间轴，详列案件中关键时间点，上方和下方分别展示两个叙事线，可以是从己方立场的故事建构，也可以是从纠纷对立方立场的故事建构，叙事 1由事实 A、事实 B、事实 C 等，叙事 2 由事实甲、事实乙、事实丙等，在不同时间点上展开。叙事栏上（或下）一栏是证据栏，填入支撑每个事实的证据，证据栏上（或下）一栏是属性栏，加入我们对每个事实的分类和判断，如此便对案件事实建立了一个简洁、明了、清晰的可视化关系图。

3. 制作案件事实关系图的基本步骤。

步骤一，整理案件资料，明确目标。制作案件事实关系图的第一步就是要细致地整理所有已收集的与案件相关的资料，包括当事人陈述、证据材料、证人证言、法律条文等，并确保资料的完整性和准确性，与此同时，需要结合当事人的目标初步确定"故事"框架。在此基础上，明确制作案件事实关系图的目标是为了展示案件的整体情况、分析关键事实，同时还为了辅助制定诉讼策略。制作之前明确目标有助于我们更有针对性地梳理案件事实和关系。

步骤二，筛选关键事实，分析因果关系。需要谨记的是我们收集的所有事实，乃至当事人陈述的事实不一定都与案件有关。因此，就需要在所有事实碎片中筛选出案件的关键事实，裁剪冗余信息，通过图表将关键事实予以凸显。我们以上述法律咨询场景 3 为例：

【法律咨询场景 3 再现】

王五的老师交给他一份当事人陈述，让他从冗长的陈述里整理出案件事实文字描述：

2007 年刘生入股 40 万元至双流公司，与刘军共同成为双流公司的股东。后二人渐起分歧，二人于 2008 年 6 月 12 日签订股权转让协议，约定刘生将股权转让给刘军，刘军支付股权转让款。股权转让款交割时间为 2008 年 12 月 31 日。协议签订后，刘军分别于 2009 年 3 月 8 日、2009 年 4 月 5 日向刘生支付股权转让款 10 万元和 18.45 万元。后刘军再未支付。为确认刘军欠付的股权转让款，刘生与刘军于 2009 年 12 月 5 日签订借款协议，将未支付的股权转让款 35 万元转变为借款。约定还款时间和金额为 2010 年 8 月 30 日还款 10 万元，2010 年 10 月 30 日还款 20 万元，2011 年 12 月 30 日还款 5 万元。后刘军于 2011 年 6 月 25 日还款 10 万元后再未向刘生履行还款义务。

这个场景中，当事人刘生陈述了很多事实，比如其与刘军的恩怨纠葛，当初刘军如何恳求他入股公司，又如何在经营公司过程中隐匿公司收入。但这些事实并非本案的关键事实。当事人刘生的诉求在于索要未付清的股权转让款，那么，案件事实关系图就应当围绕"约定的股权转让款是多少？已经支付了多少？剩余多少未支付？"这一线索展开。确定了关键事实就应当按照其性质、时间顺序或逻辑关系进行分类和整理，并分析各个事实之间的因果关系，即哪些事实是由其他事实引起的，哪些事实又是其他事实的结果。因果关系是案件事实关系图中最重要的关系之一。

步骤三，选择图表类型与绘图工具。根据对案件关键事实的分析结果，选择可视化的图表类型。法律咨询工作中的案件事实关系图表主要包括以时间为轴、关系穿插、数据要素为主的三大类。

（1）时间图的选取：适用于案情流程较长的买卖合同纠纷等案件的事实整理。通过比对的方式（上下对比重点说明的部分），制作平铺直叙的行为图。例如，将同一公司的不同行为，不同公司的同一行为等通过不同时间的变化清晰表达出来。面对更复杂的案件事实，可以合理使用横向和纵向关系的裁剪，不同的行为和法律效果进行分别排列。

（2）关系图的选取：适用于侵权纠纷、婚姻纠纷、股权纠纷等案件，制作关系图的主要作用在于阐明事实、定性关系。图表的结构和关键事实的呈现是构图的重点，通常涉及股权买卖和交换、优先购买权等问题，侧重选用层级结构图；涉及融资贸易，侧重选用循环图。

（3）数据图的选取：通常涉及会计报表、股东资格、债权转让等过多冗杂数据，所以为避免遗漏主体、事实及数据，可进行数据制图，帮助理顺事实，可以增加受众接受信息的连贯性。

根据初步建构的案件"故事"图景来选择图表时需要注意，若案件既涉及时间关系，又有较为复杂的主体关系，那么可以将时间图与关系图集合使用，以关系图为主来锁定关键利益方，以时间轴穿插为辅来反映案件事实过程，遂构成类似于上图的复杂案件事实关系图。

案件事实关系图绘制，我们既可以手绘，也可以使用专业的绘图软件如 Visio、MindManager 等，它们提供了丰富的图形库和编辑功能，能够制作出高质量的案件事实关系图。如果不想安装专业软件，也可以选择使用在线绘图工具，如思维导图、亿图图示、Lucidchart 等，这些工具通常具有简单易用、实时保存和分享的特点。

步骤四，检查和完善。完成案件事实关系图的制作后，需要仔细核对图中的所有事实是否准确无误，确保没有遗漏或错误，同时，审视图表的布局是否合理，是否便于阅读和理解。通常评价一份案件事实关系图需要关注三点：一是图示案件事实是否完整、准确。案件事实的可视化图表应当力求体现案件事实的全貌，以帮助分析者全面了解案件事实，虽然是以关键事实为节点展开和建构，但不代表可以随意省略相关事实。上文法律咨询场景 3 中王五制作的案件事实关系图中，借款协议中约定的三次还款时间并未体现在图表中，仅标明了借款协议签订后的实际还款时间。省略约定还款时间的做法，一方面没有全面反映案件事实，另一方面也不利于判定被告违约事实的存在，因在无约定还款时间的情况下，无法确定被告未实际还款构成违约，因此本案中借款协议约定的还款时间十分重要，应当在图表中予以体现。二是可视化图表是否简洁。需要不断地删除冗词，我们在初学制作事实关系图表时总是试图用图表来尽可能多地表述信息，导致制作出的图表不分主次，重点不突出。三是要审视图表是否重点突出。这里首先要解决的问题在于，你想通过图表突出什么重点？找寻案件事实的重点需要从当事人的诉求中去寻找。上述法律咨询场景 3 中的案例，当事人刘生的诉求在于要回股权转让款，那么股权转让款是多少，已经付了多少，应当是重点事实，如果进入诉讼程序，这一事实也会是法官审理的重点，因此，在制作案件事实关系的图表中应当突出股权转让款的具体数额，已经支付的股权转让款。而王五制作的图表并没有凸显这一点。那么如何通过图表突出这部分重点呢？时间轴通过一条坐标轴很自然地将一个界面区分为上下两个区间，可以利用这样两个不同的区间，在不同的区间标注不同的事实，进而突出其中一个区间的内容。具体到本案，可以将约定的内容统一安排在一个区间，而将实际支付的内容放在另一个区间，这样就可以通过观察一个区间了解股权转让款的数额及支付情况。[1] 王五按照上述三个标准对自己制作的刘生案事实关系图审查后进行了优化与完善。

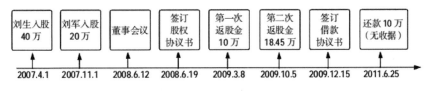

王五最初制作刘生案事实关系图

〔1〕 洪东冬、陈凤贵：《案件事实可视化梳理在法律诊所课程教学中的应用研究》，载《现代职业教育》2021 年第 24 期。

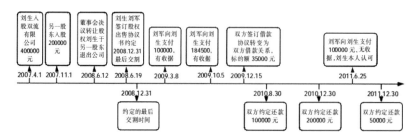

优化后的刘生案事实关系图

实践之

[实训项目]

[工作任务— 取快递被造黄谣案]

第一，工作任务描述：请以谷女士案为素材制作复杂事实关系图，并拟定事实调查方案。

第二，案件材料。

案情简介：取快递被造黄谣案是一起涉及网络暴力和侵犯名誉权的案件。该案件源起于2019年，当时杭州一名女子谷女士取快递时被偷拍，随后有人恶意捏造她出轨快递员的谣言，并在网络上广泛传播。这个谣言给该女子带来了极大的困扰和伤害，导致她患上抑郁症并尝试自杀。该案件引发了广泛的社会关注和讨论，也引起了有关部门的重视。经过调查，警方最终抓获了涉嫌造谣、传谣的多人，并依法对他们进行了处理。法院也对该案进行了审理，判决涉案人员承担相应的法律责任。

第三，课堂讨论并复盘

谷女士陈述视频等相关证据包

[工作任务二 以电影《看不见的客人》为素材拟定案件事实调查方案]

第一，工作任务描述：请以电影《看不见的客人》为素材制作复杂事实关系图，并拟定事实调查方案。

单数组站在男主代理律师立场；双数组站在检方立场；小组序号最大的一组站在交通事故死者父母立场。

第二，翻转课堂。

第一步：检方组介绍己方的复杂案件事实关系图，讲述案件事实图景以及案件事实调查方案；

第二步：男主律师组介绍己方的复杂案件事实关系图，讲述案件事实图景以及案件事实调查方案；

第三步：丹尼尔父母组介绍己方的复杂案件事实关系图，讲述案件事实图景以及案件事实调查方案；

第四步：教师评价反馈；

第五步：各组复盘优化。

学习单元三　法律研究：检索与分析

学新知　　实践之　　评价之　　复盘之

一、何谓法律研究

学新知

　　毋庸置疑，法律研究是律师等法律服务者必备的基本功，也是法律服务日常工作中不可或缺的一项工作，如何进行法律研究绝非看一遍老师示范或者听一次讲座就能获得答案，而是需要习得法律研究的思路和方法，通过反复实操训练方能有所领悟。

　　法律研究，源自对英文 Legal Research 的直译，很多时候人们常将其理解为是对法律的专业或学术研究。事实上，在实务界，法律研究是指"认定和检索必要的信息以支持法律方案的制定的过程。从最广义上讲，法律研究包括了从对案件事实的分析开始直至检索结果关联并应用于案件的解决的每一步"。我们这里所谈及的"法律研究"，不是在学理上对法律理论的研究，而是基于解决个案的需要对法律的搜集和运用，其含义更接近于广义上的"法律检索"，指科学、系统地检索法律信息（包括规范、判例等），以及对检索到的法律信息进行分析，并运用于具体案件的方法和过程，其至少包含两方面的内容：一是狭义的法律检索，即法律信息检索，为解决具体案件中的法律问题而科学、系统地查找和收集相关的法律信息（包括规范、判例等）；二是法律分析，即面对法律问题以及与法律相关的问题进行系统的探讨与考察，并形成对法律问题的解决方案。二者互为条件，相辅相成。在绝大多数案件中，既需要在法律分析的基础上进行法律检索，同时也需要在法律检索的基础上进行法律分析。

法律研究既是准确适用法律的前提和条件，也是律师等法律服务者就纠纷解决或者风险防范提供法律意见的基础和依据，更在实质上增强法律意见的说服力。事实上，"要保证并让别人相信自己在法庭上占据优势地位，最好的方法就是仔细地研究事实根据，研究相关法律规定。如果律师对事实根据和法律规定有了充分的认识，并且能够得心应手地运用，这名律师就能在法庭上占得优势地位"。[1]

不同于学者为了寻找法律背后的法理而研究法律，在法律服务活动中进行法律研究的人更像一个工匠，目标十分明确，运用法律、事实和证据，在案件事实和当事人目标之间，搭建起一座坚固的桥梁。因此，我们在进行法律研究时，任何的分析和判断皆以解决问题为依归。实际上，我们在案件事实处理阶段，通过会见、事实调查已然初步建构了整个案件事实图景，到了法律研究阶段则是要针对当事人的期望，在充分考虑当事人的目标及其所面临的现实问题的基础上，设计出符合其利益需求的法律解决方案。由此，我们也应当认识到，法律服务中，满足当事人的期待和要求也是律师等法律服务者的价值和目标所在。法律研究中，我们应当对当事人提出的解决方案予以充分重视，因为当事人对问题的了解和把握往往最为准确，我们在对其目标与方案进行评估后，即便发现当事人的期待与法律有显在的冲突，也应当疏导当事人不切实际的期待而不是断然予以否定。（下图为客户对法律服务的 20 个期待）

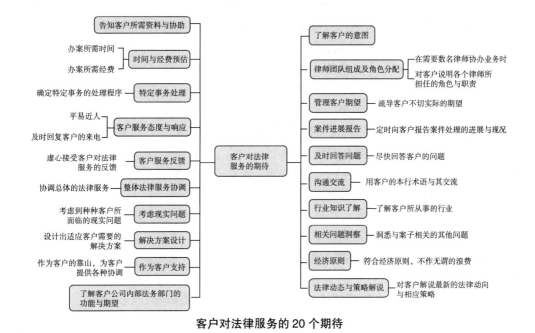

客户对法律服务的 20 个期待

---

〔1〕　李傲主编：《法律诊所实训教程》，武汉大学出版社 2010 年版，第 73 页。

二、以解决问题为导向的法律检索

我们这里的法律检索是指狭义的法律检索，是指以规范的、科学的、系统的方法查找、收集法律资料与信息的过程，其既是一个过程也是一种方法。法律咨询活动中的法律检索必须是以解决具体案件中的法律问题为目标，并且为了实现这一目标，形成检索策略，即决定用何种工具和技术如何去查询以及查询什么资料，而非为了查询而去收集资料。

毋庸置疑，法律检索不仅仅是获取法律文件和资料的简单过程，更是一种运用信息智慧技术和法律专业知识来查找、筛选、分析法律信息的复杂过程。在法律咨询的服务活动中，法律检索扮演着支撑、保障和指导的重要角色，为律师等法律服务者为客户提供法律咨询、诉讼辩护、合规建议等服务提供了坚实的基础。我们在进行法律检索的过程中应当遵循四项基本原则：一是法律检索须准确。准确性是法律检索的核心原则，其重要性不言而喻。在法律领域，信息的准确性直接影响着法律解释和判断的正确性，关系到法律实践的公正性和合法性。为了确保准确性，我们在进行法律检索时，既需要选择合适的检索工具，具备辨别信息准确性的能力，更需要对检索结果进行严格的核对和评估。[1] 二是法律检索须全面。全面性是法律检索的重要原则之一，它要求我们选择的检索系统能够涵盖尽可能多的法律文献和信息，确保获取全面的法律信息，提高解决问题的效率和准确性。三是法律检索结果须可靠。可靠性是法律检索的基本要求之一，其核心在于检索结果的可信度和权威性。法律领域信息繁杂复杂，存在着大量的法律文献和信息，其中有些信息可能不准确、不全面，甚至存在虚假信息。为了保证可靠性，我们在进行法律检索时需要选择依托于权威的法律数据库和出版机构的检索工具和平台，避免使用不可靠的、不准确的信息来源。四是法律检索须高效。高效性是法律检索的重要原则之一，我们需要尽可能选择能提供更加精准、高效的法律检索的工具和平台。

（一）法律检索的工作流程

如前所述，法律咨询活动中的法律检索是以解决现实法律问题为目标，因此，一个"理想的法律检索"应该从"界定问题"开始，即分析和确认需要解决的法律问题，这是我们进行法律检索的前提。目标明确之后需要"确定检索范围"，以解决法律问题为导向的检索范围，包括但不限于法律法规、类案裁判、司法观点、合同范本、企业信息以及各个地区的政府官方信息等。唯有在检索之前明确待检索信息类型才能帮助我们形成正确的检索思路，制定正确的检索方案。接下来便是"实施检索"，这一步需要选择正确的检索工具，更需要选取正确的检索关键词，针对不同类型的信息准确地使用关键词，选取相适应的检索工具，这既是保障检索高效性的做法，同时也是检索结果时效性、准确性得以保证的重要前提。在上述过程全部完成之后，便是"结果筛选与校验"，即在众多检索结果当中快速筛选出符合需求的信息并加以使用，是检索工作的最终环节。基于此，我们将法律检索的工作流程分为三个阶段。

第一阶段：检索准备。在法律检索准备阶段，需要完成"界定问题"与"确定检

---

〔1〕 于丽英：《法律文献检索》，北京大学出版社 2015 年版，第 34~36 页。

索范围"两项工作任务。首先在对咨询案件进行基本的事实分析和初步的法律分析后，形成对案件整体情况的认识，归纳、明确法律的争议点，界定法律检索所需围绕的具体法律问题。"界定问题"这一步骤与诉讼案件中找准基础法律关系一样至关重要，简单而言就是需要明确我们代表谁（立场），基于什么（事实），依据什么（法律规定），向谁主张什么（法律关系）。这里既有对事实的梳理，也有对法律问题的归纳，从而确定需要通过检索来核实和解决的法律要点和法律问题，并列明清单。然后，运用法律知识，判断案件事实涉及什么样的法律领域，属于什么性质，什么法律关系，涉及什么样的法律问题，从而确定检索范围，这项法律判断与分析可以从以下 4 个方面展开。

法律规范（Legal Theory）：案件属于哪个部门法？是属于民法、刑法还是行政法？具体争议类型是合同违约、侵权、无因管理等？

法律救济（Legal Relief）：被害人或被侵权人能够寻求什么样法律救济？如实际履行、损害赔偿、刑罚等。

法律程序（Legal Procedure）：解决纠纷和寻求法律救济的渠道？如协商调解、仲裁、诉讼、执行等。

法律争议点（Legal Issue）：法律争议点往往与当事人的诉求是相关联的，总结出法律争议点有助于将重点集中在解决问题上，进而提高检索效率。例如，在合同纠纷案件中，当事人诉请的重点并不是赔偿损失，而是合同能否继续履行。

在回答了上述 4 部分内容之后，思考需查找和核实的每个法律要点对整个案件的重要性，确定检索顺序与检索范围，包括时间范围、地域范围、文献类型等。[1]

第二阶段：检索实施。确定了检索范围以后，进入检索实施阶段，重点有三，一是选择适宜的检索工具，二是选择适宜的检索方法，三是进行检索信息的筛选与校验。

1. 选择检索工具。法律咨询工作中有三种常用的检索工具类型。最为常见的是普通检索工具，顾名思义即日常生活中最为常见、使用难度不高的检索工具，其优势在于涵盖信息范围较广、类型丰富、数量繁多，但同时也具有信息时效性差、针对性不强的弱点，如百度、谷歌等搜索引擎。普通检索工具可以用来检索各种类型的信息，既可以用于检索法律法规和案例，也可用于检索合同范本、司法观点、案例争议焦点等，几乎没有局限性，适合进行大范围检索，我们只需要按照常规方式将检索内容输入搜索框，点击搜索按钮后检索结果便会呈现，接下来便是对检索结果进行浏览并从中提取符合要求的内容。

此外还有特定检索工具，是指用以查询特定类型信息的检索工具，其功能仅限于检索某一类型的特定信息，相对单一、针对性较强，但信息覆盖范围小，例如国家企业信用信息公示系统、天眼查、企查查以及各政府部门官方网站等。在法律咨询活动中，运用特定检索工具检索信息的情形往往较多出现在查询企业信息的情况下，当咨询案件涉及企业时，需要获取目标企业的各方面资料。该类检索工具的使用方法较为简单，仅需将目标企业的名称输入搜索框并点击查询按钮，相关企业的详细信息便会呈现，此时我们便可在检索结果当中筛选并提取我们所需的信息。

---

〔1〕　龙翼飞主编：《课堂实录：中国诊所式法律教育》，法律出版社 2019 年版，第 168~170 页。

国家企业信用信息公示系统

与上述两类检索工具不同的是，在法律服务的日常工作中，专业性更强、使用频率最高的检索工具是专业的法律数据库、法律搜索引擎等专业检索工具，如国家法律法规数据库、中国法院网、北大法宝、威科先行法律信息库、人民法院案例库、中国裁判文书网、alpha 法律数据库、法信、无讼案例等。其主要功能为检索法律法规、裁判案例等，具有专业性强、信息时效性强的特征。

人民法院案例库

专业的法律数据库能保证数据的权威性、全面性、准确性，且更新速度快，对法律法规的变动情况（如修订、修正、废止等情况）一目了然，而且除进行关键词检索和全文检索外，还有详尽的分类、发布部门、时效性、效力级别、专题、地域等复合检索方式，能够帮助检索者快速锁定所需资料范围。

专业法律搜索引擎是针对法律领域的搜索引擎，通过这些搜索引擎用户可以搜索到与法律相关的网页、文献和信息。法律搜索引擎通过网络爬虫程序收集和索引与法律相关的网页内容，然后根据用户的查询提供相应的搜索结果。与通用搜索引擎相比，法律搜索引擎更加专业化和精准化，能够为用户提供更具针对性的法律信息搜索结果。

上述检索工具当中，我们可以根据个人的喜好、学校、法律服务所、律师事务所提供不同类型的检索工具等，经过尝试后选择最适合自己的复合检索工具。例如，国家法律法规数据库和中国法院网的法律文库作为官方检索工具，是最为权威的法律文件数据库，而北大法宝、alpha 数据库和威科先行作为商业检索工具，其检索功能更加全面、多样，更有利于精准定位、缩小范围，有助于以更快的速度查询到我们所需要的法律法规。因此我们在进行法律法规检索时不妨将两种检索工具结合使用，可以在威科先行快速检索出相应结果之后，再使用国家法律法规数据库加以核验，既保障了检索的高效性，更保障了检索结果的权威性。

2. 选择适宜的检索方法。法律检索的方法有很多种，其中体系检索法、关键词检索法和案例倒推检索法是法律咨询活动中常用且需熟练运用的三种方法。

方法一：体系检索法。所谓体系检索法是一种按照法律体系的层级结构进行逐层检索的方法。它主要适用于对某个法律领域或主题进行全面、系统的了解和研究。体系检索法需要具备全局观和线路图两种思维方式。我们在进行体系检索时，首先需要具备全局观，即对整个法律体系有一个全面的了解，包括法律的分类、层级关系以及各部分之间的内在联系。在全局观的基础上，针对具体检索任务制定的检索路径图，即根据检索目的和已知信息，选择合适的起点和终点，并确定沿途需要经过的关键节点。首先可以从法律体系的顶层开始，逐步深入到具体的法律条文或相关解释。在每一层级上，都需要仔细审查相关法律规范的内容，确定其与检索目的的相关性。同时在检索过程中，要注意发现不同法律规范之间的内在联系和相互影响，这些关联关系可能揭示出法律问题的本质和解决方案。最后，在完成初步检索后，需要通过比较不同来源的信息、咨询专业人士或进行案例分析等对结果进行验证和修正。

例如，我们在对关于法院管辖的相关法律规定进行检索时，最容易想到的便是《中华人民共和国民事诉讼法》（以下简称《民事诉讼法》），由于《民事诉讼法》对于管辖的相关规定已较为全面，很多人在《民事诉讼法》当中检索到符合条件的法条之后可能会进行直接适用，而这恰恰是法条检索的大忌，因为上述做法很可能会导致我们遗漏了其他法律文件当中的重要内容。最典型的便是关于保险合同纠纷的管辖规定，《民事诉讼法》第25条规定，因保险合同纠纷提起的诉讼，由被告住所地或者保险标的物所在地人民法院管辖。那么当我们看到该条规定时，便会认为保险合同纠纷的管辖法院只有被告住所地法院或保险标的物所在地法院，然而《最高人民法院关于适用〈中华人民共和国民事诉讼法〉的解释》第21条规定，因财产保险合同纠纷提起的诉讼，如果保险标的物是运输工具或者运输中的货物，可以由运输工具登记注册地、运输目的地、保险事故发生地人民法院管辖。因人身保险合同纠纷提起的诉讼，可以由被保险人住所地人民法院管辖。由此可见，如果在找到《民事诉讼法》第25条的规定后便浅尝辄止，不再按照体系检索法的思维继续深入检索，后果便是遗漏重要内容，直接导致我们丧失选择距离更近的法院进行立案的可能性，从而增加不必要的差旅成本。

【示例】

律师助理王五利用体系检索法进行一次法律检索：检索关于"夫妻一方单独处分出卖共有房产"的相关法律规定。

王五判断，这是一个涉及多个法律领域的复杂问题，可能涉及婚姻法、合同法、物权法等多个方面。因此，可以采用体系检索法来查找相关的法律规定。

第一步：确定涉及的法律领域。确定这个问题主要涉及两个法律领域：婚姻法和物权法。在婚姻法中，需要查找关于夫妻共同财产的规定；在物权法中，需要查找关于共有物处分的规定。

第二步：逐层深入检索。

（1）婚姻法部分。《民法典》婚姻家庭编：首先查找关于夫妻共同财产的基础规定。例如，《民法典》第1062条规定："夫妻在婚姻关系存续期间所得的下列财产，为夫妻的共同财产，归夫妻共同所有：（一）工资、奖金、劳务报酬；（二）生产、经营、投资的收益；（三）知识产权的收益；（四）继承或者受赠的财产，但是本法第一千零六十三条第三项规定的除外；（五）其他应当归共同所有的财产。夫妻对共同财产，有平等的处理权。"这意味着夫妻双方对共同财产享有平等的占有、使用、收益和处分的权利。

接着，查找是否有关于夫妻共同财产处分的具体解释或指导案例。这些解释或案例可能会提供更详细的操作指南。

《最高人民法院关于适用〈中华人民共和国民法典〉婚姻家庭编的解释（一）》对《民法典》婚姻家庭编的具体应用问题进行了详细规定。需要重点关注其中关于夫妻一方擅自出卖共有房屋的相关规定，特别是第28条，该条规定明确了一方未经另一方同意出售夫妻共同所有的房屋，如果第三人善意购买、支付合理对价并已办理不动产登记，另一方主张追回该房屋的，人民法院不予支持。同时，也规定了擅自处分方在离婚时应承担的赔偿责任。

（2）物权法部分。《民法典》物权编查找关于共有物处分的规定。例如，《民法典》第301条规定，处分共有的不动产或者动产以及对共有的不动产或者动产作重大修缮、变更性质或者用途的，应当经占份额三分之二以上的按份共有人或者全体共同共有人同意，但是共有人之间另有约定的除外。

（3）《城市房地产管理法》。由于问题涉及房产，还需查找这部法律中关于房产转让的特别规定。

第三步：关联分析与综合理解。在找到这些法律条文后，需要进行关联分析。例如，需要理解《民法典》婚姻家庭编中关于夫妻共同财产的规定与《民法典》物权编中关于共有物处分的规定是如何相互作用的。具体来说，夫妻一方单独处分共有房产是否违反了这些规定？如果违反，那么处分的法律效力如何？

第四步：验证与修正。通过查阅相关的法律解释、指导案例或咨询法律专业人士来验证我们的理解是否正确，并根据需要进行修正。

通过体系检索法的实践，王五不仅找到了直接相关的法律条文，还理解了这些条文在整个法律体系中的位置和作用，以及它们如何共同解决面临的问题。

总之，体系检索法是一种基于法律体系内在逻辑和层级结构的检索方法。它要求检索者具备全局观和线路图思维，通过逐层深入和关联分析的方式找到所需的法律信息。在实际应用中，可以结合关键词检索法等其他方法进行综合运用，以提高法律检索的效率和准确性。

方法二：关键词检索法。如前所述，专业法律数据库因其权威、全面、准确等特点，已然成为法律服务活动中最常选择的电子资源，而专业法律数据库的基本检索方法就是关键词检索，亦因此，关键词检索法是法律咨询活动中最直接且最常用的法律检索方法，其核心之处在于我们需要主动对于待检索的信息和检索目标加以细致分析，并最终提取出一个或多个（不宜过多，一般三个以内为宜）具有代表性的词汇作为检索关键词。

所谓"关键词"是指与所要检索内容最相关的词语，其既可以是法律术语也可以是与事实相关的词语。关键词的选取必须做到专业性，尽量使用法律专业术语，以提高检索的精确度，例如，"单位员工"的表述方式为"劳动者"，"工程项目的承办方"的表述方式为"承包人"，等等。同时还需要准确、具体，有代表性，以避免一些有用信息被遗漏，可以根据需要使用逻辑运算符（如 AND、OR、NOT）来组合多个关键词，进一步缩小或扩大检索范围。在选取关键词时有几点须关注：

其一，在选取关键词时，一般遵循"先具体后总体"原则，即先选择与咨询案件法律或事实最相关的关键词进行检索，通常是与检索目的直接相关的法律术语、案由、当事人名称等。例如，如果检索目的是了解"专利许可合同违约"的相关法律规定，那么"专利许可合同"和"违约"就是核心词汇。如检索不到相关资料，再用概念较大或较广的关键词，即根据检索结果进行层层回推，放大信息量，例如，专利许可合同<许可合同<合同。

其二，利用相同的关键词进行检索时，检索范围遵循"先标题后全文"的原则，即先进行标题检索，如检索结果不理想再进行全文检索，例如先选定"专利许可合同"进行标题检索，结果不理想，再进行全文检索。

其三，利用逻辑符号连接关键词进行检索可以提高检索的效率和准确性。这里介绍四种法律检索中常用的逻辑符号。

（1）"与"（AND）。使用"AND"连接的两个关键词必须同时出现在搜索结果中，使用此逻辑符号连接关键词，有助于缩小搜索范围，确保搜索结果同时满足多个条件，提高搜索的精确性。例如，搜索"合同法 AND 无效条款"时，搜索结果会同时包含"合同法"和"无效条款"这两个关键词。

（2）"或"（OR）。使用"OR"连接的两个关键词中，至少有一个会出现在搜索结果中。例如，搜索"民事纠纷 OR 刑事案件"时，搜索结果可能只包含"民事纠纷"，也可能只包含"刑事案件"，或者两者都包含。这有助于扩大搜索范围，捕获更多与查询主题相关的内容，尤其是在不确定具体使用哪个关键词时特别有用。

（3）"非"（NOT）。使用"NOT"可以从搜索结果中排除某个关键词。例如，搜索"劳动法 NOT 劳动合同法"时，搜索结果会包含"劳动法"但排除与"劳动合同法"相关的内容。这有助于过滤掉不需要的信息，进一步聚焦搜索结果。

（4）括号（Parentheses）。括号用于改变逻辑运算的优先级。例如，在搜索"（合同法 OR 民法）AND 无效条款"时，括号内的"合同法 OR 民法"会先被计算，然后再与"无效条款"进行"与"运算。通过合理使用括号，可以构建更复杂的搜索查询，满足特定的信息需求。

需要特别指出的是，"关键词"检索是一个不断"试错"的过程，也是不断累积经验的过程。对于某一领域非常熟悉的法律专业人士，基于对该领域法律法规有整体性、框架性的把握，因此可以较准确地选择适宜的关键词。但是，在到陌生法律领域时，可以尝试使用不同的关键词来进行检索，并根据检索结果与所需要求的相符程度增加、减少、切分关键词，或者对关键词进行修改和提高，也可以从基本的、熟悉的法条入手，把握好基本法律对相关问题的原则或者所规定的方向，然后再以基本法条为线索，检索对基本法起到具化作用的较低级别的法规和司法解释。[1]

方法三：案例倒推检索法。案例倒推检索法是一种从特定法律问题的解决方案出发，查找相关案例，然后通过检索到的已知案例来反向查找相关法律条文和案例的方法。在进行案例倒推检索时，我们首先需要明确自己的法律问题或需求，然后根据这些问题或需求查找类似的案例，分析和比较这些案例的解决方案，找到适合自己的解决方案或思路，进而从分析已知案例的判决文书入手，查找该文书所引用的法律条文和判例。最后，以这些法律条文和判例为关键词进行进一步的检索和阅读，以了解更全面的法律信息和观点。这种方法适用于复杂案件，这些案件不是法律空白，就是事实难辨，需要借助以往的案例判决作为参考，帮助我们深入理解特定案例的法律背景和裁判逻辑，并为解决这些问题提供有益的参考和借鉴。

案例倒推检索就是一个查询、识别和判断与案件事实类似的法律案件的过程。类似案例是指除了案涉主体名称不一样，案情、诉请、抗辩、证据等内容都类似，甚至法院的判决恰好符合我们预期的案件。《最高人民法院关于统一法律适用加强类案检索的指导意见（试行）》（以下简称《意见》）对"类案"进行了界定："与待决案件在基本事实、争议焦点、法律适用问题等方面具有相似性，且已经人民法院裁判生效的案件。"检索类似案例实质上是一个比较案件之间相似性的类比推理过程，类似案例中的解决方案与推理论证为我们解决咨询案件制定解决方案提供借鉴。

确定案例检索的范围，应当遵循四个原则：一是事实相近原则。案例检索的首要目的就是寻找与受理案件事实无限接近的案例，只有案例事实相近，才能作为参考依据，否则一律免谈。二是权威性优先原则。在检索到的有效案例中，若有最高人民法院的指导案例或公报案例则优先适用。三是地缘接近原则。若有本辖区及其上级法院的案例，这要比外地的案例更有借鉴意义。四是终审原则。对于我们检索到的案例一定要是终审案例，特别是检索到的一审判决案例，要检索其是否有二审，甚至再审情况，否则在检索上会出现一定误差。

案例检索的范围，按照审理级别和地域差别，可以包括：①最高人民法院发布的指导性案例；②受理法院公布的相关案例或裁判观点；③上诉法院公布的相关案例或裁判观点；④再审法院公布的相关案例或裁判观点；⑤最高人民法院公布的相关案例或裁判观点；⑥其他法院发布的相关案例或裁判观点。如果参考法院的类案范围，《意见》将法院类案检索范围确定为四个效力层级的检索范围：第一顺位为最高人民法院发布的指导性案例，各级法院在审判中应当参照；第二顺位是《最高人民法院公报》发布的案例、最高人民法院其他典型案例及裁判生效的案件；第三顺位是本省（自治区、直辖市）高级人民法院发布的参考性案例及裁判生效的案件；第四顺位是上一级法院及本院裁判生效的案件。第一顺位的类案对于法院裁判具有显性拘束力，第二、

---

〔1〕 龙翼飞主编：《课堂实录：中国诊所式法律教育》，法律出版社2019年版，第174页。

第三顺位的类案具有强隐性拘束力，第四顺位的类案仅有弱隐性拘束力。[1] 参照此范围，我们在进行案例倒推检索时可以着重于第一和第二顺位的类案检索，在没有前两顺位类案的情况下，再对第三、第四顺位的类案进行检索，从而提高检索效率。（见下图类案效力层级图）

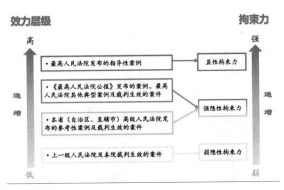

类案效力层级图

须指出的是，要找到完全相同的案例是很困难的，在实施案例倒查检索时，我们在检索范围内为每个检索命题找到能支持其观点的案件裁判文书，先重点阅读案例的审判结果，一般情况下，如果是刑事案件，那么看判决结果的量刑期间是多少，去掉一个最重的量刑，去掉一个最轻的量刑，大概是能估计此类案件在本地区的基准刑和裁判空间幅度；如果是民事案件，那么重点关注"本院认为"部分，因为这一部分代表着法院就此类案件在本辖区的一种倾向性意见或裁判理由。

3. 检索信息的筛选与校验。在评估和筛选检索结果时，需要综合考虑多个因素，一看是否穷尽检索，二看相关法律信息之间的关系是否明确，三看法律信息的执行情况。

（1）是否穷尽检索？所谓穷尽检索是检索信息的基本要求，即检索到所有的相关法律信息，才可停止检索。其目的在于避免对法律问题研究不够透彻，避免必要检索结论的遗漏、缺失与不准确。然而，信息无时无刻不在产生，所谓"穷尽"，终究只是一个美好的愿望，但就如罗翔所指出的"圆圈正义"一样，即便现实中永远无法实现，但不妨碍法律人努力去靠近。在这里，我们需要清楚法律检索中究竟检索到什么样的状况可以认为已经穷尽检索？我们已经获取必要的信息？亦即确定穷尽检索的边界，从检索实践中整理出的三个规则可以参考，[2] 其一，循环规则，当你发现反复检索到相同文件和案例时，应该意识到检索工作可能已经完成，尤其是使用不同的数据库仍是同样结果时；其二，范围规则，当你检索到的信息已经超出你的所需范围时，就应该停止检索了；其三，"禅宗"规则，如果你经常进行法律检索，并且已经非常熟悉一

〔1〕 赵青航、徐晓阳：《体系化法律检索实操》，载《中国律师》2020 年第 11 期。
〔2〕 龙翼飞主编：《课堂实录：中国诊所式法律教育》，法律出版社 2019 年版，第 175 页。

次法律资源和二次法律资源，那么自然就知道何时应该停止检索。

（2）对检索结果进行筛选和校验时需要甄别检索到的法律法规，明确其间的关系。

首先，要校验检索所得法条是否真实、准确、有效。通过搜索引擎检索到的法条常有虚假、错漏的情况，网上常见的虚假法规有：《最高人民法院关于审理建设工程合同纠纷案件的暂行意见》《公安部印章管理办法》《最高人民法院关于审理民事纠纷案件中涉及刑事犯罪若干程序问题的处理意见》等[1]。通过法律数据库检索得到的法条也必须通过至少两个数据库进行交叉验证，如此才能确认检索结果可以使用。在此基础上，对检索所得法条是否有效进行甄别。着重看法条是否已被废止，法条是否已经公布但尚未施行，法条是否属于法院裁判可依据的文件范围。值得提醒的是，法律数据库标注为"现行有效"的法律文件，只是说明该文件在形式上并未被明文废止，并不意味着其具体规范内容没有被后续法律文件修改或覆盖。

其次，需要校验检索所得的法条在事项效力上是否适用于咨询案件。注意法律文件的标题对适用事项范围的界定，例如《最高人民法院关于审理城镇房屋租赁合同纠纷案件具体应用法律若干问题的解释》，该文件的标题已经明确了不能直接适用于农村房屋的租赁纠纷。注意法律文件的条文对适用事项范围的界定；再如《最高人民法院关于审理民间借贷案件适用法律若干问题的规定》第1条即明确该规定所称的民间借贷，是指自然人、法人和非法人组织之间进行资金融通的行为，而经金融监管部门批准设立的从事贷款业务的金融机构及其分支机构，因发放贷款等相关金融业务引发的纠纷，不适用本规定。

最后，需要校验检索所得的法条在时间效力上是否适用于咨询案件。一般原则"法不溯及既往"，但民商事有"有利追溯"，刑事有"从旧兼从轻"作为补充。值得提醒的是民商事实体法司法解释在实质上具有"溯及力"，即新制定的司法解释一般适用于该司法解释施行后的未结或新立案件（再审除外），即便该案件所涉及的法律事实发生于该司法解释施行之前。

甄别后的有效法条之间如发生冲突，应按照"上位法优于下位法""后法优于前法""特别法优于普通法"的三大原则来确定法条适用。如通过三大原则仍无法确定法条适用，则应参酌规范目的和既有判例来确定最终的法条适用。[2]

（3）调研法律信息的执行情况。检索所得的法条可能会因种种原因，实务中并不适用或者很少适用，处于休眠状态，又或者新法虽已颁布但实际操作中却未按其执行。在此情形下，需要我们调研法律信息在现实中的执行情况，如进入政府网站查询，又如通过打电话或现场咨询等方法与直接办事人员进行沟通，这样可以最直接、准确和全面地了解相关法律法规在现实中的执行情况。

第三阶段：检索报告。法律检索结果经过筛选与校验后进入检索报告阶段。检索

〔1〕 高杉峻：《民商事案件法律检索与校验标准流程》，载 https：//mp. weixin. qq. com/s/RCohmD6h9w8pxeQ8ZRym-A，最后访问日期：2024年2月23日。

〔2〕 江苏省高级人民法院关于部门规章与地方性法规规定的处罚幅度不一致，如何适用法律的请示报告，参见［2003］苏行他字第002号，最高人民法院相应的［2003］行他字第4号答复（已失效）的内容，以及法［2004］96号《最高人民法院关于印发〈关于审理行政案件适用法律规范问题的座谈会纪要〉的通知》。

报告既是我们表述检索结果的书面方式，也是我们对检索过程和结果的系统化总结和记录，有助于确保所有法律信息都被捕捉到，并且能够以一种结构化的方式呈现，便于后续参考和使用。同时，检索报告也是我们与客户、同事或其他利益相关者就咨询案件沟通和交流的工具，可以清晰地传达检索的目的、方法、结果以及基于这些结果的法律建议。应当指出的是，检索报告并非简单罗列检索结果信息，需要对检索到的法律资料进行分析和解读，为解决问题提供有力的法律支撑。

　　法律检索报告的写作根据受众不同可以分为内部检索报告与外部检索报告两种类型，前者的读者是团队内部伙伴，后者则是咨询客户或者法官。两类检索报告在内容呈现上有所区别，作为内部智力支持的检索报告内容会更加丰富，对外提交的检索报告可以在前者基础上增删。一份形式完备、内容详实的法律检索报告应至少涵盖检索概述、检索结论、法律法规、典型案例整理、针对检索问题的相关学术争议（必要时）及必要的背景信息等内容，写作中需要注意的问题包括：

　　1. 采用明确的报告标题。作为一份正式的法律文书，标题是必不可少的，建议采用"关于×××问题的法律检索报告"（适用于一份报告中仅需检索一个法律问题的情形）或"关于×××案的法律检索报告"（适用于一份报告中需检索多个法律问题的情形）等形式，清晰明了地写明检索报告标题。

　　2. 简述案件背景和检索目的。检索报告首先应当明确检索目的，以及待检索研究的具体法律问题，通常采用"案情+目的"的结构。一方面，简述案情可以方便读者迅速了解案件基本事实，也方便后续类案参考；另一方面，明确检索目的及问题可以有效帮助检索人强化问题意识，与读者在同一"频道"上聊天，避免检索跑偏。

　　3. 详述检索方法与过程。详细记录检索过程中使用的关键词、数据库和检索策略，描述检索过程中的关键步骤和调整，保存检索结果的截图或链接，以便后续复查和引用。

　　4. 给出检索结论。法律检索的终极目标是解决法律问题，所以检索结论是读者最为关心的部分，按照前述"结构化表达模型"先给出检索结论，然后再逐一进行法律分析，相当于先给读者吃下一颗"定心丸"，后面再慢慢道来。需要特别注意的是，如果实务中对一个法律问题存在争议，那么结论可以写明"存在争议"，但同时也需给出自己的看法，即本案中采取哪种思路更加有利。相应地，后面的法律分析直到参考案例，也都需要对两种观点进行分析和列明。

　　5. 法律分析部分，根据读者的不同，采用严格或不严格的演绎推理的典型推理方法"涵摄"进行分析即可。对检索到的法律条文逐一进行解释和分析，阐明其含义和适用范围；分析案例的判决理由和法律适用及其对案件的指导意义；结合案件事实，分析法律问题和争议焦点，提出解决方案或建议。

　　6. 列明相关法律法规等依据，在列明法律法规等依据部分，可以按照效力位阶进行排序，如按照法律、司法解释、行政法规、地方性法规/国务院部门规章、地方政府规章、其他规范性文件等顺序。如果针对某一问题，最高院、省高院或地方法院出台过相关问答、会议纪要或其他司法观点，也需在此部分列明。同时，还需注意要写明文号（尤其是其他规范性文件），相关规定也要明确写明到条、款、项、目。

7. 在参考案例摘要部分，除需列明案件名、案号、审理法院、裁判时间、裁判要旨等基础信息外，还可以采用关键内容字体加粗、在电子文档中设置超链接等方式，方便读者查阅。除此之外，在参考案例比较多的情况下，还可以考虑采用如下表格方式（见下表6），使呈现形式更加清晰直观。

表6 案例检索报告

关于"×××"的案例检索报告							
案例检索结论： 具体理由： 1. 2. ……							
序号	案号	名称	法院	案例节选/裁判要旨	咨询案件与检索结果的相似性分析	案例裁判文书超链接	页码
1							第××页
2							

检索报告写作完成后，需要仔细检查报告的语法、拼写和格式错误，确保报告的逻辑清晰、条理分明，然后，邀请同事或导师审阅报告，获取专业意见和反馈，并根据反馈进行必要的修订和完善。

检索报告是法律服务中处理案件必备的文书材料之一，形成一份完善可使用的法律检索报告一般来说也较为不易，期间可能耗费较多的时间与人力，所以应避免使检索报告成为一次性用品，善于整理归纳检索报告，形成相应的知识管理，积累检索报告也是积累知识的一种绝佳而有效的方式。

（二）AI 时代法律检索的新变化

近年来，人工智能技术在算法、数据和计算力等方面取得了显著进步。特别是深度学习技术的发展，使得 AI 在图像识别、语音识别、自然语言处理等领域的性能得到了大幅提升。AI 技术正在越来越多地被应用到各个领域，如自动驾驶、医疗诊断、智能家居、金融服务等。这些应用不仅改变了人们的生活方式，也推动了相关产业的发展。各国政府纷纷出台政策，支持人工智能产业的发展。例如，提供资金支持、建设人工智能创新平台、推动人才培养等。这些政策为 AI 技术的快速发展提供了有力保障。2023 年被视为 AI 元年，标志着人工智能技术进入了一个新的发展阶段。[1] AI 大模型的出现与发展给法律检索也带来了显著的变化和挑战。

首先，AI 大模型极大地提高了法律检索的效率和准确性。传统的法律检索往往依赖于关键词和特定的检索算法，而 AI 大模型则能够通过深度学习，理解法律文本的上下文和语义，从而更准确地返回相关信息。这不仅使得法律从业者能够更快速地找到所需资料，而且提高了检索结果的精准度。

其次，AI 大模型还带来了法律检索的智能化。通过对大量法律文献和案例的学习，AI 大模型能够为用户提供更加个性化的检索服务。例如，根据用户的历史检索记录和浏览习惯，AI 大模型可以推荐相关的法律资料，从而提高了用户体验。

然而，AI 大模型的发展也给法律检索带来了一定的挑战。首先，数据隐私问题是一个重要的关注点。AI 大模型需要大量的数据进行训练，这些数据往往包含用户的隐私信息。如何在保护用户隐私的前提下进行有效的模型训练，是一个亟待解决的问题。其次，AI 大模型的决策过程往往是一个"黑盒"过程，这使得人们难以理解其推理过程和决策依据。在法律检索中，这种不可解释性可能会引发信任问题，因为用户可能无法完全理解为什么 AI 大模型会返回特定的检索结果。再次，随着大语言模型的进步，人工智能已经完全可以模仿人类的口吻与我们展开对话，有时候，它甚至会编造一些信息，在面对人类用户的质疑时还信誓旦旦地保证自己绝对没有瞎编。美国纽约的一名资深律师在使用 ChatGPT 检索了 6 个案例，追问 ChatGPT 信息是否属实，人工智能称"千真万确"，还给出了信息出处，但提交法庭后受到对方律师的质疑：在法律数据库中，无法找到这 6 个案例的记录，[2] 这也再次提醒我们，无论通过什么检索系统得到的信息必须通过其他可靠的来源进行验证。

实践之

（三）法律检索实训

类案检索示范——设定遇到如下待决案件：

在 2020 年的一天，张某驾车从南向北行驶，撞上当时正从东向南转弯的王某驾驶的公共汽车，造成乘客李某在车上摔倒骨折。经过交通事故认定，张某对交通事故承担主要责任，公共汽车司机王某承担次要责任；同时查明李某的骨折除了由于外力因素外，也与其体质相关。

面对这一案件，根据《意见》我们在裁判中应当展开类案检索。我们需要做的有三个步骤：一是确定类案检索的方向；二是由方向而确定我们类案检索的方法与思路；三是我们将自己的方法与思路加以整理后，进行书面表达。

首先，根据"指导意见"第 5 条，我们知道类案检索的大方向不外乎就是从关键词、案例以及法条入手。从关键词来看，这个案件涉及的是交通事故、责任认定、体

---

〔1〕　这一段文字，由作者向"文心一言"提出一个问题：为什么 2023 年被称为 AI 元年？文心一言给出回复的第一段内容。

〔2〕　陈焕、叶俊希等：《法律人 ChatGPT 应用指南》，法律出版社 2024 年版，第 59 页。

质因素等。从案例入手，我们可以发现指导性案例与生效判决中都有类似案例。比如，涉及交通事故的指导性案例，有指导性案例 19 号、24 号和 25 号，根据"北大法宝"数据库"类案检索平台"，以此为关键词的民事案件中，公报案例就有 21 例，典型案例 54 例，参考性案例 74 例，普通案例 27 万 6 千余例。再从关联法条入手，该数据平台显示，判决书全文涉及《侵权责任法》（现已失效）第 26 条的民事案例共计 311 例。

以上检索印证了我们的两个判断：一是《意见》提供的大方向有助于我们定位与待决案件可能构成类似的案件；二是从大方向入手，需要筛选比对的案例过多，业务负担略重。这就需要我们构思更具体的类案检索思路。

其次，就需要我们通过具体方法来构思类案检索的思路。根据刚才通过大方向划定的案例群，我们可以先使用第一种方法，即从案例性质出发来寻找类案。

根据案例层级划分，我们当然要先从指导性案例入手。我们发现，指导性案例 19 号、24 号和 25 号属于不同类型的指导案例。19 号和 25 号指导性案例分别阐明了机动车交通事故中的"套牌使用"情形的责任归属及保险人代位行使被保险人对第三者请求赔偿的权利而提起诉讼时的法律适用问题。从待决案件相关角度，这两个指导性案例都被排除，只剩下第 24 号有待我们辨析是否与待决案件构成真正的类案。此时，我们就要从其"造法"的主要内容入手，看到它所解决的核心问题在于交通事故中受害人体质因素是否影响责任归属。这一问题正是我们待决案件需要解决的。因此，指导性案例 24 号与待决案件构成类案。根据《意见》，在这一层级案件中找到类案后，无需继续寻找。

除了根据案例性质，我们也可以从案例包含的裁判规则，抑或指导性案例的裁判要点，来缩小类案检索的范围。

根据前文分析，裁判规则指的就是案件中具有决定性的争议问题以及对此问题的法律解决方案。待决案件中，争议点在于乘客李某的个人体质是否构成减轻肇事者张某与王某责任的理由。

我们将这一问题代入搜寻到的案例群中，当然也是先从指导性案例入手判断。我们看到正是指导性案例 24 号包含了对这一问题的法律解决方案，由此我们可以判定其构成类案。

接着我们还可以从法律解释方法这个角度入手。待决案件毫无疑问涉及《民法典》第 1173 条和《中华人民共和国道路交通安全法》第 76 条第 1 款第 2 项的规定。

这里的核心在于，法官如何理解"过错"，即个人体质是否属于法律规定的过错情形。通过阅读指导性案例 24 号的裁判理由，我们可以看到法官认为机动车应当遵守文明行车、礼让行人的一般交通规则和社会道德。体质因素虽然是造成损害后果的客观因素，但不具有法律上的因果关系。因此，我们在解释"过错"时，应当从这两部法律中相关法律规定体现的目的，即从社会公德角度出发。根据这一角度，我们也可以判定待决案件与指导性案例 24 号构成类案。

此外，我们还可以运用假设方法来得出结论。这一过程与前文中的分析完全相同，在此不再赘述。需要补充的是，我们在实践中可以通过反事实假设来验证自己已经得出的结论。以此保证我们对案件关键事实与法律问题的正确理解和把握。

最后，在确定上述检索类案的思路后，我们可以将研究的结论通过"事实要件+法律后果"的形式表达出来。比如，让我们认为待决案件与指导性案例24号构成类案时，我们可以将指导性案例的关键事实与法律问题表述为："交通事故中受害人个人体质因素客观上造成其损害的事实，并不是法律规定的过错，不影响侵权责任的确定。"这不仅清晰地表明我们判定两个案件构成类案的理由，也为裁判待决案件提供了基础。

[工作任务一　"曹某离婚案"法律检索课堂实训]

第一，工作任务描述：请以曹某离婚案为素材进行法律检索，并制作法律检索报告。

第二，案件材料。

曹某（女）与金某某于2021年登记结婚，2022年生一子。婚后二人感情一般，且金某某结婚一年后有了第三者，并把大部分心思放在了第三者身上，对曹某非常冷淡，对家庭事务和儿子的养育也极少过问。儿子1岁前随爷爷奶奶生活，后来回自己家里，奶奶随孙子一起过来，曹某对孩子倾注了很多时间和关爱。由于婆媳关系处理不好，也由于金某某对家庭的态度，曹某十分灰心。2024年1月，曹某从丈夫手机中发现其与第三者交往的事实，质问时遭到殴打，此后二人关系日益恶化。曹某不堪忍受，于2024年2月23日起诉至当地人民法院，请求离婚和争取儿子的抚养权，后来考虑到离婚对儿子成长不利，主动撤诉。撤诉当天，金某某对曹某进行殴打，骂其不该撤诉，曹某被迫逃至朋友家躲避。2月28日，在曹某回到家中时，发现金某某与第三者在家里做饭，欲上前质问时再次遭到金某某的殴打，情形恶劣，街坊皆知。此后曹某精神状况极差，本已罹患的中耳炎更加严重，郁郁寡欢，且只能一直居住在娘家。后曹某找到法律服务所寻求帮助。

第三，实训步骤：

步骤一，以小组为单位，讨论分析案件材料，对案件事实情况有基本了解。

步骤二，以小组为单位，分析本案中可能涉及的法律规范的数量、效力等情况，分析本案中可能用到的司法解释的情况，讨论是否需要查找案例，讨论确定不同检索内容的检索途径。

步骤三，小组内部分工合作，分解确定各自需要完成的检索任务。（课后完成）

步骤四，第二次课时各组汇报本组法律检索情况，开展课堂讨论并互相点评。由老师对讨论情况做总结并对本案法律检索方案提供指导性意见。

步骤五，学生在课堂讨论及老师点评基础上优化法律检索方案，进行第二次检索。

步骤六，评估核验检索结果，制作曹某案法律检索报告并提交。（课后完成）

[工作任务二　拓展实训：借助AI进行法律检索]

第一，工作任务描述：请以叶某某案为素材借助AI进行法律检索，并制作法律检索报告。

第二，案件材料。

2023年9月24日23时10分，杭州某运输有限公司司机高某驾驶该公司"浙A××

×"号解放 141 大货车带挂车,在文津路由北向南行驶至 308 路公交车文津路站附近时,将相向骑自行车行驶的叶某某碰撞致伤,造成事故。叶某某被送往省中医院,后转至浙江大学医学院附属第一医院治疗。叶某某经医院诊断为复合外伤,失血性休克。①左下肢(大腿上段)骨挫伤,截肢术后,伤口感染;②开放性骨盆骨折,伴肛门管破裂,结肠造接术后;③尿道膜部断裂,行膀胱造接术,尿道会师术后;④左股动静脉血管高位大段碾挫缺损伤。

杭州市公安局钱塘区分局交警大队经现场勘查,于 10 月 9 日向双方出具了《道路交通事故认定书》,该认定书认定:高某驾驶车辆驶入左侧是造成事故的直接原因,其违反了《中华人民共和国道路交通安全法》及《道路交通安全法实施条例》有关规定,应负事故全部责任,叶某某不负事故责任。

事发后,高某及杭州某运输有限公司不积极协助治疗,不履行其应尽的义务,甚至连叶某某的医疗费都不积极支付,使叶某某的治疗得不到保障,甚至常常面临生命危险。因此,叶某某决定向人民法院提起诉讼,叶某某家属前来法律服务所咨询,导师将此案法律检索任务交给助理王五完成。

三、法律分析

如前所述,法律咨询中进行法律研究的目标是为咨询案件解决方案的形成、确立和执行提供法律论证,基于此,我们在完成法律检索工作后对咨询案件进行法律分析殊为必要,同时,在法律分析的过程中进一步实施法律检索,二者互为前提,缺一不可。

(一)法律服务中的法律思维

德国学者拉伦茨曾经说过:"每种学问都运用一定的方法,或遵循特定的方式来答复自己提出的问题。"对于法律人来说,解决法律问题的方法便是运用法律思维。法律咨询活动通俗地说就是戴上"法律的滤镜",运用法律思维为客户提供法律建议或解决方案。试举一例来阐明法律思维的独特性:曾有一中外合资项目,外方以其专利技术折合成注册资本后,占股权的 52%,中方觉得这样会丧失主动权,于是请来相关专家进行咨询。首先请来的是技术专家,技术专家考察后认为,专利的先进性与其价值相符,若从专利先进性进行谈判恐怕不行,其运用的是技术性思维。中方听此建议后,又找来会计师计算投资回报,会计师计算后认为,按专利的价值投资,5 年后可收回,其运用的是会计思维。中方觉得 5 年收回成本过高,于是又找来律师咨询,律师了解事实后,首先想到的是应对专利进行"检索",结果发现有一半专利是过期的。按照法律规定,专利过期后成为公共资源,任何人可以免费使用。于是中方与外方谈判,成功使外方出资额由原来占股权的 52% 下降到 26%,中方在成本不变的情况下,股权由48% 上升到 74%,投资回报由 5 年收回缩短为 2 年半收回。这就是法律咨询中法律思维的运用所创造的财富。

通常,法律思维有两个层面,一是主体对法律的思考方法,主要涉及对"法"本身的认识以及"法适用"方法,更偏重法理学问题;二是主体用法律来思考问题的方法,即指在既定的法律规则框架之下,依循法律观察问题、分析问题、解决问题的思维。作为法律服务的提供者，两个层面的法律思维都很重要，但这里仅围绕第二个层面中法律服务提供者的职业法律思维进行探讨。这一层面的法律思维大体应当是在委托人利益目标指引下，按照法律的逻辑来观察问题、分析问题和解决问题的思维方式，包括解决争议的思维和预防争议的思维。

法律思维一　以委托人利益为目标

法律服务的提供者必须以委托人的利益为目标，此乃法律服务题中应有之义。因此，法律服务既不同于司法裁判活动中法官通过查明案件事实而作出一项中立的裁判，也不同于法律研究者通过对法律规则本身及其适用进行研究而得出一项抽象的法学理论，而是必须以委托人的利益为目标，"就律师而言，他要将案件提交法庭，在他的思想中，结论优于前提而占有统治地位是比较明显的。他为委托人的利益工作，因而有所偏袒。这样一来，除了很小的范围外，结论不再是一个选择的问题。如果他想要取得成功的话，就必须从确保委托人胜诉的结论出发，他会如此这般地组织构建事实，以便能够从他所渴求的结论推出他认为法庭乐于接受的某个大前提。他提请法庭注意的先例、规则、原则和标准构成了这一前提。"[1] 由此可见，律师在处理一项法律问题时，首先应明确委托人的立场，进而从委托人的利益出发，有效运用法律规则，通过援引、推理、论证，得出使委托人利益最大化的解决方式。当然，以委托人的利益为目标绝不意味着"为达目的不择手段"。虽然"像法律人一样思维"很大程度上要求法律服务的提供者把法律事实从感情与混乱的社会生活事实中剥离出来，但是此种将感性与理性的剥离是要求我们能够"透过现象看本质"，分析地思考事实和规则之间的对应关系，而非成为毫无感情的"法律机器"。所有为委托人提供的法律服务必须在法律允许的框架内进行，其终极目标是维护法治的正常运转和社会的公平正义。

法律思维二　解决争议的思维

法律服务的提供者必须具备解决争议的思维与能力，针对已然产生的纠纷与争议，需要我们明确争议的焦点、厘清并建构案件事实、寻找支持己方主张的法律规范并作出有理有据的论证，围绕委托人的目标提出解决问题的方案。

首先，应当彻底了解案情，从法律观点去分析、判断整个事实过程，并将日常生活事实排除于法律事实之外。法律事实的一个重要特征是它必须符合法律规范逻辑结构中假定的情况，即符合法律规范的构成要件。法律事实涉及当事人、时间、地点、事件发生过程等，作为一名法律人，应具有高度的职业敏感性，准确判断这些事实在案件中的作用，以便正确归纳法律事实。如当事人的年龄涉及行为能力、结婚能力等问题，时间涉及诉讼时效、履行期限等问题，地点涉及义务履行地、管辖法院等问题。

其次，在对案情彻底了解之后，在明确了委托人的需求和目标后，需要对案件进行全面而深入的法律分析。这包括对相关法律法规的仔细研究，寻找可适用的法律，对案件事实的详细梳理，以及对证据材料的充分评估。当然，除了筛选事实和法律条文外，法律服务提供者的另一项核心任务是法律解释和应用。正如拉伦茨教授所言，法律中常用的日常语言与精确的科学或逻辑语言不同，它具有一定的灵活性和多义性。

---

　　〔1〕　〔美〕博西格诺等：《法律之门》，邓子滨译，华夏出版社2017年版，第519页。

即使是明确的概念，也可能包含模糊的元素。同时，对于同一案件事实，可能存在多个相互排斥的法律条文，这就需要进行必要的法律解释，解决可能的法律冲突，处理法律条文的竞合问题，并判断各法律条文的适用范围。在此过程中，法律解释必然涉及一定的经验判断和价值选择，法律服务活动中法律解释的出发点是实现委托人的目标，在法律的框架内，灵活利用各种解释方法，以得出最符合委托人利益的解释，为其争议的解决提供方案。

最后，基于深入的法律分析，制定以委托人利益为核心的解决方案。这个方案需要运用专业知识和经验，分析案件的利弊得失，预测可能的法律后果，从而为委托人提供有针对性的法律建议。

法律思维三　预防争议的思维

法律的作用在于定分止争，而法律服务的特殊作用在于能够运用法律工具防止纷争，这一点在非诉业务中体现得尤为明显。所谓非诉业务，从广义上来讲，泛指除诉讼业务之外的其他法律业务，实践中主要是指尚未形成纠纷，但含有纠纷因素，为防止纠纷而事先采取的预防性法律措施。非诉就好比防火与排雷，必须做到万无一失，否则就像埋下一颗不定时炸弹，随时可能会爆炸，甚至伤及自身。因此，所谓预防争议的思维应包括全面性思维、预见性思维和严谨思维三个维度。以下从具体案例中来认识这三个维度的法律思维：

【全面性思维的案例】

施工方（甲方）工程已经完工三年多，房产商（乙方）一直拖欠工程款未付，但原施工合同中并没有约定付款时间。甲方在起诉状中只主张了工程款本金，但开庭时甲方律师提出追加主张逾期付款滞纳金的诉讼请求，并称双方曾口头约定"甲方应在工程完工后半年支付工程款"。在本案中，如果不追加这个诉讼请求，因合同中双方未约定还款日期，根据最高人民法院关于诉讼时效的司法解释规定，诉讼时效期间从债权人要求债务人履行义务的宽限期届满之日起计算。但甲方提出这个口头约定，意味着承认合同中已明确了还款日期（工程完工后半年），乙方于是以"甲方工程款已过诉讼时效"为由提起抗辩，甲方败诉。

上例中，甲方律师在提出证据之初是为了获取乙方滞纳金，但由于未考虑到诉讼时效问题，使本来必胜的案件败诉，正应了那句俗语"千里之堤，溃于蚁穴"。从事法律工作便天然地要求我们要全面思维，因为，法律事实不同于生活事实，要求证据的支持和构成要件恰当，并符合诉讼程序规则。在诉讼过程中，一个小小的差错可能会导致满盘皆输。因此法律服务的提供者在运用法律思维时，应当全面考察法律事实，并仔细分析相应的法律后果，通过权衡利弊和灵活运用，达到最大程度维护委托人利益的目的。尤其在案件情况基本确定的情况下，更应注意细节问题，因为这些细节处理不当可能会影响整个案件的结果。

【预见性思维的案例】

甲方（地板厂）与乙方（从事割地板业务的厂家）签订承揽合同。双方约定：乙方每割一平方米地板 2 元且刀片由乙方提供，但如果甲方在合同履行中中止合同，乙方所有已经买进的、没有报废的刀片全部由甲方买下。一年后，市场上切割地板的价格降低成每平方米 1 元，于是甲方要求乙方降价。但乙方回应不降价，如果甲方要中止合同必须把全部刀片买进。后甲方准备中止合同，但在买进刀片的时候发现，刀片价格达 500 多万元，而且全部是旧刀片。其中有些是用过一段时间确实还没有报废的；有些是马上要报废的；有些事实上已经报废，但因国家尚无刀片报废的检测标准，无法定论。按照合同约定，所有这些刀片都需要买进，甲方因此蒙受巨大损失。

本案中，律师由于未在订立合同之初预见到这个问题，而未作出有针对性的说明，从而使得己方当事人遭受风险。思维的预见性是对法律职业者的特殊要求，因为社会生活瞬息万变，而法律文件一旦见诸文字便固定下来，正像成文法的滞后性和不周延性不可避免那样，可能产生当初预想不到的情况。然而，非诉业务中恰恰需要预见可能出现的一切情况，防患于未然，将发生争议的概率降低到最小。此种思维即预见性思维，要求法律服务提供者想常人之所不能想，为常人之所不能为，这也是非诉业务更具专业性和挑战性的原因。当然，此种预见性仅要求法律服务提供者按照法律的逻辑预见将来可能发生的法律问题，不包括意外事件或者突发情况，原因很简单——法律不能强人所难。

【严谨性思维的案例】

某公司（甲方）与一家供应商（乙方）签订了一份设备采购合同。合同中约定了设备的规格、数量、价格以及交付时间等关键条款。然而，在关于设备质量保证的条款中，合同仅笼统地写道："乙方应提供高质量的设备，并保证设备性能稳定。"在设备交付后，甲方发现设备存在多处质量问题，性能也不稳定，经常出现故障。甲方要求乙方承担维修和更换的责任，但乙方以合同中未具体规定质量标准为由拒绝承担责任。双方争议无法解决，甲方将乙方告上法庭。然而，在法庭上，由于合同中关于设备质量保证的条款表述过于笼统，没有具体明确质量标准和违约责任，法院难以判断乙方是否确实违反了合同约定。最终，法院判决甲方败诉，认为合同中的质量保证条款不够明确，无法作为追究乙方责任的依据。甲方因此遭受了重大损失，不仅设备质量问题没有得到解决，还耗费了大量时间和资源进行法律诉讼。

虽然霍姆斯提出"法律的生命不是逻辑而是经验"的命题，但逻辑在法律中的重要性从来都是不言而喻的。法律人从事任何一项活动都必须严格遵守法律逻辑，这不仅包括法律推理上的逻辑，还包括语言表达上的逻辑，或者说是严谨性。法律思维不严谨，对方就会有机可乘，最终可能因为自己一个小小的疏忽而导致整个案件满盘皆输。

需要指出的是，这三种思维是互为前提，思维的全面性要求我们能够进行严谨的思维，而进行严谨思维的前提是必须预见到可能发生的一切情况。因此，在具体运用法律思维处理案件的时候，根据可预见的情况，提供全面、严谨的法律适用路径，是一个具有良好法律思维的人所必须具备的素质，三者缺一不可。

（二）法律分析

法律分析是法律研究不可或缺的部分。传统观点认为，法律分析的过程是严格按照三段论逻辑根据事实和证据推导出结论的过程，但是，博西格诺等学者指出在法律服务活动中解决问题时应以委托人胜诉这一结论为出发点，亦即"结论的统治地位"。这一关于法律推理过程的认识，在法律咨询活动中意义重大。法律咨询中常见的工作方式是从现存事实入手，逐渐展开分析过程，在这个过程中，发现事实与分析法律交替进行，最终实现"从结论到根据"的逻辑推理。

首先从自己的当事人能够胜诉这一结论出发建构事实。对案件事实的建构是保证我们能够得出自己所期望的案件结果的前提条件。然后就应开始艰苦地收集证据、证明事实的工作，这些工作带有强烈的目的性，而且其唯一目的就是建构自己所期望的事实。当然，证据收集中发现的各种情况或变化，又反过来要求进一步调整事实的建构。我们在事实建构和法律理论的关系上，始终应保持开放的心态。总是希望基于最理想的理论模式建构事实，但最终的事实仅仅建立在能够收集到的证据的基础之上。基于此，为了分析事实以便识别与处理由事实引发的每一项法律问题，我们应该熟悉"拆解大象、解剖麻雀"的概念与技巧。

所谓"拆解大象、解剖麻雀"，就是将一个案件视为一头大象，解决它的步骤可以分为两步，第一步是拆解大象，将大象拆解为很多块；第二步是解剖麻雀，将被肢解的大象里的法律问题一个一个去处理。

第一步：拆解大象。

1. 事实层面的拆解：掌握当前所有可能的相关事实，并将复杂的事实拆分成几个部分，以便进行系统的分析。

2. 法律层面的拆解：审视事实与法律，确定本案法律争议的焦点，并根据法律要素拆解为数个法律问题。

第二步：解剖麻雀。

1. 事实层面的解剖：

（1）批判性地审查每项事实，区别不同层次的"事实"（例如，由观察所得的资料、推论等）。

（2）尝试评价每项事实的可靠性。在搜集更多的事实以后，制定对上述事实的可靠性重新进行评价的标准和程序。

（3）识别自相矛盾的事实，并评价这种自相矛盾可能具有的重要影响。

（4）运用法律原则和规则识别确定法律问题和可能的解决方案的具体事实。

（5）根据法律原则和规则的概念及用语对事实进行组合分类，并指出具体的特征（应该精确和客观地描述事实，并且考虑到所有相关的事实）。

（6）识别所需要的其他事实，并且制定收集这种事实的程序和方法，并将它们与法律分析相结合。

2. 法律层面的解剖：

（1）根据每个争议焦点问题寻找大前提，即通过法律检索得到焦点问题所涉的法律条文，并对条文进行解释与分析，使其转化为可适用于具体案件的法律规范，包括分析并准确理解法律规范的构成要件、成立条件、适用范围、法律含义等内容。

（2）小前提的确认（某一案件事实属于哪种法律事实）以及涵摄（将案件事实适用于法律规范）的过程。从具体案件中提取与大前提有关的、能够进行评价和抽象的案件事实，以大前提为标准分析具体案件的事实是否符合大前提的要求，如果符合，则成为小前提。对小前提的法律分析包括对案件事实的认定、案件事实是否符合法律规范（大前提）的构成要件、成立要件、适用范围和法律含义，确定个案情节与法律规定情节的一致性。

（3）将大前提与小前提结合起来，推导出针对个案的结论。法律层面的解剖实际上就是将抽象的法律适用于具体的个案最终形成案件结论的演绎推理的方式。遵循从原则、规则到个案，从共性到个性，从抽象到具体的法律推理方法。其过程一般被描述为"确定法效果的三段论法"，即以法律规范为大前提，以特定的案件事实为小前提，将案件事实应用于法律规范，从而得到一定的法律效果。然而，确定大前提（应当适用的法律）、小前提（某一案例属于哪种法律事实）以及涵摄（将案件事实适用于法律规范）的过程，乃是将抽象的法律规范适用于具体个案，这一过程并不是机械地安插事实与法律，而是包含复杂的逻辑思维过程。在这一过程中，为使案件事实正确地置于法律规定的构成要件之下，一方面需要依照案件事实去寻找法律规范，另一方面又需要将法律规范适用于案件事实，而且须在"规范与事实之间流转往返"。

在绝大多数情况下，案件的事实一旦确定，适用于该案的法学原理和法律也随之确定。这是因为，绝大多数案件中争论的焦点仅仅是事实而非法律。确定性是法律的根本特征之一，法学原理以提供纠纷的类型化解决的形式，为纠纷解决提供了最大限度的适用范围。法律咨询中所进行的法律分析，就是预见具有确定性的法学原理运用到具体事实的结果，确定了案件的事实，也就确定了案件的逻辑结论。[1] 然而，某些案件涉及的法律并非十分清晰。"某些案件只有一条路、一种选择。这是法律规定非常明了、非常确定的案件。它们堆积成山，令人乏味。另一些案件则提供了真正的选择机会——不是一个非此即彼的选择，而是一个经过周密权衡的选择，其一经宣告，一种新的正确和一种新的错误（标准）即由此产生。"

当然，在这些案件不断地试错过程中，通过对各种可能性的分析，通过对各种方案的可行性的法理论证，通过对结果所可能导致的后果的反复衡量，最终得出结论，并达到影响法官判决的目的。

实践之

（三）法律研究实训

［工作任务一 模仿德国学生分析案件］

---

〔1〕〔印〕马海发·梅隆主编：《诊所式法律教育》，彭锡华等译，法律出版社2002年版，第51页。

第一，任务描述。

以小组为单位学习讨论德国学生案例分析报告，完成以下两个任务并提交案例分析报告：

1. 解析德国学生分析案件的模型。

2. 运用该模型针对电影《二十条》中的案例撰写案例分析报告。

第二，案件分析材料。

德国法律专业的学生是这样来做刑法案例的练习：首先是一个案情的介绍，其次要写大约十几页的案例分析。我们很难想象可以写这么长的案例分析内容。下面就举一个例子，来看看德国学生是怎么做案例分析的。

下面是案情介绍：

阿尔伯缺钱，一天晚上，在散步的时候，他发现一辆轿车停在路边。这是布莱梅开的轿车，这个时候布莱梅离开轿车，进入旁边的房子里。阿尔伯发现轿车的副驾驶上，有一个价值一百欧元的音箱，他抓住这个机会，打开了布莱梅没有锁住的车门，进入车内，拿走了音箱。正当他把音箱拿到手里的时候，布莱梅走出房子，马上就知道发生了什么。他冲向阿尔伯，阿尔伯开始逃跑，他逃到阴暗的地方，越过一个篱笆，进入了尼克的花园。尼克家有一条狗，这条狗扑上来要咬阿尔伯。阿尔伯一脚踢在狗的腰部，把狗的肋骨踢断了。这时布莱梅也跟着追进尼克的花园。尼克是布莱梅的邻居，也是他的好朋友。布莱梅发现，他和阿尔伯之间有一段距离，于是就拿起一个空的花盆，砸向阿尔伯，花盆砸在阿尔伯肩膀上，阿尔伯被砸伤。但是他继续逃跑，没有注意到脚下，扭了脚。阿尔伯扔下音箱继续逃跑，又跑到了街道上。布莱梅捡起自己的音箱，继续追赶阿尔伯，在街上，他追到了阿尔伯。

阿尔伯的身体比布莱梅高大强壮，他试图激怒布莱梅，让布莱梅攻击他，他由此报复布莱梅，把布莱梅打倒在地。他骂布莱梅："你这个侏儒，怎么跑得过我呢?"布莱梅果然被激怒了，掏出小刀，刺向阿尔伯的胳膊。阿尔伯没有想到布莱梅会这样行动，连忙一拳打在布莱梅的头上，把布莱梅的刀挡了回去。

要求：对该案例进行分析。

这个案例分析可以分成两部分，第一部分按照行为阶段，第一阶段是拿走音箱和在尼克花园中的行为，第二个阶段是发生在街道上的行为。

下面是具体的分析：

A. 拿走音箱和在尼克花园里发生的行为：关于 A 的可罚性的分析。

Ⅰ. 盗窃罪，刑法第 242 条第 1 款。

阿尔伯可能因为拿走音箱，而犯盗窃罪可罚。

1. 客观的构成要件。

对于阿尔伯来说，音箱是一个他人的、可移动的物体。阿尔伯拿走了音箱，意思是打破了布莱梅对于音箱的保管，同时建立了自己对音箱的保管。音箱在布莱梅的汽车里，即音箱处于布莱梅的占有范围之中。阿尔伯从布莱梅的汽车里拿走了音箱，实际上就是消除了布莱梅对音箱的实际控制，他同时建立了自己的占有。客观构成要件符合了。

2. 主观的构成要件。

阿尔伯知道音箱是他人之物，并且愿意打破他人的占有，建立自己的占有关系。阿尔伯希望通过拿走音箱，持续地排挤布莱梅作为音箱所有者的地位。因此他具有剥夺的故意。阿尔伯希望把音响卖掉，追求音箱的经济价值，因此他也具有占有音箱的意图。阿尔伯也知道，客观上他对音箱不具有权利要求，因此他追求占有音箱也是违法的。

3. 具有违法性。

4. 具有有责性。

5. 结论。

阿尔伯违反刑法第 242 条第 1 款关于盗窃罪之规定，是可罚的。

Ⅱ. 盗窃罪的加重条款，刑法第 243 条第 1 款。

阿尔伯盗窃汽车中的音箱，可能触犯了盗窃罪的加重条款。

1. 阿尔伯认识到音箱的价值大约是一百欧元。这里就不涉及第 243 条第 2 款的轻微盗窃情形。所以这就不会成为认定触犯盗窃罪加重情形的障碍。

2. 根据第 243 条第 1 款第二句序号一之规定，阿尔伯可能符合"进入封闭的空间中盗窃"这一加重情形。

（1）根据当前的主流观点，汽车中坐人的部分属于该条款中所说的封闭的空间。

（2）"进入"的含义是一种非寻常的方式，通过施加一定的技巧或者力量，进入一个受保护的空间。事实上，阿尔伯并没有施加暴力，他打开了没有关闭的车门，通过这种方式进入车内。因此，他并不符合该条款规定的加重的犯罪方式。

3. 阿尔伯还可能符合第 243 条第 1 款第二句序号二所规定的"盗窃受特别保护的物品"这种加重情形。

司法判决和理论学说均认为，"为保护物品而封闭的空间"指的是那种为了放置物品，而不让人进入的空间，因此，汽车的内部不属于这个条款意义上的"为保护物品的空间"。

4. 结论。

阿尔伯不符合盗窃罪的加重情形。

Ⅲ. 侵害房宅安宁罪，第 123 条第 1 款。

可以考虑，阿尔伯通过进入汽车拿走音箱，触犯了侵害房宅安宁罪。

只有一个不动产才能称之为房宅，因此阿尔伯并不符合此罪。

Ⅳ. 侵害房宅安宁罪，第 123 条第 1 款。

阿尔伯可能通过闯进尼克的花园，而触犯侵害房宅安宁罪。

1. 客观的构成要件。

（1）尼克的花园属于安宁的房宅，何时存在一个安宁的房子，是有争议的，根据狭义的观点，只有外部有明显可见的阻拦物体，才属于房宅。

尼克的花园可能属于一处房宅。何时存在一处安宁的房宅是有争议的。根据狭义的观点，只有当外部存在明显可见围篱或围墙的时候，才属于房宅。广义的观点认为，只要被保护的空间明显与房屋构成一个紧密的整体的时候，则属于房宅。尼克的花园是用围墙围起来的，因此无论从哪个观点出发，均可以肯定它属于房宅。

（2）逃入花园的阿尔伯可能是"闯进"尼克的安宁的房宅。

通行的观点认为，如果行为人违背权利人表达的或者推定的意志而进入其房宅则属于"闯入"。一个少数派的观点认为，只要不存在表达的或者推定的权利人的意志，则进入被保护的空间属于"闯入"。这里可以推定，尼克存在于一个反对的意志。可以几乎肯定的是，当阿尔伯盗窃了布莱梅的财物之后，尼克不会同意阿尔伯把他的花园作为逃窜之路来使用。

因此，即便按照狭义的观点，阿尔伯也满足"闯入"这个特征。客观的构成要件具有该当性。

2. 主观的构成要件。

阿尔伯认识到他损害了他人的房宅权，而且他也愿意这样做。因此他具有故意。

3. 违法性。

阿尔伯并不具有胜过他人房宅权的权利，因此，他的行为具有违法性。

4. 有责性。

阿尔伯有责。

5. 结论。

阿尔伯触犯第 123 条第 1 款，是可罚的。

Ⅴ. 损害物品罪，第 303 条第 1 款。

阿尔伯踢了狗一脚，他可能构成损害物品罪。

1. 客观的构成要件。

对阿尔伯来说，狗是一个他人之物。通过踢狗，他损害了作为实体的狗。显著损害了狗在看家、嘻乐等方面的使用性。客观要件具有该当性。

2. 主观的构成要件。

从阿尔伯的行为方式可以看出，他至少认识到会对狗造成伤害结果，并且愿意这样做。他具有故意。

3. 违法性。

阿尔伯的行为，可能由于防御性的紧急避险，根据《民法典》第 228 条而被正当化。

首先，阿尔伯必须处于《民法典》第 228 条所说的紧急状态之中。狗要咬阿尔伯，这里存在一个对阿尔伯的身体的完整性和他的财产（如衣服）的现实的危险。

问题在于，是否作为他人之物的狗对阿尔伯形成威胁，或者是狗作为尼克控制的工具。如果是后者，则考虑适用第 32 条规定的正当防卫。通行的观点认为，如果狗攻击人，是被人唆使所为，那么可视为是第 32 条所规定的人对人的攻击。

这里并不属于这种情形，尼克的狗窝未经驯服，狗的行为并不是他的主人尼克唆使所为。

阿尔伯处于《民法典》第 228 条所规定的紧急状态。

阿尔伯还必须是选择了必要的防御手段。可以看出，这里并不存在比踢狗造成更轻微伤害，并且同时可以终结危险的防御手段。阿尔伯客观上使用了必要的防御手段。

阿尔伯所面临的危险，是他自己过失造成的，尽管他可以通过不进入尼克的花园而避免被狗咬，但这对他可以行使防御性的紧急避险并不具有重要性，《民法典》第228条第二句清楚表明了这一点。在《民法典》第228条的框架下，阿尔伯由于自己的犯罪行为把自己处于危险之中，这种情形同样不会对他的紧急避险造成影响。

比较所涉及的法益价值，可以得出这样的结论：阿尔伯踢狗，就阿尔伯的衣服而言，他是保护了一个同位阶的法益，对于他的身体的完整性而言，他是保护一个更高位阶的法益。伤害和危险之间，并没有形成显著的不成比例。

阿尔伯也是在防御危险这样的意志下做出踢狗行为的。

阿尔伯的行为可以通过《民法典》第228条被正当化。

4. 结论。

阿尔伯对狗的伤害，不构成第303条第1款的损害物品罪，是不可罚的。

Ⅵ. 竞合关系。

《刑法典》第242条盗窃行为和《刑法典》第123条的侵害他人房宅安宁的行为，并不是行为单数，因此它们属于行为复数。

B. 布莱梅行为的可罚性：拿走音箱和在尼克花园里的行为。

Ⅰ. 侵害房宅安宁罪，第123条第1款。

布莱梅进入了尼克的花园，他可能侵害了尼克的房宅安宁。

1. 客观的构成要件。

布莱梅进入了尼克安宁的房宅。问题是，这是否属于"闯入"。"闯入"需要布莱梅在违背或者没有尼克明示表达的或者推定的意志的情况下进入。

我们并不能发现存在尼克的明示的意志。从案情中也不存在任何的线索表明，尼克会不同意布莱梅进入他的花园。人们可以推定，在尼克知晓全部情况的时候，他会同意布莱梅进入他的花园。因此，进入花园符合推定的尼克的意志。

2. 结论。

布莱梅不能根据第123条第1款被罚。

Ⅱ. 人身伤害罪，第223条第1款。布莱梅把一个花盆扔向阿尔伯，他可能构成人身伤害罪而可罚。

1. 客观的构成要件。阿尔博的肩膀被飞来的花盆砸中，他的身体的良好状况受到了伤害，因此构成"身体被虐待"。从案情还不能推知阿尔伯的身体健康状况是否会因为被花盆砸中而受到损害。根据一般的生活经验，可以推知花盆砸在肩上，可以造成流血和肿大，可以肯定存在健康受损。

2. 主观的构成要件。布莱梅想通过向阿尔伯扔花盆的方式，阻止阿尔伯逃窜。因此，对于造成阿尔伯身体受虐待和健康受损害，他是具有故意的。

3. 违法性。

（1）布莱梅的行为可以根据第32条的正当防卫而被正当化。他首先要处于一个正当防卫的情形之中。他对音箱的所有权或者占有权，因为阿尔伯的盗窃而受到损害，存在一个侵犯行为。盗窃既遂，但是还没有终结，因为盗窃的赃物还没有处于一个最终安全的境地。危险还没有最终变成一种损失。侵犯正在发生，并且是违法的。布莱梅的防卫行为必须要在必要性的范围之内，也就是说，他使用了最低限度的，最温和的能最终终结侵犯行为的防御手段。向阿尔伯扔花盆，在客观上是可以阻止阿尔伯继续逃窜，也就是说可以防止法益受到损失的这种危险。布莱梅的呼喊，并不能取得效果。他也没有别的方式来防御，因此，他使用的是最温和的取得效果的手段，也就是说，使用的是必要性的防御手段。布莱梅具有防卫意志。为了保全自己的财物，布莱梅造成了阿尔伯的人身伤害。在具体情形中，为了保护并非不显著的价值，他的防卫行为和造成的伤害之间，并没有处于不成比例的状态。布莱梅的行为因此根据第32条是可以被正当化的。

（2）这里同时也存在《民法典》第859条第2款所规定的可以被正当化的"占有取回权"的情形。阿尔伯取走布莱梅的音箱，就是《民法典》第858条第1款所禁止的擅自行为。布莱梅当场撞见阿尔伯的这种行为，并且马上就开始追击，这就存在适用占有取回权的情形。该法条允许为了重新取回自己的物品而在客观可能的情况下使用暴力。这里适用《刑法典》第32条关于正当防卫的适用条件。布莱梅具有防卫意志，因此，他的行为同样可以根据《民法典》第859条第2款而被正当化。

（3）布莱梅的行为还有可能根据《刑事诉讼法》第127条第1款第一句所规定的扭送权而被正当化。在阿尔伯盗窃行为之后，布莱梅马上就认识到，并且开始追击。阿尔伯开始逃窜，布莱梅并不认识阿尔伯。问题在于布莱梅是否使用了被许可的扭送手段。扭送者有权在必要的范围内，遵循比例性原则，使用一定的物理性的暴力，剥夺被扭送者的人身自由。在轻微犯罪的情况下，根据比例性原则，只允许那些剥夺自由，胁迫，或者造成轻微人身被虐待的扭送行为。其他的对身体和生命造成侵害的扭送行为，原则上是不允许的。只有在严重犯罪行为时，才允许有例外。在本案中，只涉及轻微的财产犯罪。虽然扔花盆只造成了身体被虐待和轻微的健康受损害，但是对花盆的这种具体的使用方式，完全可以造成严重的身体伤害，比如颅骨受损，脑震荡，等等。布莱梅因此使用了《刑法典》第224条第1款第2句所规定的"危险工具"。因此，不能将扔花盆视为允许的扭送手段。布莱梅的行为不能根据《刑事诉讼法》第127条第1款第1句的规定被正当化。

4. 结论。

布莱梅不能根据《刑法典》第223条第1款因为人身伤害罪而受处罚。

C. 行为阶段：在街上

Ⅰ. 阿尔伯行为的可罚性：侮辱罪，《刑法典》第185条。

阿尔伯可能由于对布莱梅进行辱骂而具有可罚性。

1. 客观的构成要件。

阿尔伯的表达侵犯了布莱梅的名誉。阿尔伯将布莱梅称之为"侏儒"，并且对其使用"你"的称呼，这从客观意义上构成了对布莱梅的蔑视性的负面价值评判。客观的构成要件具有该当性。

2. 主观的构成要件。

阿尔伯贬低布莱梅的名誉，是具有故意的。

3. 违法性和有责性均成立。

4. 结论。

阿尔伯根据《刑法典》第 185 条是可罚的。

Ⅱ. 布莱梅行为的可罚性：身体伤害，《刑法典》第 223 条；危险的身体伤害，《刑法典》第 224 条；《刑法典》第 22 条，未遂。

布莱梅通过掏刀刺人，可能对阿尔伯构成危险的故意伤害未遂而具有可罚性。

1. 未完成/可罚性。

身体受到伤害的后果并未出现。严重的身体伤害的未遂是可罚的。《刑法典》第 224 条第 1 款第 2 项；第 23 条第 1 款；第 12 条第 2 款。

2. 主观的构成要件。

布莱梅试图刺伤阿尔伯的胳膊。如果成功，刺伤的结果同时构成第 223 条意义上的身体被虐待和健康受损。布莱梅把刀作为刺人工具使用，根据其使用方式，可以对人形成严重的伤害。他同时具有《刑法典》第 224 条第 1 款第 2 项意义上的使用危险工具的故意。

3. 客观的构成要件。

布莱梅掏刀的时候已经超越了着手的界限。

4. 违法性。

（1）正当防卫，《刑法典》第 32 条。

首先必须存在正在进行的对可以防卫的法益的侵害。

对布莱梅对音箱所有权或占有权的侵害，由于布莱梅重新得到音箱，已经结束了。但这不是关键。关键是，对布莱梅名誉的侵犯尚未结束。

问题在于，布莱梅是否为捍卫其名誉而没有超过必要性的界限。

《刑法典》第 32 条规定正当防卫同样适用于对名誉权的侵犯，这是获得一般认可的。必要性的界限这里是比较严格的。一般只允许所谓的"名誉防卫"，即防卫人对侵犯人施加侮辱，有时允许打对方耳光或者打一拳。在本案的情形中，布莱梅身体强壮程度显然不足以实施这样的行为。但是对他来说，仍然有别的可能性，比如大声呼叫引起他人注意，从而报警彻底制止阿尔伯的侮辱行为。同样他还可以使用刀进行威胁，以制止对方的侮辱。无论如何，他所意图的危险的身体伤害行为超出了正当防卫的必要性界限，因此不能被正当化。

（2）占有反夺，《民法典》第 859 条第 2 款。

这里已经不能适用占有反夺了，因为布莱梅已经重新得到他的音箱了。

（3）扭送权，《刑事诉讼法》第 127 条第 1 款。

阿尔伯仍在逃窜过程中，并且布莱梅因为他的盗窃尚在追击过程中。

根据前述分析，实施危险的身体伤害已经超越了允许的扭送手段。此外布莱梅刀刺阿尔伯并非是想制服对方而扭送，而是想报复。因此他缺乏必要的扭送意志，不能被《刑事诉讼法》第 127 条第 1 款正当化。

（4）紧急避险，《刑法典》第 34 条。

对布莱梅的名誉来说存在一个正在发生的危险。基于上述不适用正当防卫的理由，布莱梅的避险手段并非合适，因此同样不能被正当化。

5. 责任。

防卫过当，《刑法典》第 33 条。

布莱梅超出了正当防卫的必要性界限。但是可以免责的防卫过当是同弱势的冲动（害怕、惊恐、慌乱）相联系的。而布莱梅却是出于愤怒和报复的欲望（所谓的强势的冲动）针对阿尔伯进行行为的，因此不能被免责。

6. 结论。

布莱梅根据《刑法典》第 223 条、第 224 条第 1 款，第 22 条是可罚的。

Ⅲ. 阿尔伯行为的可罚性：身体伤害，《刑法典》第 223 条第 1 款。

阿尔伯对布莱梅打了一拳，可能构成身体伤害罪。

1. 客观的构成要件。

由于阿尔伯的一拳，布莱梅遭受身体上的痛苦。这是很大程度上造成身体舒适状态受损的一种恶劣的对待方式。因此存在对身体的虐待。布莱梅的健康是否也受到损害，从案情中看不出来。

2. 主观的构成要件。

布莱梅是有故意的。

3. 违法性。

正当防卫，《刑法典》第 32 条。

（1）布莱梅掏刀刺人，存在正在进行的对阿尔伯身体完好性的侵害。这是未遂的危险身体伤害。这种行为也是违法的。阿尔伯应该选取必要的防卫手段。出拳是适当的制止布莱梅侵害的手段。阿尔伯也不拥有其他的防卫手段，因此在这种具体情况下，出拳是最轻微的制止手段。出拳也是为了制止布莱梅的侵害。

（2）正当防卫的条件看起来已经满足了。问题在于，布莱梅的攻击是阿尔伯挑衅所致。因此必须检查，对于挑衅而致的攻击而进行的防卫行为，是否可以通过正当防卫或者其他正当化事由予以正当化。这个问题具有极大的争议性。

第一，赞成阿尔伯无罪。

哈斯迈（Hassmer）反对对正当防卫的权利进行社会伦理上的限制，主张一直简单清晰地通过侵害和防卫行为来确定权利和义务的处理方法。

布莱梅对阿尔伯的侵害是违法的，因此按照这种观点，阿尔伯拥有不受限制的正当防卫的权利。

史本德（Spendel）和弗里斯特（Frister）也持相似主张，即对于挑衅所致的攻击，挑衅者也拥有正当防卫的权利。

耶赛克（Jescheck）和魏根特（Weigend），雅各布斯（Jakobs），毛拉赫（Maurach）与柴普夫（Zipf）从不同的立场出发，但有一个共同点，即要看挑衅者是否有回避的可能性。如果没有这种可能性，就拥有正当防卫的权利。阿尔伯由于足部受伤，面对布莱梅持刀的攻击，不能通过快速回避和逃跑来避免伤害，因此按照上面的观点，他拥有正当防卫的权利。

司法判决的观点认为应该在可以期待的情况下让挑衅者回避，司法判决提高了挑衅者的容忍义务，但并没有完全否定其正当防卫的权利。从司法判决的角度出发，阿尔伯同样拥有正当防卫的权利。

鲍曼（Baumann）和韦伯（Weber），伯克曼（Bockelmann）和福尔克（Volk）对合法的挑衅与非法的挑衅进行区分。对于前者他们认为挑衅者拥有不受限制的防卫权利，对于后者，只有当攻击者超出他那方的防卫范围从而使攻击变得违法时，挑衅者才拥有正当防卫的权利。

在这种观点下观察，面对阿尔伯对布莱梅的侮辱，布莱梅的防卫行为并没有遵循必要性的要求，因此其防卫（攻击）是违法的（参见 C-I）。在这种情况下，阿尔伯具有正当防卫的权利。

第二，认为应该处罚挑衅者的观点。

由于挑衅行为而造成的正当防卫的情势，尽管在不可回避的情况下其行为本身可以被正当化。但是基于他通过挑衅而有意地引发攻击，因此仍然是可罚的。如果遵循这种观点，阿尔伯通过他故意的违法的前行为（对布莱梅的侮辱），使其后来的对布莱梅的身体伤害也具有违法性。

"滥用权利说"和"保护说/权利维护说"主张不能赋予有意挑衅者正当防卫的权利，以杜绝其在正当防卫的外衣下去伤害别人。持此观点的部分人认为这只适用于违法挑衅。

根据这种观点，阿尔伯由于其违法挑衅而不享有正当防卫的权利。

还有观点认为，缺乏防卫意志也会导致挑衅者的防卫权利的丧失。基于该观点，阿尔伯也没有正当防卫的权利。

第三，对各观点的讨论。

最后所述的"防卫意志缺乏说"应该被反对，因为在布莱梅刀刺阿尔伯的时候，阿尔伯是具有防卫意志的。即便阿尔伯还有别的动机，也并不冲突。

基于"权力滥用说"和"缺乏权利维护利益"的观点而反对赋予挑衅者正当防卫的权利，这种观点也应该反对，因为这是以挑衅者的主观态度为出发点的。挑衅者防卫行为的合法或者非法性，只取决于防卫时刻是否满足正当防卫的条件。挑衅行为中所体现出来的轻率或者可谴责的思想，必须在评价挑衅行为时给予考虑。如果挑衅行为本身没有触犯任何构成要件，就不能在后来被挑衅者的行为中给予反应。根据现有正当防卫的条件，是不可能有滥用的可能的。

对于"原因不法行为"的观点，应该看到，挑衅者是自由实施了可以引发后来防卫的不法行为。但是，如果据此认为他滥用了正当防卫的权利，并且因此剥夺其正当防卫的权利，这种做法是值得怀疑的。

在《刑法典》的很多规定中可以看出，如果在法益的所有者自负其责的显然冲突之中，一般他是应该承担后果，但不会单独承担损害后果的。这种思想可以在《刑法典》第 213 条第 1 款（如果是被杀者挑衅，则行为人显著降低处罚）中得到体现。对先行行为的归责原则也是基于这种思想的。

因此挑衅者不拥有任何防卫的权利，这种观点是必须拒绝的。侵害者始终是自己自由决定是否发动攻击制造一种冲突的，因此不能让被攻击者独自承担后果。

拒绝挑衅者拥有正当防卫的权利的声音是不能令人信服的，因此在本案中，应该承认阿尔伯拥有正当防卫的权利的。

4. 结论。

阿尔伯不能根据《刑法典》第 223 条第 1 款由于故意身体伤害而受罚。

D. 竞合。

阿尔伯由于触犯《刑法典》第 242 条第 1 款盗窃罪，第 123 条第 1 款侵犯房宅安宁罪，第 185 条侮辱罪而具有可罚性。

这些罪行从外部形态看，不能作为一个统一的行为进行评价，同时也不具有一个统一的意志决定。即便根据《刑法典》第 52 条，试图把多个行为综合成一个行为单数，在本案中也是不能成功的，因此根据《刑法典》第 53 条，本案存在行为复数。

布莱梅根据《刑法典》第 223 条身体伤害罪，第 224 条危险的身体伤害罪，第 22 条未遂，是具有可罚性的。

小结：

德国学生在做案例分析的时候，一般找出有什么行为，然后对每个行为进行分析。首先是以猜想的方式提出设问，以试错的方式提出：某某"可能"触犯什么条款而具有可罚性。然后根据三阶层结构进行分析。最后呼应开头的设问得出结论，某某触犯或者不触犯某条款，具有或者不具有可罚性。在分析完所有行为的时候，最后一个关口是进行竞合的分析。最后得出总的结论。

在遇到分歧观点时，应该分别列举各种主要观点，然后自己说明自己赞同什么观点，为什么。

反复试错是德国学生案例分析的一个很大特点。既要在是否符合某罪名某构成要件时试错，也要在是否满足某正当化事由、免责事由时试错。不能明心见性地一上来直接提出某某构成什么罪或者不构成什么罪。因此一个案例分析写上十几页是很正常的。其中各种观点要点明出处，脚注是绝对不能少的。其中司法判决的观点和其他学者的观点是平等的。学生最重要的参考书就是大部头的法典评注。他们的思维便在这种不停地试错和推论、各种观点中的斟酌中得到严谨的训练。

［工作任务二］

任务描述：

以小组为单位应用"拆解大象、解剖麻雀"的方法对以下案件材料进行分析，并提交案例分析报告。

案件分析材料：

姚某，女，为本案被告当事人。姚某和其丈夫张某在 A 新村有一套 40 多平方米的房子，夫妻二人与孩子原住于此。姚某的公公婆婆在 B 新村拥有一套较大面积的房子，户主为公公。2009 年，为方便公公就医（B 新村的房子离医院较近），被告及丈夫与公婆商定：被告夫妇以 25 万元的价格买下公婆的住所，并搬至此处居住；而公婆则搬至被告夫妇的原住所（A 新村）居住，并在此颐养天年。达成合意之后，被告的丈夫将 25 万元现金交给了婆婆和大姑姐（丈夫的姐姐），基于信任，没有要求开具任何收据，也没有办理房屋的过户登记手续。2015 年 2 月 15 日，丈夫张某突然去世。4 天后，姚某的大姑姐开始上门，要求被告退还房屋，并就此事多次与被告吵闹。为此，死者的 3 个舅舅专门来到其居住地进行居间调解。在调解过程中，婆婆和大姑姐并不否认曾收过死者房款，但声明死者只交付了 24.5 万元。还有 5 千元则被死者用以支付了装修的费用。而被告则主张，丈夫当时交付了 25 万元，装修的费用为 8 千元，是被告和丈夫另行支付的。舅舅主张维持现状，姑婆均未表示反对。但舅舅离开后，姑婆二人又多次上门要求被告退房。2016 年 3 月 7 日，被告突然收到法院通知：其公公婆婆已将被告诉至法院，要求她退还房屋。2016 年 3 月 16 日 11 时 50 分，被告想方设法见到了公公，问他为何起诉被告。公公对此感到惊讶，表示自己对此毫不知情。后在法庭，公公曾明确向法官表示："我的房子不给媳妇住，不给孙子住，给谁住？"（丈夫去世时，公公患有脑血栓，家人和法官为防止其受刺激而对他隐瞒了死者死亡的真相，只是告知他：儿子现在在外打工。另外，公公并不识字，只会签名）。但是，在第 2 天，公公被带至居委会和法庭时，他又表示要求被告退房。另外，法院告知被告：开庭当日，公公婆婆都不会到庭，他们已全权委托大姑姐代理他们出庭。被告丈夫死亡，原告方为之支付了丧葬费用若干，要求被告偿还，但此项没有列入诉讼请求。被告表示，自己目前没有能力支付，但自己的孩子长大后会代为偿还。被告向我们出示了 3 份录音材料，分别记录了公公表示被告有权占有使用房屋、姑婆和被告之间关于被告丈夫给付金额的争议、被告的一段陈述。而第一段录音是在有法官在场的情况下录制的。同时，被告认为其丈夫的死亡原因不大明朗，原告一方负有不可推卸的责任。现姚某找到法律服务所咨询，想要提起反诉，主张对房屋的合法权利。

学习单元四　法律咨询的解答

学新知　实践之　评价之　复盘之

一、解答的概述

学新知

（一）解答的概念

　　法律咨询的解答，属于法律咨询过程中的收尾阶段。在该阶段中，法律工作者要在与咨询人有效沟通，全面、完整、准确地把握事实的前提下，研判分析咨询人的口述内容与现有证明材料，进而针对咨询人提出的有关法律问题，以口头或者书面形式，及时作出解释说明、提出建议或者提供纠纷解决方案。

（二）解答的核心——专业性

　　在日常生活与工作中，人们往往会遇到各种各样的法律问题，进而寻求法律工作者的帮助。法律工作者通过解答咨询人提出的法律问题，从而达到为咨询人解惑，帮助咨询人切实维护自身的合法权益，使咨询人从容应对当下或是未来可能遭遇的法律问题的最终目的。

　　因解答法律咨询所涉及的问题专业性相对较强，法律工作者的解答往往会对咨询人起到直接的指导作用，甚至可能影响到咨询人的切身利益。所以，解答法律咨询对法律工作者的专业性提出了很高的要求，法律工作者不仅需要具备丰富的法律知识、政策水平、社会经验和判断能力，还需要具有认真细致的工作作风和高度的责任感。

从社会实践角度出发，如果将法律工作者与咨询人的关系比作医生与患者的关系，法律咨询的沟通过程就好比"问诊"，法律咨询的解答则好比"开方"。需要注意的是，"问诊""开方"并不是任何职业都能做的工作，因此，专业的事需要交给专业的人做。

（三）解答的实践意义

作为经常性的法律工作之一，法律工作者通过对咨询人提出的各种各样的法律问题给予正确的解释和回答，能够发挥如下重要作用：

一是有利于法治宣传。法律工作者通过解答咨询、告诉咨询人什么是合法的、什么是非法的，怎样处理纠纷是正确的、怎样做是不正确的、法律依据是什么，从而可以最直接、最有针对性地起到宣传法律、法规和政策的作用。

二是有利于平抑诉讼。法律工作者通过解答法律咨询，可以帮助咨询人提高法律认识，正确对待和处理矛盾、纠纷，尽可能将纠纷消灭在萌芽状态，防止纠纷扩大化，减少诉讼。

三是有利于沟通情况。法律工作者通过咨询，可以掌握社会动态，了解群众亟待解决的问题，从而起到联系群众、及时与有关机关沟通情况的作用。

四是有利于提高水平。解答法律咨询，要接触各种各样复杂的法律问题，碰到许多新问题、新情况，这会促使法律工作者加强学习和研究，进而起到提高法律工作者业务水平的作用。

（四）解答的注意事项

1. 恪守"以事实为根据，以法律为准绳"原则。法律工作者作为法律专业人员，应当始终恪守"以事实为根据，以法律为准绳"原则，在准确、全面和深入掌握基本事实和分析适用法律的基础上，客观、公正地为咨询人进行解答。解答内容除了要做到准确适用法律这一基本要求外，还要做到既不随声附和、一味迎合甚至助长咨询人的错误观点与诉求，也不因为忌讳各种压力而避重就轻、敷衍了事，更要做到不刻意规避法律、不为咨询人提出不合法的意见建议或者提供不合法的纠纷解决方案。

此外，在解答之前，法律工作者要向咨询人强调，解答内容系所基于咨询人陈述的事实情况及其提供的相关证据形成，如果咨询人陈述的事实或者提供的证据不准确，就可能影响解答内容的准确性，以提醒咨询人必须如实陈述，不得隐瞒或者只陈述对自己有利的事实、只提供对自己有利的证据。

2. 有针对性地作答。解答应当具有针对性，须针对咨询人提出的问题作答，切忌答非所问。否则一通解答下来，咨询人听得云里雾里，提出的问题也没有得到实际解决，不仅浪费了咨询人的宝贵时间，还会对法律工作者的专业能力提出直接的质疑。例如，咨询人咨询逃税会受到什么样处罚，法律工作者不能就逃税罪的犯罪构成要件和相关学术观点侃侃而谈，而是要针对咨询人逃税的具体情况进行具体分析，综合运用《中华人民共和国税收征收管理法》与《中华人民共和国刑法》（以下简称《刑法》）有关规定，有针对性地解答逃税可能面临的行政处罚与刑事处罚，以有效解决咨询人的实际问题。

尤其是针对咨询人涉及的法律纠纷进行解答时，法律工作者所提供的纠纷解决方案更要有基本的针对性，切忌"大而全"式地提出无益于纠纷解决的方案进行凑数。虽然从理论上讲，法律工作者提供的纠纷解决方案越多，咨询人越有可能从中找到符合其心理预期的一种方案。但实践证明，提供的纠纷解决方案越多，只会令咨询人越难以取舍，对最终纠纷解决方案的选择就越困难。与咨询人的切身利益无关的纠纷解决方案只会加剧咨询人的选择困难，发挥不了任何有利作用。

3. 言语简练，通俗易懂。解答并不是法律工作者的单人曲艺表演。法律工作者在解答过程中，除了在解答内容上要做到准确、客观、全面、细致之外，在语言表达上还需要做到主旨明确、用词准确、简练流畅、通俗易懂，不故意使用咨询人不熟悉的法律专业词语，切忌照本宣科式地诵读法律条文。因为寻求法律咨询的往往是没有受过系统法学教育、缺少法律常识的普通民众，法言法语对其而言就属于较难理解的"行话"。因此，法律工作者切记不能为了凸显自己的法律专业素养而过分使用法言法语，否则会使咨询人听后感觉似是而非、糊里糊涂，进而对解答内容产生厌倦、无趣、抵触等负面情绪，解答效果必将大打折扣。如果咨询人没有听懂法律工作者所讲的内容，那么不管法律工作者运用了多好的沟通技巧、法律分析有多到位，也都将无益于咨询人问题的解决。

此外，法律工作者还切忌在解答过程中就对应的解答内容所涉及的法律问题进行法学理论上的过分展开解说。除非咨询人明确表示有这种"了解"或者"学习"的需求，希望倾听进一步地展开内容，否则就应当尽可能简要解答、点到为止即可，长篇大论式的解答内容对于咨询人而言反而是种负担。

简言之，法律工作者要基于咨询人的具体问题或者诉求，用相对通俗易懂的语言，把有关法律、法规以及政策、道理解答透彻，要让咨询人听清且听懂。

4. 保持谦虚谨慎。法律工作者在接待法律咨询的过程中，对于咨询人的提问，一般应予当即解答。但是难免会遇到某些一时难以解答或者无法解答的情形，这时就需要法律工作者秉持谦虚谨慎的工作态度，分别作出对应处理。切忌不懂装懂，更不能为了逞强、保全自己的面子而为咨询人胡乱解答。否则，解答内容一旦出现差错，轻则法律工作者的职业能力可能因此遭到负面评价，重则使法律工作者与咨询人之间产生不必要的纠纷、矛盾，甚至还可能为法律工作者本人及其所在单位的形象与声誉带来直接损害。

对于超出自身法律知识储备导致一时难以解答的问题，可以先将有关问题进行记录保存，待了解研究清楚之后，再与咨询人另行确定时间进行解答或者作出补充说明。

对于涉及具体刑事、民事或者行政案件的问题，由于法律工作者存在对案件证据及整体事实情况了解的局限性，故在没有明确案件事实情况之前，可以仅根据咨询人口述内容所掌握的现有情况提出倾向性意见，而不做具体解答，更不可妄下结论，以防所答内容与事实不符，使咨询人形成错误的理解，为后续工作带来不便。

而对于确实无法解答的问题，法律工作者则应当向咨询人坦白无法解答的客观原因，并向咨询人致歉。需要注意的是，法律工作者无法解答时，往往会加重咨询人的挫败感，咨询人前来咨询法律工作者时抱着"揣着问题来，带着答案走"的心态，若法律工作者无法解答，咨询人的问题依然悬而未决，咨询人难免会感到沮丧。此时法律工作者还需要采取体恤、安抚或者鼓励的语气，尽可能照顾咨询人的情绪，抚平咨询人心中的不安和沮丧。

5. 避免矛盾激化。就咨询人与其他当事人之间的矛盾而言，法律咨询实践中确实存在极少数法律工作者为了给自己争取更多利益，或者为发泄对接待咨询工作的不满，而有意无意地激化咨询人与其他当事人之间本不尖锐或激烈的矛盾，导致咨询人原本没有诉讼必要的纠纷，在听取解答之后改采取诉讼方式解决纠纷。这种做法严重违反了法律工作者的职业道德，且不符合咨询人的根本利益，应当坚决杜绝。因此，法律工作者应当在可能的范围内，采取积极措施，避免咨询人与其他当事人之间的矛盾激化，尽可能地减少咨询人的诉讼之累。

就咨询人与法律工作者之间的矛盾而言，法律咨询实践中也确实存在一些咨询人提出的诉求或者要求明显不合法、不合理的情形。对此，法律工作者当然要及时向咨询人表明自己的反对态度，并对咨询人的不当诉求或者要求予以必要的纠正。但需要注意的是，向咨询人表明反对态度，并不意味着法律工作者必须当即义正辞严地直接拒绝，毕竟这很容易引起咨询人对于法律工作者的内心抵触情绪，从而下意识认为法律工作者系站于其对立面的"敌人"，使双方之间产生不必要的矛盾。这里的反对，需要讲究一定的方式方法，例如通过耐心地释法说理，委婉地提醒咨询人冷静思考，同时向咨询人提供其他能够合法、和平解决问题的思路或者方案，以尽可能帮助咨询人纠正其不当观点。当然，法律工作者也可以基于咨询人的无理要求，以自己"能力不足、难以满足要求"为由，请咨询人"另寻他处"，从而尽快结束当次法律咨询。而对于极少数咨询人提出要采取非法甚至犯罪手段以保护自身合法权益的极端情形，法律工作者更不能听之任之，除了要冷静、妥善应对咨询人，晓之以法、服之以理外，还应借助同事配合，及时与有关部门取得联系，积极采取防范措施，以切实防止恶性事件的发生。

实践之

【阶段实践】

甲、乙于大学期间相识并恋爱，2015 年 6 月毕业后二人登记结婚，婚前乙的父母曾承诺，会给甲购买一套商品房作为聘礼。2016 年 10 月，二人生育一子小丙，出于"顾家"需要以及乙全家的要求，甲辞职改做全职主妇悉心照顾小丙。2017 年 5 月，乙父母出资首付款为二人在市区购买商品房一套（不动产登记簿载明所有人为乙），剩余房贷由乙独立按期偿还。2022 年 12 月，甲意外发现乙出轨长达 7 年之久，顿觉这些年为家庭和乙的付出全部白费，伤心欲绝，决心离婚。

在向乙提出离婚前，甲咨询婚姻家事律师丁如何确保首次离婚诉讼能被判决准予离婚，同时提出，乙除了按期支付甲抚养费外，上述商品房必须归甲所有，以作为甲与小丙日后的生活保障。否则甲就带着小丙死给乙看。

实践任务：根据上述材料，指定学员分别扮演甲和丁，由丁对甲的咨询进行现场口头解答并作必要安抚（全程脱稿）。

实践提示：综合运用沟通方式方法，力促甲回归理性，正面应对未来的离婚诉讼。

评价之

教师与评价小组针对解答过程进行评价：

"丁"整体解答情况中的优点：

(1) _____

(2) _____

(3) _____

(4) _____

"丁"解答过程中存在的不足：

(1) _____

(2) _____

(3) _____

(4) _____

6. 持续学习，不断增加知识储备。从法律咨询实践来看，咨询人提出的问题，往往来源于社会生活实践。这就要求法律工作者除了精通法律专业知识以外，还需要具备一定的社会阅历与社会经历。毕竟机械、熟练地翻阅法律条文，早已不能再作为对法律工作者工作能力的基本要求，随着学历教育的普及，现如今翻阅法律条文几乎是每一个熟练掌握汉字的普通民众都能够完成的事情。即使能够详细阐述相关法律条文的立法背景、条文释义，同样也不能体现作为法律工作者的良好知识储备，因为法律学术领域的专家、学者对此更为擅长。法律工作者若只是单纯、机械运用法律知识，已经难以应对司法实践中愈发复杂的涉专门行业或领域的法律实务问题。因此，法律工作者始终需要持续学习，除了学习、更新法律知识外，还需要注重积累和掌握相关支撑学科的专业知识，如心理学、逻辑学、法医学、侦查学等各类专业的基础知识，以及了解诸如工商管理、建筑工程、财务会计等专业学科领域的理论与行业知识，不断增加自身的知识储备，以便更好地为咨询人进行专业解答，切实做到"急咨询人之所急，解咨询人之所忧"。

7. 牢固树立保密意识。法律工作者在解答过程中，应当牢固树立保密意识，对于涉及咨询人的商业秘密或者个人隐私问题的内容，应当注意做好保密工作。不该问的不问，不该记录的不记录，不该说的不说。且解答咨询所涉及的案例，除可匿名化用于法学教学、研究之外，不得对外透露。

（五）解答的共性

实践中，解答法律咨询并不仅仅是律师、基层法律服务工作者的工作，行政机关、政法机关以及工会、妇联等人民团体，同样具有解答群众相关法律咨询的工作职责。概言之，只要是法律岗位，就有可能承担起解答群众法律咨询的工作任务。

因此，相较于前三个学习单元，本学习单元将侧重法律实务方面，就各法律职业之间具有一定共性的解答技能进行讲解。

二、常见法律咨询的对应解答

法律工作者在解答法律咨询过程中，往往会遇到很多问题，这就需要法律工作者针对不同类型的法律咨询，及时调整解答策略，从而及时作出对应的有效解答。

（一）针对常识性法律问题的解答

法律咨询实践中，很多咨询人会就常识性法律问题寻求法律咨询，虽然相关法律规定明确且具体，但咨询人往往不知道法律规定的具体内容。因此，就需要法律工作者根据实际情况，对咨询人所提出的具体问题给予如下解答。

1. 针对单纯法律条文问题的解答。针对涉及单纯法律条文问题的咨询，法律工作者只需要严格按照国家法律、法规、司法解释以及规范性司法文件的相关规定进行解答即可。有明文规定的，按明文规定直接解答，同时向咨询人讲明解答所引用法律条文的具体出处以及法律效力。没有明文规定的，则需要法律工作者根据具体问题、结合有关法律规定与司法实践进行解答。例如，被取保候审的咨询人就"宣告缓刑需要满足什么条件"进行咨询，这一问题主要涉及缓刑的适用条件，法律工作者可以直接引用《刑法》第 72 条规定对咨询人进行解答。

2. 针对近似法律条文或者罪名问题的解答。近似法律条文或者罪名问题是指法律条文与法律条文之间、罪名与罪名之间，因名称相近或相似而导致界限不清、概念不易掌握，容易发生混淆的情况。例如诈骗罪与合同诈骗罪、自首与立功、订金与定金、要约撤回与要约撤销、执行中止与执行终结等的区别。对于这类问题的解答，法律工作者需要凭借扎实的法律功底，在明确厘清近似法律条文或者罪名所涉及的不同概念，抓住相互区别的本质特征的基础上进行专业解答，从而使咨询人了解并大致理解相似与区别之处。例如，诈骗罪与合同诈骗罪的区别，就需要基于两罪的基本概念，结合案件的具体情况，从主观目的、客观行为、主体资格、具体行为、法律责任等方面对两罪进行充分对比分析，向咨询人清楚地解释其中的区别以及对咨询人的影响。

3. 针对诉讼常识问题的解答。诉讼常识问题的咨询，较上述两类解答，则相对更多更普遍，且具体涉及举证要求、诉讼管辖、审级、当事人权利义务、诉讼期限等整体涵盖刑事、民事、行政三大诉讼法律的全部知识。对于该类问题的解答，需要法律工作者严格依照有关法律规定，准确理解与掌握现行相关法律规定的具体出处、适用的具体情形等基本内容，针对咨询人提出的涉诉讼常识问题进行综合解答。例如，咨询人作为被羁押的犯罪嫌疑人的家属，就审查起诉阶段的期限问题进行咨询，则法律工作者需要结合《刑事诉讼法》中有关审查起诉与补充侦查期限的规定进行综合解答：一般刑事案件的审查起诉期限为 1 个月；重大、复杂刑事案件可以延长半个月，即 45 日。若期间退回公安机关补充侦查的，补充侦查期限为 1 个月，退回补充侦查以 2 次为限；补充侦查完毕移送审查起诉后，人民检察院重新计算审查起诉期限；若案件改变管辖的，从改变后的人民检察院收到案件之日起计算审查起诉期限。故综合计算可知，审查起诉阶段的期限最长可能达到 195 日。

实践之

【阶段实践】

2023年8月，某县看守所在押人员甲（涉嫌贩卖毒品罪），在承办公诉人提讯期间获悉，因其认罪认罚且认罪态度良好，检察机关拟对其提出有期徒刑一年六个月的量刑建议。提讯结束后，甲在监室与其他在押人员交流过程中，意外得知同监室的乙（涉嫌贩卖毒品罪）与自己涉嫌同种犯罪，且乙贩卖的甲基苯丙胺（冰毒）还比自己多0.1克，检察机关的量刑建议却是有期徒刑一年。甲顿时心生不满，认为自己的量刑建议有问题，遂申请约见驻所检察官咨询。

驻所检察官丙受理甲的约见，甲提出其与乙罪名相同、案情相同，但量刑却重于乙，直言量刑不公。丙在大致了解甲乙所涉案情后，经查阅甲、乙的涉案基本信息发现，甲曾于2018年2月犯寻衅滋事罪被县人民法院判处有期徒刑二年六个月，2020年8月刑满释放，具有犯罪前科；而乙系初犯。

实践任务：根据上述材料，指定学员分别扮演在押人员甲和驻所检察官丙，由丙对甲的咨询进行现场口头解答（全程脱稿）。

实践提示：①《刑法》；②释法说理。

评价之

教师与评价小组针对解答过程进行评价：

"丙"整体解答情况中的优点：

（1）_____

（2）_____

（3）_____

"丙"解答过程中存在的不足：

（1）_____

（2）_____

（3）_____

（二）针对专门法律问题的解答

实践中，税务、土地、住房、社保、卫生健康、交通运输等专门领域所涉及的专门法律问题均日益增多，咨询人出于各种目的而就某一专门领域的法律问题进行咨询的事例也在不断增多。因此，对于涉及这种专门法律问题的咨询，法律工作者就需要基于自身岗位职责进行分别解答。若法律工作者系有关专门机构的工作人员，且有解答群众法律咨询的岗位职责的，则可以基于自身专门知识顺利为咨询人进行专业解答。若法律工作者自身的专门知识储备有限，难以当即解答咨询人提出的专门法律问题的，则可以指引咨询人到专门机构进行咨询。例如，咨询人就涉税法律问题进行咨询，在沟通过程中又提出了一系列涉税专业知识的疑问，而负责现场接待的法律工作者的税务专业知识储备又难以全面解答，则可以建议咨询人直接到辖区税务部门进行专门咨询。又如，咨询人就国有资产管理问题进行咨询，接待人员可以直接指引其到国有资产管理部门进行专门咨询。而有关审计、验资、资产评估等方面问题的咨询，同样可以指引咨询人到会计师事务所、资产评估事务所进行专门咨询。

（三）针对涉潜在刑事犯罪问题的特别解答

司法实践中，刑民交叉案件日益多见，往往民事纠纷的背后可能隐藏着刑事犯罪，这就需要法律工作者在解答咨询人提问前，透过现象看本质，及时发现潜藏在法律纠纷背后的刑事犯罪问题。例如，典型的看似民间借贷纠纷实则系诈骗犯罪案件，如果法律工作者仅根据咨询人提供的只言片语，就根据其提出的民事诉讼咨询，主观上认定系普通民间借贷而仅进行民事诉讼法律方面的解答，则隐藏在该案后面的诈骗犯罪将难以被发现并依法追究。如此既不利于维护咨询人的实际合法权益，亦不利于电信网络诈骗犯罪的切实打击，更有损接待法律工作者的专业形象与专业水平。故在此类日常法律咨询接待过程中，对于咨询人给出的相关证据，应当做到细致审查，在查阅过程中发现证据中的疑点，进而研判是否可能存在刑事犯罪，从而做到切实维护咨询人的合法权益。

【示范案例】林某某被电信诈骗案

2024年2月初，林某某就与"黄某某"借贷纠纷一事向驻社区法律顾问潘律师咨询。潘律师根据林某某的口述内容，梳理事件大致脉络如下：

2023年11月下旬，林某某的微信收到"黄某某"的添加好友请求，在通过验证后，"黄某某"表示系通过"附近的人"搜索到林某某，因林某某也系本地人，可以交个朋友，林某某应允。此后二人便时常在微信中打字聊天，"黄某某"还会偶尔向林某某发送自拍照或者视频询问自己是否好看，林某某则对"黄某某"心生喜欢。期间，林某某还了解到"黄某某"与自己一样属猴，"黄某某"还告知林某某自己的手机号码，称有空相约见面。

同年12月开始，"黄某某"便以"老公要看病""孩子看病""买东西钱不够""工资没到账急等用钱"等各种理由向林某某借款几百元至几千元不等，并均表示会及时还款。林某某出于"朋友关系"，每次均及时转账。

2024年1月初，林某某发现自己仅一个月时间已向"黄某某"出借共计3万余元，遂问"黄某某"几时能够还钱。"黄某某"表示本月工资还未到账，请求宽限几天，月底前一定能一次性全部还清。同时，"黄某某"还通过微信向林某某发送了一张借条照片与一张本人身份证照片。林某某便同意"黄某某"月底再还款。

2024年2月初，林某某微信询问"黄某某"是否可以还款，"黄某某"没有回复，且拒接语音聊天。林某某拨打"黄某某"的手机，"黄某某"接电后发现是林某某便当即挂断，此后林某某再拨打就一直被拒接。因催讨无果，林某某遂咨询潘律师能否通过民事起诉方式要求"黄某某"尽快还款。

潘律师查阅上述图片，"黄某某"的身份证照片和姓名存在较明显的P图痕迹，且身份证号中的行政区划代码并非本地、出生年月与猴生肖不能对应、性别码为男性，可确定该身份证照片系伪造。结合上述"黄某某"短时间内以各种理由借钱的事实，判断出林某某可能遭遇电信诈骗，故当即建议林某某直接向辖区派出所报案，通过公安机关联系"黄某某"到所协助调查方式，实际确认二人之间系民间借贷纠纷还是电信网络诈骗犯罪。

经辖区派出所调查核实，"黄某某"除手机号为真外，其余信息均系伪造，且已有多名被害人报案，其行为涉嫌诈骗犯罪，现已立案侦查。

（四）针对法律纠纷的解答

作为最为常见的一种咨询类型，法律纠纷咨询的解答具有完全不同于上述几种法律咨询解答的特殊性与独立性。因为法律纠纷咨询的最终目的，是圆满解决咨询人所遭遇的法律纠纷，所以法律工作者对该类咨询的解答核心就不再是对咨询人进行法律常识讲解或者提出引导建议，而是根据咨询人的诉求，为咨询人提供具有实质参考性的、能够顺利解决法律纠纷的方案，并就具体方案向咨询人进行必要的分析讲解，以帮助咨询人选择最有利于纠纷解决的方案加以实施。但与此同时，法律工作者需要始终注意不能替代咨询人决定采用何种纠纷解决方案，以避免自身遭遇不必要的法律风险。

下文将从实务视角出发，重点讲解提供纠纷解决方案的常规步骤。

三、提供纠纷解决方案的常规步骤

（一）方案的初步形成

为咨询人提供纠纷解决方案，首先需要基于咨询人的诉求，针对其实际遭遇的法律纠纷，秉持最大限度维护咨询人合法权益的原则，在法律允许的范围内尽可能罗列出所有能够解决对应纠纷、实现咨询人诉求的途径，形成初步的纠纷解决方案。而不论是简单、常规的法律纠纷，还是复杂、疑难的法律纠纷，往往会形成多种纠纷解决方案。因此，就需要法律工作者依托自身丰富的社会与司法实践经历，尽可能地将纠纷解决方案考虑完整。此时可以采用列举法或表格法将初步方案的所有可选择项目逐一进行书面罗列，以便于纠纷解决方案的及时复盘与直观展示。例如：

【示范案例】债务纠纷案

甲与乙系同村同族表亲，二人均经商，平日关系融洽且来往密切。2022 年 6 月，乙因生意亏损向甲借款 30 万元，约定月息 5 厘，一年内还清。甲通过银行转账方式借给乙 30 万元，因碍于表亲关系，便没有要求乙出具借条。2023 年 6 月，乙没有按期还款，请求迟延 3 个月还款，利息照算，甲应允。2023 年 9 月，甲到乙家催讨，乙外出躲债失联已久。此后甲多次上门催讨无果。2024 年 2 月初，乙回村过年被甲碰见，甲当众向乙催讨，乙以甲"犯忌讳"为由，否认借款事实，拒不还款，二人发生争执。期间乙当众蹲地大哭，并称"自己这些年过得已经够惨了，甲还步步紧逼，不是个人"，现场亲友虽不明所以，但基于怜悯而纷纷声援乙，或指责甲过分，或劝甲放过乙。甲怒从心生，坚决要乙还款，但又碍于表亲关系和同族长辈情面犹豫不决，遂向驻村法律顾问丙律师咨询。

丙律师基于甲的诉求，就其与乙的债务纠纷列举初步纠纷解决方案如下：

甲与乙债务纠纷解决方案

　　方案一、年后继续催讨

　　方案二、补充证据，提起民事诉讼

　　方案三、请宗族长辈出面斡旋，促成和解

　　方案四、申请人民调解

（二）利弊分析

　　事物皆有两面性，纠纷解决方案也不例外。法律咨询实践证明，纠纷解决方案最有可能产生的有利因素或者不利因素，往往会实质性地影响咨询人对纠纷解决方案的最终选择。因此，在形成初步纠纷解决方案的基础上，对纠纷解决方案进行明确且完整的利弊分析，将有助于咨询人充分理解各项纠纷解决方案的利弊所在，从而更加准确地选择相对最合适的纠纷解决方案加以实施。

　　1. 利端分析——有利因素的预见。纠纷解决方案的利端分析，是指准确预见纠纷解决方案中的有利因素，即实施纠纷解决方案过程中最有可能产生的理想结果。此时可以采用列举法与 T 图法或者矩阵图法相结合的方式对分析结果进行直观展示。以 T 图法为例：

【同上例】

甲与乙债务纠纷解决方案

方案一、年后继续催讨

利	弊
乙一次性还本付息	

方案二、补充证据，提起民事诉讼，申请诉前财产保全

利	弊
①补充证据起诉后，法院组织庭前调解，乙承诺并履行一次性还本付息； ②补充证据起诉后，法院组织庭前调解与审理，乙拒不履行，法院强制执行到位。	

方案三、请宗族长辈出面斡旋，促成和解

利	弊
①乙碍于宗族长辈的压力，一次性还本付息； ②甲乙双方可退一步，甲同意减免利息，乙一次性偿还本金（及减后利息）。	

方案四、申请人民调解	
利	弊
甲乙双方可退一步，甲同意减免利息，乙一次性偿还本金（及减后利息）。	

2. 弊端分析——不利后果的预见。纠纷解决方案的弊端分析，是指准确预见方案最有可能产生的不利后果，即实施纠纷解决方案过程中可能产生的各种风险。法律工作者需要基于与咨询人沟通过程中所梳理出的基本事实，结合现有证明材料，充分发挥自身办理类似案件的实践经验优势，对实施纠纷解决方案过程中可能出现的各种风险加以清晰且完整的预见。

（1）法律风险的预见。基于法律咨询实践，可将纠纷解决方案的风险分为法律风险与非法律风险两类。其中，法律风险是指在实施纠纷解决方案过程中所产生的为咨询人带来负面法律后果的风险，属于应当预见的最主要风险。具体表现为咨询人遭遇诸如纠纷所涉法律关系发生变化、对方当事人拒不配合纠纷解决、败诉、胜诉后的实施不能等法律相关情形，这些情形则均有可能直接或者间接导致咨询人的财产、名誉、债权、股权等合法权益受损甚至丧失，或者被动承担刑事、行政、民事等法律责任。例如：

【同上例】

甲与乙债务纠纷解决方案	
方案一、年后继续催讨	
利	弊
乙一次性还本付息	法律风险：甲可能始终催讨无果，债权无法得到清偿。
方案二、补充证据，提起民事诉讼，申请诉前财产保全	
利	弊
①补充证据起诉后，法院组织庭前调解，乙承诺并履行一次性还本付息；②补充证据起诉后，法院组织庭前调解与审理，乙拒不履行，法院强制执行到位。	法律风险：①无法补充债权凭证等证明借贷关系存在的必要证据，起诉可能不被法院裁定不予受理；②乙可能无财产可供实施。
方案三、请宗族长辈出面斡旋，促成和解	
利	弊

①乙碍于宗族长辈的压力，一次性还本付息； ②甲乙双方可退一步，甲同意减免利息，乙一次性偿还本金（及减后利息）。	法律风险： 乙经斡旋仍拒不还款，甲的债权无法得到清偿。

方案四、申请人民调解

利	弊
甲乙双方可退一步，甲同意减免利息，乙一次性偿还本金（及减后利息）。	法律风险： 乙拒不调解，甲的债权无法得到清偿。

（2）非法律风险的预见。而非法律风险，则是指在实施纠纷解决方案过程中所产生的为咨询人带来非法律方面的负面后果的风险，包括但不限于经济、社会、政治、道德、舆论等，具体表现为对咨询人的工作、生活、声誉、需维系的人际关系以及情感关系等产生负面影响。虽然该类风险看似与解决法律纠纷并无关联，且相较于法律风险可能显得微不足道、不具有预见的必要性，但实践证明，咨询人在最终选择纠纷解决方案时，同样可能基于对某种非法律风险的充分考虑而放弃原定的纠纷解决方案或者改选其他纠纷解决方案。故纠纷解决方案的非法律风险同样需要预见。例如：

【同上例】

因现场亲友目睹了甲"讨债"与乙当众"诉苦"的全过程，对乙心生怜悯在所难免，且在后续"添油加醋"的口耳相传下，乙在与甲的债务纠纷中被反向推至道德制高点。此时甲若实施方案一或者方案二，就可能受到同村宗亲的非议、批评甚至谴责。因甲很顾忌自己在村内的个人声誉与人际关系，故该可预见的个人声誉风险，很可能对甲最终决定采用纠纷解决方案产生实质影响。

需要注意的是，法律工作者作为专业人员，预见纠纷解决方案中的法律风险实际并没有较大难度，但是对于非法律风险的预见，则需要更加丰富的专业知识、办案经历、社会阅历以及各类常识储备作为必要支持，这无形中也为法律工作者解答法律咨询提出了更高的要求。

（三）成本收益分析

成本收益分析法是经济学领域常用的一种分析方法，具体指以货币单位为基础对投入与产出进行估算和衡量。在市场经济条件下，任何一个经济主体在进行经济活动时，都要考虑具体经济行为在经济价值上的得失，以便尽可能科学地估计投入与产出关系，力求以相对最小的成本获得相对最大的收益。

在提供纠纷解决方案中引入成本收益分析这一概念，并不要求对纠纷解决方案进行系统且专业的经济学分析，而是意在提醒法律工作者，在利弊分析的基础上，还应当充分考虑咨询人为纠纷解决方案所需支出的成本以及可能获得的收益问题。实施某一纠纷解决方案所需的时间、精力、经济等必要成本，或者实施纠纷解决方案所能获得的收益多少，同样都有可能直接影响咨询人对最终纠纷解决方案的选择。同理，咨询人自身的经济状况，在一定程度上也可能成为支持纠纷解决方案实施的重要影响因素。例如，较之于通过诉讼解决债务纠纷，咨询人通过调解方式解决债务纠纷，就可能少获得部分或者全部利息，甚至部分本金。又如，咨询人欲就小额债务纠纷起诉债务人，委托律师所需的律师费可能相当于甚至高于诉讼标的额，则委托律师起诉就不是合适的选择。

【同上例】

甲与乙债务纠纷解决方案	
方案一、年后继续催讨	
利	弊
乙一次性还本付息	法律风险：甲可能始终催讨无果，债权无法得到清偿。 非法律风险：个人声誉风险。
成本收益分析：时间成本相对最高；获取收益的可能性相对最小（零收益）。	
方案二、补充证据，提起民事诉讼，申请诉前财产保全	
利	弊
①补充证据起诉后，法院组织庭前调解，乙承诺并履行一次性还本付息； ②补充证据起诉后，法院组织庭前调解与审理，乙拒不履行，法院强制执行到位。	法律风险： ①无法补充债权凭证等证明借贷关系存在的必要证据，起诉可能不被法院裁定不予受理； ②乙可能无财产可供实施。 非法律风险：个人声誉风险。
成本收益分析： 律师费、诉前担保费等必要诉讼成本，等候立案、排期的必要时间成本，经济、时间成本相对较高；获取最大收益的可能性相对最大。	
方案三、请宗族长辈出面斡旋，促成和解	
利	弊
①乙碍于宗族长辈的压力，一次性还本付息； ②甲乙双方可退一步，甲同意减免利息，乙一次性偿还本金（及减后利息）； ③乙暂时无力还款，在众宗亲见证下向甲出具借条，承诺还款期限。	法律风险：乙经斡旋仍拒不还款，甲的债权无法得到清偿。
成本收益分析： 因请托而可能产生饭局、酒局、礼品、人情等支出，经济成本相对较高；获取收益的可能性相对较大。	

方案四、申请人民调解	
利	弊
甲乙双方可退一步，甲同意减免利息，乙一次性偿还本金（及减后利息）。	法律风险：乙拒不调解，甲的债权无法得到清偿。
成本收益分析： 成本相对最低（零成本）；获取收益的可能性相对较小，且收益减损。	

（四）方案间的比较分析

在利弊分析与成本收益分析的基础上，还需要借鉴方案比较分析法，通过借助某一评价指标，对实现咨询人同一诉求的各个纠纷解决方案进行横向比较，以便于从中筛选出最有利于实现咨询人诉求的纠纷解决方案。而这一评价指标并不具有唯一性，其可以是诉求实现的可能性大小，也可以是实施方案的成本高低，或者是方案所获收益的多少等。既可以是单一指标，也可以是多个指标。若涉及多个评价指标，则还需要在分别比较分析的基础上，针对各个分析结果进行交叉评价，以进一步确定相对最优的纠纷解决方案。

因此，法律工作者还需要充分考虑咨询人的诉求、处境、经济条件、生活工作状况、声誉重视程度等因素，以选定合适的评价指标进行比较分析。比较分析结果则可采用矩阵图法进行直观展示。

【同上例】

因宗族纽带对甲所产生的影响较为深刻，故在没有获得宗亲群体理解与支持的前提下，贸然对乙进行催讨，只会让甲陷于"不义"。因此，综合甲的职业、经济条件、诉求以及犹豫不决的原因，可知适合作方案间比较分析的评价指标并非成本、收益等因素，而是诉求实现的可能性与个人声誉风险，进而将个人声誉风险大小代入各个纠纷解决方案进行比较可得：

方案	个人声誉风险	诉求实现的可能性	交叉评价
方案一	相对较大	相对最小	
方案二	相对较大	相对最大	
方案三	相对最小	相对较大	最优
方案四	相对较小	相对较小	

（五）方案的进阶确定

基于对各纠纷解决方案的比较分析，则可以相对更加直观地从中确定最有利于实现咨询人诉求的纠纷解决方案，即最优纠纷解决方案，进而作出方案的进阶确定。同时，为周全起见，可以保留其余纠纷解决方案作为备选方案，以备最优纠纷解决方案因意外因素的介入而导致诉求实现不能时的及时补救。需要注意的是，此步骤仅是最终决定纠纷解决方案的一个过渡步骤，所确定的最优解决方案也是针对法律工作者而言的一种参考。因为即使基于咨询人的诉求为其确定了最优纠纷解决方案，也并不意味该方案能为咨询人所必然选择。毕竟采用哪种纠纷解决方案的最终决定权并不在于法律工作者，而在于咨询人。

【同上例】

经方案比较分析，可以确定方案三系相对最优方案，由宗族内德高望重的长辈出面斡旋，对甲乙而言皆留有"情面"，既有利于村内宗亲正确理解甲乙间的债务纠纷，也有利于甲债权的实现。但出于保险起见，在实施方案三时，若乙以暂时无力还款为由拖延还款，则务必要求乙当众向甲出具借条，以防止乙事后否认。若乙事后否认拒不还款，则乙"不义"，甲可以直接实施方案二，此时众宗亲也不会再怜悯或偏袒乙，甲也就无需担心个人声誉受到负面影响。

（六）方案的告知与讲解

在该步骤，法律工作者需要将进阶确定的各纠纷解决方案，以口头或者书面形式进行告知。从法律咨询实践角度出发，为了使咨询人能够更加直观地听取并理解各纠纷解决方案的具体内容，法律工作者应尽可能采取书面形式，将各个纠纷解决方案进行书面简要罗列，或者直接展示分析纠纷解决方案过程中所形成的各类图表，用最精练的语言，通俗简要地讲解各纠纷解决方案的利弊所在，并就其中涉及的重大或者不确定的风险进行必要且明确的提示。同时，仔细观察咨询人对各个纠纷解决方案的反应，以判断咨询人对于纠纷解决方案的兴趣程度。当然，法律工作者在咨询人明确要求的前提下，也可以仅就最优纠纷解决方案进行讲解，以避免咨询人在面对各纠纷解决方案时出现选择困难。需要注意的是，如果咨询人并没有明确的指定要求，则法律工作者仍需要将所有纠纷解决方案进行讲解。且在方案讲解过程中，法律工作者应当始终保持客观、中立，切记不能因为自身不同的法律职业所基于的不同立场，而对某一种纠纷解决方案带有明显的偏向性。如果过于表现出对某一特定选择方案，尤其是咨询人可能承担一定法律风险的方案的偏向，则极有可能让咨询人从情感上认为法律工作者并没有实际为其着想，进而产生不必要的抵触情绪，本能地排斥后续的一切讲解内容。如此，则会直接影响到咨询人对带有偏向性的纠纷解决方案的实际利弊的准确理解，从而导致最终纠纷解决方案的决定出现不必要的偏差。

【同上例】

虽然丙为甲确定了最优的纠纷解决方案（方案三），但基于法律工作者的中立性，仍需要将所有纠纷解决方案告知于甲，并为甲逐一进行简要讲解。

（七）与咨询人的必要探讨

在将进阶确定的各纠纷解决方案告知咨询人并作简要讲解后，法律工作者需要就各纠纷解决方案与咨询人展开探讨，并听取咨询人对于对应纠纷解决方案的明确意见，再就咨询人感兴趣的若干个纠纷解决方案进行深入分析与细致讲解。进行该步骤的核心目的是将法律工作者针对各纠纷解决方案所作出的系列分析，与咨询人所考虑到的有利因素与不利因素进行结合比对，以及时发现并补充在上述分析过程中没有分析或者考虑到的其他因素，进而实时调整完善相关纠纷解决方案。同时，可以采用矩阵图法对咨询人就各纠纷解决方案所提出的意见进行简要记录。

【同上例】

在丙就上述四个纠纷解决方案进行讲解之后，

甲：方案一就不考虑了吧，我都催这么长时间了，也没见乙还钱，他说过年跟他讨债犯忌讳，估计也就是一个不想还钱的借口。我要是年后再继续催他，他肯定还是不会还的。现在村里人都在说我不好，我要再去他家催，又成我在逼他了，算了算了。

丙：好的，那我们把方案一排除。那么方案二呢？

甲：直接起诉会不会也不太好啊？而且我手里没借条，法院理不理？

丙：如果可以补充其他证据，也是可以起诉的，法院会受理。比如知道乙向你借钱这个事情的亲友，可以请他们为你作证；你和乙通话时让他承认借钱的录音，或者微信要他还钱、他回复你的聊天记录；再加上你银行的转账凭证，等等。

甲：作证还是算了吧，我们这些人这么些年了，官司什么样都不知道，让他们作证，他们肯定不肯的。我现在打电话给乙他也不接，微信也没回过我，那我就一个转账凭证了，有点慌的……而且我现在去告他，村里那些人还不背后戳死我，大家低头不见抬头见的，搞得我好像作恶一样。

丙：其实你还是很在乎个人声誉的。

甲：那肯定啊，人活一张脸，树活一层皮，活得就是个名声，我从小到大都在村里，现在老了肯定也搬不到哪里去的，同村还都是一个宗族的，大家怎么讲我，我听着肯定不好受的啊，我借了那么多钱出去，反倒我是恶人了……

丙：好的，那我们看看方案三？

甲：这个可以，请宗老出面大家都没话讲，我们族的宗老还是很德高望重的，横竖都得给面子，乙也是宗亲，总不至于不听宗老的。大家聚在一起把事情摆出来讲，看看是他不对还是我不对，不然他欠钱像大爷一样。

丙：这里我需要提醒一下，乙既然能当众这么做，那说明他可能确实暂时没钱还，请你们宗老出面也存在乙不还钱的可能性。所以保险起见，你请宗老出面话事的时候，除非乙现场还钱，连带利息一分不少，否则不管乙怎么承诺还钱，都要求他先把借条给你补上。毕竟承诺和兑现是两码事。有了借条，他事后想赖也赖不掉了，何况大家亲朋好友都现场见证，到时候他要是再不还钱，那就是他不守信用，大家也总不至于再说你什么了。你看如何？

甲：对对对！借条肯定要让他补上。我想他大概率也就是当着宗老的面答应还钱，完了过几天就老样子了。必须防他一手。

丙：所以我们可以先实施方案三，同时在实施方案三的过程中把借条这个关键证据给他坐实。等乙再不还钱，那我们就接着实施方案二，到时候我们直接申请诉前保全，多一份保障，就算再不济也就是多等等，等到法院强制执行，法院帮你要钱，钱多少能要回来。

甲：这个可以，咱们先礼后兵，先请宗老看看他的真面目，完了我们再打官司，到时候咱们有借条了也就不怕了。

丙：那你看方案四还有必要考虑吗？

甲：人民调解是不是要双方各退一步啊？我看乙的样子走调解肯定不行了，要是各退一步我是不是还得说我答应他不用还利息？那亏了，不合适。

丙经过与甲的探讨，基本证实了自己对甲选择最终纠纷解决方案的预见，各个纠纷解决方案的风险考虑全面，与甲考虑的并无二致。

（八）由咨询人作出决定

任何工作都须有始有终，提供纠纷解决方案也不例外。因法律工作者的任务仅是为咨询人提供纠纷解决方案，选择纠纷解决方案的决定权自始至终都在于咨询人。完成该步骤无需做过多工作，通常只要询问咨询人，引导咨询人自行决定选择何种纠纷解决方案即可。需要注意的是，不论咨询人做出何种决定，法律工作者都只能表示尊重，而不能代替咨询人直接作出决定，以防止个别咨询人因事后反悔而将责任转移给法律工作者。

【同上例】

丙：好的，那么综合你的意见，我们就先实施方案三，方案三不行就用方案二兜底，其他两个方案就不考虑，是不是就这样确定了？

甲：对，就这么干，我觉得可以的。

实践之

四、解答实训

实训案例一：李某甲协助"保录取"案

2011 年，李某甲大学毕业后来到 A 市 X 区开设画室，此后一直从事专业美术培训工作，十余年间积累了一定的专业口碑。2022 年 12 月中旬，李某甲所带学生小乙（已跟随李某甲学画 6 年）欲报考某美术学院附属中学（以下简称美院附中），小乙父亲老乙为此征求李某甲的意见。鉴于小乙有较高的美术天赋且美术功底扎实，李某甲对小乙报考美院附中的志愿表示支持。但老乙考虑到小乙文化课功底较差，报考美院附中恐落榜，遂私下请托李某甲"找关系"以确保小乙能被顺利录取，李某甲表示可以帮忙"问问"。经多方打听，李某甲得知在 Y 区同样从事专业美术培训的高丙声称自己"有路子"后，便联系老乙一同前往与高丙接洽。高丙称自己的"铁哥们"孙丁认识美院附中的很多领导，小乙经孙丁"牵线"绝对"保录取"。老乙欣喜，当即请高丙为自己与孙丁牵线，高丙则表示孙丁很忙，这种小事他来"主持"即可，让老乙和李某甲回家等消息。当月底，高丙联系李某甲称小乙的事"可以办"，但需要 20 万元的"疏通费"。李某甲随即将消息转告老乙，老乙当即答应。李某甲便根据高丙的指示，将老乙交付的 20 万元现金带至高丙公司（李某甲出于安全考虑，现场对现金进行拍照），由高丙妻子余某将现金全数收下。另外，李某甲代老乙与高丙签订了专业培训协议，协议约定："小乙于 2023 年 4 月 30 日前须在高丙公司进行考前突击培训，培训费用 20 万元，高丙公司确保小乙被美院附中录取，未录取则全额退费"。高丙还在与李某甲通话时表示孙丁"很靠谱"，请李某甲和老乙放心（李某甲将与高丙的通话录音）。

2023年2月始，李某甲照旧对小乙进行美术培训，老乙为表达对李某甲帮忙"牵线"的感谢，在缴纳小乙新学期培训费的基础上，支付给李某甲共计30万元，李某甲收下，并全力辅导小乙冲刺美院附中。

2023年5月14日，美院附中成绩公布，小乙因文化课成绩总分低于录取线而未被录取。老乙和李某甲震惊，当即找高丙讨要说法。高丙以孙丁联系不上为由，拒不与二人见面。李某甲多次要求高丙退费，高丙以"钱给孙丁了""公司资金周转不开""小乙自己成绩没过线""孙丁被派出所抓走了"等理由拒不退费。经多次催讨无果，李某甲自觉愧对老乙，向老乙道歉，并将30万元全数退还给老乙，老乙对李某甲表示原谅。李某甲为帮老乙追回20万元"疏通费"欲报案控告高丙、孙丁涉嫌诈骗犯罪，但又怕自己报案后被认定为诈骗共犯，故始终犹豫不决，无奈带着证据咨询律师。

注：李某甲提供的证据：①一张手机图片，图片内容为茶几上摆着一堆人民币。②一段通话录音，录音内容大致为："李老师你放心好啦，孙丁很靠谱的……我们很多年的铁哥们了……小乙肯定可以上附中的。"③一份专业培训协议，协议内容同上，甲方为高丙的某教育咨询有限公司，乙方为李某甲。

【实训任务】

综合运用刑法、民法专业知识，为李某甲提供纠纷解决方案并作讲解。

【实训过程】

（1）分组研讨，拟定纠纷解决方案；

（2）各组提交书面纠纷解决方案，并就方案轮流作简要发言；

（3）教师作方案点评，确定优胜小组；

（4）由优胜小组派出1名代表扮演律师，为李某甲（学员扮演）作方案讲解；

（5）教师作总结点评。

【实训提示】

（1）李某甲的诉求核心；

（2）诈骗犯罪的认定；

（3）无效合同的法定情形；

（4）本案中李某甲、高丙、孙丁行为的法律定性；

（5）诈骗案件立案实践、合同纠纷案件审判实践。

实训案例二：A公司医疗设备被没收案

A公司专营医疗设备租赁业务。2022年1月，B公司（具有医疗美容资质）与A公司签订医疗设备租赁合同，由B公司以日租金7000元的价格，租赁A公司所有的某牌激光设备一台（价值80余万元），用于医疗美容服务，租赁期为一年（2022年1月1日至2022年12月31日），期间灵活租用，以日为单位计算实际租赁期限与租赁费用。租赁期间，则由胡某甲（B公司法定代表人）直接联系A公司设备运输人员吴乙调度使用租赁的激光设备。

2022年8月29日，A公司设备运输人员按照胡某甲指示，将B公司租赁的激光设备运送至 C 公司（胡某甲为法定代表人、实际控制人）使用。次日，辖区卫生健康行政执法队接群众举报，对 C 公司进行现场执法。在执法过程中发现，C 公司不具有任何医疗美容资质，且已为多名顾客提供了"二氧化碳去疣""超皮秒"等医疗美容服务，遂依法对 C 公司进行查封并立案调查，A 公司租赁给 B 公司的激光设备也随之被查封扣押。陈丙（A 公司法定代表人、实际控制人）知情后，随即赴辖区卫生健康行政执法队协商请求退还激光设备，遭执法队拒绝。随后陈丙又联系胡某甲要求协商设备赔偿事宜，遭到胡某甲拒绝。此后陈丙多次联系胡某甲无果，胡某甲拒回陈丙微信、拒接陈丙来电。

2022 年 10 月 15 日，B 公司法定代表人由胡某甲变更为王丁。且 B 公司表示，激光设备被没收一事系胡某甲个人行为所致，与 B 公司无关，B 公司不承担任何赔偿责任。

2023 年 4 月 18 日，辖区卫生健康局就 C 公司违法开展医疗美容服务行为，依法作出行政处罚决定，决定内容包括对 C 公司进行罚款、没收违法所得以及系列药品、医疗器械。上述激光设备也被一并没收。

已知 A 公司自 2022 年 8 月 30 日起，无法继续对外租赁该激光设备，已造成的直接经济损失极大（以设备日租费 7000 元计算）。为取回被没收的激光设备，陈丙分别向辖区司法所（公共法律服务工作站）以及律师咨询。

注：A 公司提供的证据材料：①激光设备所有及付费证明；②医疗器械注册与备案证明；③A 公司陈丙、吴丙与胡某甲的微信聊天记录；④A 公司与 B 公司之间就租赁激光设备签订的医疗设备租赁合同；⑤辖区卫生健康局对 C 公司作出的《行政处罚决定书》；⑥B 公司法定代表人变更记录。

【实训任务】
综合运用民法与行政法专业知识，为 A 公司提供纠纷解决方案，并作方案讲解。

【实训过程】
（1）分组、分角色讨论：其一，若干组以司法助理员身份进行讨论，拟定纠纷解决方案；其二，若干组以律师身份进行讨论，拟定纠纷解决方案；
（2）各组提交书面纠纷解决方案，教师抽取司法助理员组方案、律师组方案各一份，被抽中的 2 个小组各派代表就方案作简要发言；
（3）方案对比，被抽中的 2 个小组互作方案点评；
（4）全体学员投票表决，选出最优纠纷解决方案；
（5）由优胜方案小组派 1~2 名代表对"陈丙"（学员扮演）作方案讲解；
（6）教师作总结点评。

【实训提示】
（1）本案卫生健康部门的执法行为与处罚行为的合法性；
（2）卫生健康行政执法与行政处罚的法律依据；
（3）司法行政机关（行政复议机关）与行政执法部门间的工作关系；
（4）行政执法、行政调解、行政复议、行政诉讼实践。

实训案例三：曹某甲与刘乙离婚纠纷案

2003 年 6 月，曹某甲大学毕业后进入 J 市某国企工作。同年 9 月，经亲友介绍与刘乙（男，文盲，家境殷实，长期无业）结识后，随即登记结婚。2004 年 3 月，二人生育一子刘小丙。2009 年 6 月，二人再生育一女刘小丁。

2011 年 12 月，曹某甲辞职随刘乙"南下闯荡"。在东南某省 D 市，刘乙姐姐刘戊出资为刘乙开办了某商贸公司，刘乙出任公司法定代表人兼总经理，曹某甲为副总经理。但刘乙长期游手好闲，沉迷于娱乐会所、赌博，商贸公司的日常经营与管理则由曹某甲实际负责。

2012 年 9 月，因刘乙是文盲无法通过机动车驾驶人考试，为方便刘乙一家出行，刘父全款为曹某甲购买进口高档轿车一辆（时价 60 余万元，机动车登记证书载明所有人为曹某甲，现折价约 10 万元）。同年 10 月，刘父为刘乙一家全款购买商品房一套（时价 270 余万元，不动产登记证明载明所有人为刘乙）。

2014 年 11 月，刘乙因吸毒被公安机关强制隔离戒毒二年。

2015 年至 2018 年期间，刘乙多次因参与赌博被公安机关行政拘留。

2020 年 12 月，公司因长期亏损倒闭，刘乙一家因此赋闲在家。期间，曹某甲经朋友介绍投身电商直播业，为将事业"做大做强"，曹某甲"找人"将上述商品房作为抵押向 D 银行贷款 100 万元用作经营投资，但发展 2 年有余，始终没有盈利。

2021 年至 2022 年，刘乙一家的日常家庭开支全部依靠刘戊接济。期间刘乙赌瘾大发，屡次欠下大额赌债，且始终对子女不管不顾，为此曹某甲与刘乙时常发生争吵，但刘乙毫不悔改。曹某甲顿觉婚姻无望，遂在征得刘小丙、刘小丁一致同意后，于 2023 年 3 月将刘小丁转学回 J 市，三人靠曹某甲父母接济度日。刘乙则留在 D 市家中独自生活。

2024 年 2 月，刘乙返回 J 市过年期间，曹某甲向刘乙提出离婚，并明确子女均归自己抚养。刘乙极力反对，表示刘小丙是刘家香火，必须跟自己生活，曹某甲只能带刘小丁"净身出户"。而刘小丙表示自己愿意跟曹某甲生活，刘小丁则表示自己愿意跟刘乙生活。此外，刘乙借机在村内及朋友圈内肆意散布曹某甲出轨的不实信息，给曹某甲的生活和个人形象造成较大的负面影响。曹某甲决心离婚，并提出如下要求：①要求进口高档轿车和 D 市的商品房归曹某甲个人所有；或者刘乙将对应的房车价款一次性全额支付给曹某甲；②要求刘小丙、刘小丁归曹某甲抚养，并与刘乙断绝父子（女）关系，且刘乙须每月支付曹某甲 8000 元作为刘小丙、刘小丁的抚养费；③刘乙因赌博所欠的所有外债，曹某甲不再承担任何责任；④因刘乙对曹某甲恶意造谣，必须赔偿曹某甲精神损失费。

对此，刘乙坚决拒绝，主张房车均为自己所有，与曹某甲无关，并扬言掌握曹某甲的"秘密"，不怕去法院打官司。鉴于二人始终无法就离婚后的财产分割、子女抚养、债务承担等问题协商达成一致，曹某甲欲诉讼离婚。

注：曹某甲提供的证据：某公安机关于 2011 年出具的《强制隔离戒毒决定书》。

【实训任务】

根据曹某甲的口述内容，为曹某甲提供纠纷解决方案并作方案讲解。

法律咨询的思维与技能

【实训过程】

（1）分组研讨，拟定纠纷解决方案；

（2）各组提交书面纠纷解决方案，并就方案轮流作简要发言；

（3）教师作方案点评，确定优胜小组；

（4）由优胜小组派出 2 名代表扮演驻村法律顾问向"曹某甲"（学员扮演）作方案讲解；

（5）教师作总结点评。

【实训提示】

（1）曹某甲的诉求核心；

（2）准予离婚的法定情形；

（3）夫妻共同财产与共同债务的认定；

（4）子女抚养费的适用范围与计算标准；

（5）精神损害赔偿的适用范围与赔偿数额的计算；

（6）离婚案件审判实践。

实训案例四：甲电商公司专利侵权案

2019 年 6 月，谭某某大学毕业后便留在 A 市自主创业，与几名同学合伙设立了甲电商公司（谭某某出任公司法定代表人），并在某电商平台开设店铺"好玩××"专营自制或者进购的各类创意产品。

同年 10 月，谭某某在大学城创意集市采购期间发现一款"卡通语音门铃"（以下简称"门铃"），认为可能广受大学生喜爱，便向摊主"贝某"（微信名："××分贝"）进购了一些放于平台店铺进行销售。后因销量较可观，便开始向"贝某"批量进购该款"门铃"销售。

2023 年 11 月，甲公司收到同省 E 市乙文创公司的律师函与外观设计专利授权证明材料。律师函写明乙公司对上述"门铃"享有外观设计专利权，要求甲公司：①立即停止侵权行为；②立即停止电商平台"好玩××"店铺中"门铃"的生产、销售行为；③自行销毁库存中的全部"门铃"；④赔偿乙公司经济损失和为制止侵权所支付的合理费用共计 10 万元。

谭某某通过国家知识产权局官网查询证明材料中的授权公告号发现，乙公司确是上述"门铃"的外观设计专利权人，意识到自己确实已侵权，便当即下架了平台店铺中的"门铃"，并微信质问"贝某"。在发现自己已被"贝某"删除好友后，就赶赴创意集市"贝某"摊点寻找"贝某"，又发现该摊点早已改为"××可丽饼"（摊主称于 2023 年 2 月接手该摊位）。谭某某寻找"贝某"无果，只能先与乙公司法定代表人姚某取得联系。通话过程中，谭某某向姚某道歉，讲明了自己从发现、进购到销售"门铃"的全过程，强调甲公司并没有生产行为，并承诺不再销售乙公司的"门铃"，剩余库存产品可以全数寄给乙公司处理，但赔偿金额实在过高，甲公司难以承受，问姚某能否协商。姚某不肯退让，表示将直接起诉甲公司，要求谭某某有事直接联系自己的律师。

152

2023 年 12 月，某知识产权法院向甲公司邮寄送达了法院传票，承办书记员联系谭某某，告知其等候进一步通知。因从未接触诉讼，谭某某心生胆怯，无所适从。恰逢公司附近广场正在开展"宪法宣传周"法治宣传活动，谭某某发现其中有法院展位，遂向在场的法官咨询。

注：①根据甲公司店铺运营梳理的"门铃"销售记录证实，"好玩××"店铺自 2019 年 10 月以来销售"门铃"共计 2760 余个，销售总额约 7.7 万余元，净利润共计 3.3 万余元（以"门铃"进购单价 15.8 元、销售单价 28 元计算）；②甲公司最后一次向"贝某"进购"门铃"系 2023 年 1 月；③"门铃"的进购流程：谭某某通过微信向"贝某"提出进购量→"贝某"核实库存后确定总价→谭某某微信转账给"贝某"→"贝某"收款后邮寄发货→甲公司收货后入库（无入库单）。

【实训任务】

作为宣传活动展位负责解答群众法律咨询的法官（民事审判业务岗），现场为甲公司遭遇的上述纠纷提供纠纷解决方案并作讲解。（难度较高）

【实训过程】

（1）分组研讨，拟定纠纷解决方案；

（2）各组提交书面纠纷解决方案，并就方案轮流作简要发言；

（3）教师作方案点评，确定优胜小组；

（4）由优胜小组派出 1 名代表扮演法官，为谭某某（学员扮演）作方案讲解（全程脱稿）；

（5）教师作总结点评。

【实训提示】

（1）谭某某的诉求核心；

（2）专利侵权损害赔偿责任的认定；

（3）专利侵权损害赔偿数额的计算；

（4）合法来源抗辩；

（5）侵害外观设计专利权纠纷案件审判实践。

实训案例五：甲公司与乙劳动争议案

甲公司专营进出口贸易，于 2023 年 6 月通过校园招聘会将乙招聘进入公司。乙入职甲公司后，经业务培训，于同年 7 月 3 日正式分配至外销助理岗位。同年 9 月 14 日，带教外销员丙发现乙近期经常消极怠工，且拒不完成交办的辅助工作任务，遂向公司人事部门反映，要求更换助理。人事经理丁经调查核实，发现乙确实存在消极怠工、迟到早退、旷班等问题，遂与乙面谈进行思想转化工作，乙表示认识到自己的错误，但确实不适合外销工作，不想再干外销。丁遂协调将乙分配至项目组进行跟班学习。在项目组工作期间，乙公开将"摆烂才是王道"作为自己的座右铭，扬言要"将摆烂进行到底"，此后长期在上班时间玩手机游戏，拒不完成工作任务，且因多次挑唆同事间关系被项目主管戊"抓现行"，戊严肃批评乙，乙不悦，扬言自杀给戊看，戊见乙难以管束，于同年 11 月要求丁给乙换岗。丁根据人事总体安排，将乙转至行政岗位，负责后勤保障工作。乙接受工作安排，但仍旧我行我素，且不断挑唆部门与部门、同事与同事之间关系，甚至煽动同事联合对抗公司管理制度，公司员工对乙避之不及。

2024年1月3日，丁鉴于乙自入职以来长期消极怠工、绩效考核从未达标、多次恶意挑唆同事间关系、工作岗位几经调整仍无法胜任、刻意在公司内部制造消极情绪以及公开对抗公司内部管理等一系列问题，已在公司内部造成了较大恶劣影响，经通知工会，并报公司总经理办公会议批准，将乙开除。丁向乙送达了《解除劳动关系证明书》，按公司规定协调财务部门为乙结清工资。鉴于乙为应届毕业生，出于人道主义考虑，甲公司给乙多发了一个月工资作为工作过渡补助，且指示丁为乙出具《离职证明》以便乙落实新工作单位。乙欣然接受并离职。

同年1月12日，乙接连应聘多家公司，皆因《离职证明》的离职原因注明"严重违反公司规章制度"而被拒绝录用。乙因此回到甲公司，要求丁修改《离职证明》的离职原因为"自愿离职"以便继续找工作。丁称已为乙办理社保减员手续，乙的离职证明材料已备案归档，无法修改。乙遂当场打砸人事办公室，辱骂丁和周遭员工，并扬言不改《离职证明》就赖着不走。公司保安到场后，乙逃离。次日，乙又到甲公司大门口举横幅，辱骂殴打保安，阻碍工作人员进出，要求甲公司"给说法"，并扬言已经找了律师，会以"《中华人民共和国就业促进法》第3条第2款"告甲公司就业歧视。公司总经理要求丁妥善处理此事，但又不同意丁修改乙的《离职证明》，丁无奈，寻求律师咨询。

【实训任务】

综合运用劳动法、治安管理处罚法等专业知识，现场为丁提供纠纷解决方案并作讲解。

【实训过程】

（1）分组研讨，拟定纠纷解决方案；

（2）各组提交书面纠纷解决方案，并就方案轮流作简要发言；

（3）教师作方案点评，确定优胜小组；

（4）由优胜小组派出1名代表扮演律师，为丁（学员扮演）作方案讲解（全程脱稿）；

（5）教师作总结点评。

【实训提示】

（1）乙的《离职证明》的合法性；

（2）解除劳动合同证明的法定载明内容；

（3）"法无禁止即自由"与"法无明文规定不可为"的准确理解；

（4）劳动争议案件的仲裁与审判实践；

（5）治安管理处罚法的规定。

学习单元五　法律咨询中的写作

学新知　实践之　评价之　复盘之

一、法律咨询中的写作

学新知

法律文书是我国司法机关、执法机关、公证机关、仲裁机关和相关诉讼当事人（包括案件当事人、律师、法律允许的其他公民）等法律关系主体，依照法定程序，制作的处理各种诉讼案件和非诉讼案件的具有法律效力或法律意义的文书总称。

法律咨询中的文书写作，虽然属于法律文书大类中的一项，但与一般的法律文书写作课程仍有区别，后者主要强调学习各类不同法律关系主体制作的具有法律效力或法律意义的文书。而法律咨询中的写作，侧重于站在律师的角度，在开展法律服务过程中所提供的内部的法律备忘录、法律意见书和以民事诉讼文书为主体的司法文书。

（一）内部写作

法律咨询过程中的内部写作是指在律师事务所、法律部门或其他类似组织内部进行的撰写和准备各种文档和文件的活动。这些文档主要用于内部沟通、信息共享、分析研究和决策支持等目的。它们通常不直接向咨询者或外部方提供，而是为了帮助团队成员更好地理解问题、制定战略和采取行动。

常见的内部写作的种类有：

1. 法律备忘录。这是最常见的法律咨询内部写作形式之一。法律备忘录通常用于对特定问题进行深入分析和研究，包括陈述相关事实、法律适用和解释，并给出建议或结论。在下文中将重点讲述该类文书的写作。

2. 会议纪要。在法律咨询过程中，会议纪要是内部写作的一种形式，用于记录和总结会议的内容、讨论和决定事项。对于一些疑难、复杂或是社会关注度较高的案件，律师事务所内部通常会组织会议来进行讨论和决策。这些会议旨在集思广益，确保团队成员共享信息、分析问题并制定适当的法律战略。通过内部讨论和协作，律师事务所能够更好地应对挑战，并为咨询者提供专业而全面的服务。对于此类会议纪要，要记载会议的主题、时间、地点以及参与人员等基本信息，详细记录与会者发表的观点、提出的问题、讨论的重点和结果等。通过回顾会议纪要，团队成员可以追踪项目或案件的进展情况。它提供了一个框架来检查先前讨论的问题、决策和行动，以确保项目按计划进行。综上所述，会议纪要在法律咨询过程中具有重要意义。它不仅是信息共享和沟通的工具，也是记录和追踪工作进展、指导后续行动、提供法律证据并促进团队学习的重要文档。

3. 研究报告。研究报告是法律工作者为了解决特定问题或提供专业意见而进行的深入研究和分析，并将其结果以书面形式呈现给内部团队的文档。其旨在提供专业意见和建议，以回答特定的法律问题或解决具体的法律难题。通过对相关法规、判例和其他相关信息的综合评估，研究报告能够为内部团队提供可行性建议和最佳实践指导。此外，研究报告还被用于在律师事务所或法律团队内共享信息和知识，促进团队成员之间的沟通和协作，确保团队对特定问题有一致的理解。总之，研究报告在法律咨询过程中扮演着重要角色，它是法律工作者对特定问题进行深入研究和分析的产物，为内部团队提供专业意见和建议，并促进知识共享、决策支持和合规性。

内部写作在法律咨询过程中起着重要作用，不仅有助于提高团队成员之间的效率和沟通，还能够加强组织对问题的理解和应对能力。同时，内部写作也为外部咨询者服务提供了基础，并为最终提供给咨询者的文档打下了坚实的基础。

（二）外部写作

在法律咨询过程中，外部写作指的是法律工作者为咨询者或外部利益相关方撰写的各种法律文件、文件和报告。这些文书旨在传达法律观点、提供专业建议，并解决特定的法律问题。

常见的外部写作的种类有：

1. 法律意见书。外部写作的一种形式是法律意见书，它是对特定法律问题进行详细分析和解释的文件。这些意见书会包括对适用法规、判例和先例的研究，以及对可能的风险和后果的评估。法律意见书通常向咨询者提供明确的建议，并帮助他们做出决策。法律意见书的具体内容将在下文中予以展开讲述。

2. 律师函。律师函是由律师代表咨询者向他人或组织发送的正式书面信函，用于传达法律观点、要求、建议、警示或采取法律行动等。它是律师在法律咨询和代理过程中的重要工具之一。律师函通常具有较高的正式性和法律权威性。它以专业、严肃和明确的语言撰写，遵守法定格式和规范，并显示出发送者（即律师）代表咨询者的身份。律师函有时被用于向违反咨询者权益的人或组织发出警示。它可以明确指出对方的违法行为或不当行为，并警告可能采取进一步的法律行动来保护咨询者的权益。在准备提起法律诉讼之前，律师可能会通过发送律师函来与对方沟通。这样的信函可以表达咨询者的权益、要求解决争议或威慑对方。它还可以作为将来法庭诉讼中的证据之一。

3. 诉讼文书。如果涉及诉讼或仲裁程序，外部写作可以包括撰写各种诉讼文书，如起诉状、答辩状、上诉状、证词陈述和法庭文件等。这些文书旨在以符合法律要求的方式表达咨询者的主张，并为他们提供法律支持。

4. 合规报告与合规手册。为了确保企业或组织遵守适用的法律和法规，外部写作还包括编写合规报告和合规手册。这些文件详细说明了相关法律要求，并提供指导和建议，帮助咨询者制定并实施有效的合规措施。合规报告是对企业或组织当前合规状况进行全面评估和分析的文件。它会涵盖各个方面，包括但不限于公司治理、劳动法、环境法、反腐败法等。合规报告会列出潜在的风险点，并提供解决方案来减少风险和确保符合法律要求。合规手册是一本详细描述企业或组织内部运营程序和政策的文件。它会包含相关法律要求的解释、行为准则、流程指南等内容，旨在帮助员工理解并遵守适用的法律和公司政策。合规手册通常被视为一种重要工具，用于确保组织成员了解自己应该如何行事，并促使他们始终符合法律标准。

5. 行政申请材料。行政申请材料是为了向行政机关提交申请而编写的文件。这些文件用于陈述案情、解释说明和提供必要的证明材料，以便获得特定的措施、许可或批准。行政申请材料可以涉及各种不同类型的申请，包括但不限于：行政许可申请、行政处罚申辩材料、行政复议申请、行政诉讼起诉状。①企业或个人在从事某些经营活动时，可能需要向相关行政机关提出许可申请。例如，开设餐馆、建设项目、药品生产等。行政许可申请材料通常包括填写特定的表格、提供相关证明文件和说明资料。②当企业或个人收到行政机关发出的处罚决定时，他们可以选择对该决定进行辩护，并提交行政处罚辩护材料。这些材料旨在解释案情、陈述立场，并提供证据来反驳或减轻处罚。③当企业或个人对行政机关做出的具体决定不满意时，他们可以向上级行政机关提交行政复议申请。行政复议申请材料需要详细陈述不满意的决定、提供证据和理由，以请求上级行政机关重新审查并做出更合理的决定。④行政诉讼起诉状是指当企业或个人认为行政机关的决定侵犯其合法权益时，他们可以选择提起行政诉讼。行政诉讼起诉状是向法院提交的文件，其中包括对被告行政机关的指控、事实陈述、请求和证据材料。

通过外部写作，法律工作者能够向咨询者和外部利益相关方提供明确、专业的法律文件和报告。这些写作成果有助于解决问题、提供建议，并满足咨询者的法律需求。

二、如何写作法律备忘录

（一）法律备忘录的概述

1. 法律备忘录的概念。法律备忘录，是指在法律实务中，法律工作者用来记录和梳理案件相关信息、法律问题、意见建议等内容的文件或记录。它通常用于律师事务所内部或与咨询者之间的沟通和交流。法律备忘录的主要目的是为了提供法律分析和建议，帮助律师或法律团队整理案件材料、研究法律问题，并对案件进行评估和决策。

法律备忘录主要包括案件事实归纳、法律问题陈述、相关法律规定、解决问题办法、分析与解释、建议和结论等几个部分，以便律师和团队成员能够清晰地了解案件情况，做出正确的法律判断和决策。它是一种法律分析和学习方式，注重于事实归纳和法律规范与证据、事实间的逻辑关系分析。

法律思维的训练，对于法科学生来说意义重大，虽然准确地说，法律备忘录并不是一种文体，而是一种写作技能的训练方法，但是通过特定模式的书写训练，可以有效地培养法科学生的职业思维习惯。法律备忘录写作训练的目的正是基于此，从而在事实与法律之间，规范与证据之间搭建起一个有效的冲突解决办法。

2. 法律备忘录的种类。法律备忘录是法律工作者为了记录和梳理案件相关信息、分析问题和提出建议而起草的文书。根据具体用途和内容，法律备忘录可以分为以下几种类型：

第一，内部备忘录。主要用于内部沟通和交流，通常供律师团队或事务所内部使用，记录案件的重要信息、研究分析结果、法律观点等。此外，内部备忘录还可供律师事务所高年级律师使用，或者合伙人给律师提出某些具体的法律问题，供律师做法律研究。

第二，客户备忘录。用于与咨询者沟通和交流，即律师事务所受咨询者的委托，就咨询者提出的某些具体问题进行分析，或者咨询者有可能直接提出法律问题要求进行分析，包括对案件情况的概述、法律问题的解释、风险评估以及建议等。

第三，研究备忘录。针对特定法律问题或专业领域进行深入研究而起草的备忘录，包括对相关法规、判例和学说的综合分析、比较研究以及提出自己的观点和结论。

第四，诉讼备忘录。主要用于诉讼过程中记录重要事实、证据和争议焦点，以便准备辩护材料、撰写词头等。

第五，合同备忘录。用于合同谈判或起草阶段，记录各方当事人的意向、协商内容、争议解决方式等，为起草正式合同提供参考。

第六，立法备忘录。用于立法过程中，记录立法目的、背景信息、相关研究和分析结果，以及立法者的建议和意见。

以上只是一些常见的法律备忘录类型，根据具体情况和需要，备忘录的种类还可以有所变化。

3. 法律备忘录的功能和作用。法律备忘录是帮助法律工作者记录、管理和组织法律事务，提高工作效率并确保案件顺利进行的一种工具。以下是法律备忘录的几个主要的功能和作用：

（1）事件记录。记录法律案件、诉讼或法律咨询过程中的关键信息，包括当事人的姓名、时间、地点、争议点等。

（2）信息整理。通过记录关键信息、事件和文件，帮助整理和归档案件相关资料，方便查找和回顾。

（3）法规检索。提供全面且及时更新的法规数据库，方便用户查询相关法条和先例，在研究案件或起草文件时提供参考。

（4）数据分析。根据备忘录中的数据生成统计报告，帮助用户了解案件进展情况、费用分配等信息，并辅助决策制定。

（5）方案拟定。对咨询者或者是合伙人所提出的问题进行法律分析，从而提出解决的方案。有时候，可能还需要律师拟定出一定的具体操作、行动方案或者是议程。

通过利用法律备忘录的功能，法律工作者可以更好地组织、管理和处理法律事务，提高工作效率和质量，减少疏漏和错误，并为咨询者提供更好的法律服务。

4. 法律备忘录的特征。

（1）可定制性。法律备忘录可以根据用户的需求和工作流程进行定制，以适应不同类型的法律事务和工作方式。

（2）多功能性。法律备忘录通常集成了多种功能，包括事件记录、文件管理、时间安排、提醒通知、法规检索等，满足用户在法律实践中的多样化需求。

（3）数据分析能力。一些高级的法律备忘录具有数据分析功能，能够根据备忘录中的数据生成统计报告，帮助用户了解案件进展情况、费用分配等信息，辅助决策制定。

法律备忘录与法律意见书是在法律实践中常用的两种文书，它们在目的、内容和使用场景上存在一些区别。

第一，目的方面。法律备忘录：主要用于记录、管理和组织法律事务，帮助法律工作者进行案件管理、信息整理和时间安排等工作。法律意见书：主要用于提供对特定法律问题或事项的分析、解释和建议，为咨询者提供明确的法律意见和指导。

第二，内容方面。法律备忘录：通常包括案件关键信息记录、文件管理、时间安排、提醒通知等功能。其内容更加具体、详细，涉及案件事实、争议点等细节。法律意见书：主要包括对特定法律问题或事项的分析、解释和建议。其内容更具研究性，涉及相关法条、先例以及对可能产生的风险或后果的评估。

第三，使用场景方面。法律备忘录：适用于日常工作中的案件管理、文件整理和时间安排等方面，帮助提高工作效率。法律意见书：适用于咨询者咨询、法律分析和决策制定等方面，为咨询者提供明确的法律意见和指导。

需要注意的是，法律备忘录通常是内部使用的工具，而法律意见书则是向外部咨询者提供的正式文书。此外，法律备忘录可以作为生成法律意见书的基础材料之一，在法律研究和分析过程中起到辅助作用。

综上所述，法律备忘录主要用于案件管理和信息整理，而法律意见书主要用于提供对特定法律问题或事项的分析、解释和建议。它们在目的、内容和使用场景上有所区别。

（二）法律备忘录的结构

1. 法律备忘录的内容。法律备忘录主要包括案件事实归纳、法律问题陈述、相关法律规定、解决问题办法、分析与解释、建议和结论等几个部分。

第一，案件事实归纳。案件事实归纳是指在法律实践中，对于一个具体的案件，将案件中的相关事实进行梳理、整理和总结的过程。它是对案件事实进行归纳和提炼，以便更好地理解和分析案件，并为后续的法律分析、判断和决策提供基础。

在进行案件事实归纳时，法律工作者通过与当事人沟通、阅读书面材料、查验相关证据等方式，通常会对以下几个方面进行梳理：①事件经过。记录案件发生的时间、地点、参与人员等基本信息，描述事件的经过和相关环境背景。②当事人行为。明确涉及当事人的行为举止，包括他们所做的具体行动、言论或不作为等。③证据。如物证证据，列举与案件相关的物质证据，如文件、合同、照片、视频等；证人证言，整理涉及案件的证人陈述或证言内容，包括他们所说的话或提供的信息；鉴定结论，如果有鉴定结论存在，将其记录下来，并说明鉴定结果对案件可能产生的影响。④其他重要事实。补充其他与案件相关并有重要意义的事实信息，如当事人的背景信息、相关法律规定等。

事实归纳要求法律工作者就当事人所叙述的案件事实或书面材料，运用案件事实描述的六维方法，从时间、地点、人物、原因、事件、过程等方面，厘清案件的争议事实、关键事实、矛盾事实、对当事人的有利事实和不利事实等，通过阅读事实归纳部分，就可以了解本案的事实背景。

事实归纳部分在法律备忘录中非常重要。①提供背景信息：事实归纳部分为读者提供了案件的基本背景信息，包括相关当事人、事件经过等。这有助于读者了解案件的起因和发展，并为后续的分析和解释提供必要的上下文；②建立案情框架：通过事实归纳，可以建立一个清晰的案情框架。将重要的事实有条理地陈述出来，使读者能够迅速把握案件的核心问题和关键细节；③确定争议点：通过对事实进行归纳，可以确定与案件相关的争议点。这些争议点通常是法律解释上存在不同观点或存在争议的问题。明确列出争议点有助于后续对相关问题进行深入分析；④作为论证依据：备忘录中的分析和解释部分需要以具体事实为依据进行推理和论证。如果事实不准确或遗漏重要细节，可能导致后续分析和结论出现偏差或不完整；⑤影响法律适用：案件的具体事实对于适用法律规定也非常重要。不同的事实可能导致不同的法律结果，因此准确地归纳事实可以帮助确定适用的法律规定，并为后续分析提供基础；⑥提供证据支持：备忘录中可能需要引用相关证据来支持分析和解释部分的观点。清晰、准确地归纳事实可以帮助你确定所需的证据，并在必要时引用它们来加强你的论点；⑦提高可读性：一个清晰、有条理的事实归纳部分可以提高备忘录的可读性。读者能够迅速了解案件背景和核心问题，从而更好地理解后续部分的分析和建议。总之，事实归纳部分在法律备忘录中具有关键作用，为后续进行的咨询服务、援助活动等都提供了基础。

第二，法律问题陈述。所谓的法律问题，是与案件相关的具体法律争议点或疑问，需要进行深入分析和解释。这些问题通常涉及适用的法律规定、法律原则或先例案例等方面。法律问题陈述是在法律实践中对特定案件或法律问题进行明确、清晰地表述和提炼的过程，能用一句话说清楚的问题就不要用两句话。它是为了更好地分析和解决法律问题，将复杂的案件事实和争议点转化为具体而明确的法律问题。在法律备忘录中，对于每个法律问题，都需要进行详细的讨论和分析，以便为后续的建议和结论提供合理和可靠的基础。

　　法律问题部分明确列出了与案件相关的具体问题，帮助确定案件中的争议焦点。通过对法律问题进行详细分析，可以确保在备忘录中正确地适用相关法律规定。这有助于避免错误解读或误导，并保证备忘录的准确性和可靠性。法律问题部分提供了一个平台，可以对相关法律规定进行深入解释和比较。这有助于读者理解不同规定之间的差异、目的和适用范围，并为后续提出建议和结论提供依据。在处理复杂的法律问题时，引入先例案例是非常有益的。通过对类似或相关案例进行分析，可以揭示判决理由、裁决结果等关键因素，并为当前案件提供参考。法律问题部分为备忘录中后续提出的建议和结论提供了支持。它确保了备忘录中的建议是基于准确而深入的法律分析，并能够合理解决案件中涉及的法律问题。

　　第三，相关法律规定。它用于列出适用于所涉案件的相关法律条款、判例或其他法律规定。

　　以下是详细说明该部分的一些建议和注意事项：①引用准确性。确保引用的法律规定准确无误。检查所引用的条款、判例或其他法律文本是否与最新版本一致，并核实其适用性；②详细解释。对每个引用的法律规定进行简要而明确的解释。提供对该规定背景、目的和适用范围的解释，以帮助读者理解其含义和作用；③案例支持。如果有相关的案例支持某个特定法律规定，可以在这部分引入并简要描述这些案例。说明这些案例如何与当前案件相关，并强调它们对问题解决方案的影响；④引证权威来源。如果可行，在引用法律规定时，尽量使用权威来源，如宪法、立法机关发布的正式文件、最高人民法院或其他上级法院的判决等。这将增加备忘录中引述内容的可信度；⑤分析和适用性。针对每个引用的法律规定，进行详细的分析和适用性讨论。解释该规定如何与案件事实相关，并说明其在解决问题中的适用性；⑥法律解释和争议。如果对某个法律规定存在不同的解释或争议，可以在相关法律规定部分简要介绍这些不同观点，并提供你自己的理解和立场；⑦补充说明。在必要时，提供任何额外的补充说明，以帮助读者更好地理解相关法律规定。这可能包括背景信息、修订历史、司法解释等；⑧注意可变性。注意某些法律规定可能会发生变化或被修改。因此，在编写备忘录时要留意最新版本，并根据需要进行更新或调整。

　　在编写备忘录中关于相关法律规定的部分时，要确保准确、明确地引用法律条款或判例，并提供适当的解释和分析。这将为读者提供对案件的法律背景和依据的全面理解，有助于支持备忘录中的问题分析和解决方案。

　　第四，解决问题办法。在法律备忘录中，"解决问题办法"是一个关键的部分，它用于提供针对所涉案件的问题的解决方案和建议。当事人在和法律工作者咨询某件法律问题时，最常见的场景是后者先给出答复，然后再阐述理由。以下是详细说明该部分的一些建议和注意事项：

　　在答复解决办法时，应当注意：①针对性。确保你的解决方案与所涉案件的具体问题直接相关。根据案件事实和适用法律规定，提供具体而有效的解决方案；②多角度考虑。在提出解决方案时，要从不同角度综合考虑。这可能包括法律、经济、商业、社会等各个方面因素，并评估其对问题解决的影响；③合法性评估。确保你的解决方案符合适用法律规定，并遵守道德和伦理标准。对于有争议或复杂问题，可以考虑提供多种选择并评估各种选择的合法性；④风险管理。对每个解决方案进行风险评估，并提供相应的风险管理策略。明确指出可能存在的潜在风险，并提供控制措施以将风险最小化；⑤可行性分析。对每个解决方案进行可行性分析，评估其实施的可行性和可操作性。考虑到案件的具体情况和利益相关方的需求，提供具体而实际可行的建议；⑥利益平衡。在提供解决方案时，要考虑各个利益相关方的权益，并寻求合理且公正的解决方案，确保你的建议能够平衡不同利益相关方；⑦时间和成本因素。对于可能涉及时间和成本的解决方案，进行评估并提供相应说明。考虑到时间限制、资源约束等因素，提供合理且有效地完成任务所需的时间和预算。

在结束这一部分时，再次强调并概括之前所述的核心解决方案。确保结论准确、简明，并与之前的分析和讨论相一致。在编写备忘录中关于解决问题办法的部分时，要提供具体、实际可行且符合法律要求的建议。综合考虑各种因素，如法律规定、风险管理、利益平衡等，以帮助读者理解你的解决方案并为他们提供实施的指导。

第五，分析与解释。"分析与解释"部分针对前文中所归纳的案件事实、法律问题和适用的法律规定进行深入分析和解释。在这一过程中，律师需要通过"拆解大象，解剖麻雀"，按照事实、证据、法律的相互关系一个一个小问题进行分析。同时，根据案件情况选择合适的分析方法。这可能包括比较法学、历史背景分析、制度性评估等不同方法，根据具体情况选择最恰当且有效的方法。如果可行，引用专家或学者对相关问题提供的意见和观点，这可以增加备忘录中分析与解释部分内容的权威性和可信度。

在结束这一部分时，再次强调并概括之前所述的核心分析与解释结果。确保结论准确、简明，并与之前所述相一致。在编写备忘录中关于分析与解释部分时，要深入分析案件事实和适用法律规定，并清晰地解释它们之间的关系。使用合适的分析方法、引用案例和专家意见等，以增加内容的权威性和可信度。确保分析与解释与相关问题紧密相关，并为读者提供对案件问题的全面理解。

第六，建议和结论。法律工作者基于事实归纳而认定的法律关系、法律行为的性质等用简洁、明了的语句表达出来。对于这一部分，需要注意：①具体建议。为解决案件问题或处理相关事宜提供具体的建议。确保你的建议明确、实际可行，并与之前的分析和解释相一致；②合法性评估。对每个建议进行合法性评估，确保其符合适用法律规定，并遵守道德和伦理标准。考虑到潜在风险和利益平衡，提供符合法律要求且可行的建议；③多种选择。如果存在多种解决方案，可以列出不同选项并对其进行评估。提供每个选项的优缺点，并说明你的首选方案及其理由；④风险管理策略。对每个建议或选择，提供相应的风险管理策略，指出可能存在的潜在风险，并提供控制措施以最小化风险；⑤语言简洁明了。确保你的建议清晰明了，用简洁而直接的语言表达。避免使用复杂的法律术语或难以理解的句子结构，以便读者能够轻松理解你的建议。

在编写备忘录中关于建议和结论部分时，要提供具体、实际可行且符合法律要求的建议。考虑各种因素，如法律规定、风险管理、利益平衡等，并为读者提供实施的指导。确保你的结论总结准确、简明，并与之前所述相一致。

2. 法律备忘录的格式。法律备忘录的格式可以根据个人偏好和组织要求而有所不同，但一般遵循以下常见的格式：

（1）标题。明确标识该法律备忘录的名称或标题，以便于识别和归档。

（2）案件信息。记录案件的基本信息，如案号、当事人姓名、案由、受理法院等。

（3）事实归纳。将案件事实进行清晰、系统地梳理和总结，包括事件经过、当事人行为、物证证据等。事实归纳的方式多种多样，可以按照时间顺序来描述，也可以按照事实性质的演变来展示。如果在事实演变的进程中存在诉讼关系，还需要说明相应的诉讼进程。对于接待上访的案件中，这一点尤为重要。

（4）法律问题陈述。对案件中涉及的法律问题进行明确而具体的陈述，概括争议焦点和需要解决的核心问题。

（5）分析与研究。对相关法律规定、判例和学说进行分析和研究，探讨可能适用的法律依据、解释和解决方案。可以按照各个问题逐一进行分析，并提供相应论据支持。

（6）讨论与观点。在对案件事实和法律规定进行分析的基础上，提出自己的观点或意见，并阐述其合理性和支持理由。可以针对每个问题单独进行讨论。

（7）结论与建议。给出针对该案件或法律问题的结论，并提供相应的建议或处理方案，包括可能的诉讼策略或解决途径。结论应简明扼要，建议应具体可行。

（8）参考资料。列出所参考的相关法律文献、判例、学说等，以便他人查阅和引用。可以按照统一的引用格式进行排列。

（9）其他备注。可以包括其他与案件相关的补充信息、备注或特殊要求。

需要注意的是，在编写法律备忘录时，要保持清晰、简洁、准确和逻辑性，并根据实际需求进行合理分段和标题设置。同时，使用规范且易于阅读的字体和字号，遵守组织或机构的格式要求。

（三）法律备忘录的写作

1. 法律备忘录的写作方法和步骤。

（1）确定目标和受众。明确备忘录的目的是什么，以及面向的受众是谁。这有助于确定备忘录的内容和风格。

（2）收集案件信息。收集与案件相关的所有必要信息，包括案号、当事人姓名、案由、法院等。同时梳理案件事实、证据材料等。

（3）法律问题陈述。将案件中涉及的法律问题进行明确而具体的陈述，概括争议焦点和需要解决的核心问题。书写法律问题的难点在于，问题可能不止一个，一个大的法律问题下面会存在多个小的法律问题。针对这一情况，一般采用法律问题和法律事实相互对应的方法，即一个法律问题对应一个法律事实。这样做不仅有利于厘清问题和分析原因，还可以自动检验问题归纳的对错。

（4）进行分析与研究。对相关法律规定、判例和学说进行分析和研究，探讨可能适用的法律依据、解释和解决方案。查阅权威文献、参考类似案例，并进行合理推理和论证。

（5）归纳总结。将事实归纳总结，并在此基础上提出自己的观点或意见。确保归纳清晰有序，条理分明。

（6）提出结论与建议。根据分析结果给出针对该案件或法律问题的结论，并提供相应的建议或处理方案。结论应简明扼要，建议应具体可行。

（7）检查和修改。仔细检查备忘录的内容，确保逻辑严密、信息准确，并避免语法和拼写错误。可以请他人进行审阅，以获得更多意见和建议。

（8）格式化和排版。根据组织或机构的要求，对备忘录进行适当的格式化和排版。使用清晰易读的字体、字号，并合理分段设置标题。

2. 法律备忘录的写作注意事项。

第一，语言简明扼要。避免冗长复杂的句子和词汇，使用清晰明了的表达方式。深奥的法律词汇或者冗长的句型确实可以显示出法律人的专业素养，但更多的时候，这种用词适用于法学论文的撰写。然而，当事人、律师或是法官并不喜欢这样的文藻。

第二，论证逻辑严谨。在开始论证之前，提出清晰而明确的论点。这将成为整个备忘录的核心思想，并贯穿于整个论证过程中。保持论证过程的逻辑性和连贯性，一个观点与另一个观点之间有清晰而合理的过渡和衔接。避免出现矛盾、自相矛盾或不完整的推理链条。避免常见的逻辑谬误，如悬而未决、虚假因果关系、非法扩大等。确保论证过程中没有错误推理或无效的推断。确保备忘录整体结构合理有序，包括清晰的标题和段落划分。这将使读者更容易跟随你的论证思路，并理解每个观点之间的关系。

第三，引用和用语准确无误。确保正确引用法律规定或案例。使用准确的法律引文，并在必要时提供相关解释和解读。在使用专业术语和定义时，确保准确理解其含义并正确运用。避免混淆、错误或不恰当地使用术语。此外，使用明确、清晰且具体的语言表达观点和论证。避免模糊、含糊或多义性词汇，以防止产生误解或歧义。

第四，保持风格一致。统一使用专业、正式的语言风格，对于相同概念或对象，在整个备忘录中使用统一的词汇。例如，如果你选择在开头使用"被告方"，则应该在全文中都使用这个术语，而不是换成其他类似的表述。避免过度夸张或情感化的描述。尽量保持客观和中立的态度，并基于事实和法律规定进行分析和论证。在备忘录中使用一致的语气和时态。一般来说，使用第三人称、现在时或过去时来描述事实和法律规定。

第五，做到客观和公正。在备忘录中，基于准确、可靠的事实陈述来支持你的论点。避免主观臆断或个人情感对事实的影响。在论证过程中，考虑可能存在的反方观点，并给予其适当的讨论和分析。这展示了你对问题全面性和公正性的考虑。避免使用带有情感色彩或偏见倾向性的语言表达。尽量采用中立、客观且平衡的措辞，以便读者能够自行评估和判断。

三、如何写作法律意见书

（一）法律意见书的概述

1. 法律意见书的概念。法律意见书是指律师或者律师事务所应咨询者的要求，针对某一法律问题或者法律事实，根据咨询者提供的材料，运用法律规定进行分析、阐述和认定，向咨询者提交的具有建设性意见、并解答当事人咨询的法律文书。法律意见书是律师执业过程中经常使用的实务文书中的一种。律师执业过程中还会出具很多类似于律师函、诉讼策略报告等法律文书。在撰写法律意见书时，律师不仅要综合运用法律知识，同时还需要充分考虑咨询者的实际需求、注意咨询者的心理接受度，以此增强法律意见书的专业性和可行性。因此，法律意见书能够全面体现律师的专业水平、逻辑表达能力和法律职业素养。

2. 法律意见书的分类。

（1）刑事案件法律意见书、民事案件法律意见书、行政案件法律意见书和复杂案件法律意见书。

根据案件类型的不同，法律意见书可以分为刑事案件法律意见书、民事案件法律意见书、行政案件法律意见书和复杂案件法律意见书。刑事案件法律意见书又继续以委托人的不同身份划分为犯罪嫌疑人及近亲属委托出具的法律意见书与受刑事案件被害人、被害人家属和被害单位委托出具的法律意见书；民事案件法律意见书根据诉讼的不同进程进行了不同的分类；行政案件法律意见书根据不同的案件分类为行政处罚、行政复议、行政诉讼案件法律意见书与国家赔偿案件的法律意见书；复杂案件法律意见书以不同性质交叉案件进行划分，划分为民事案件与行政案件交叉的法律意见书与民事案件与刑事案件交叉的法律意见书。[1]

（2）解疑类法律意见书、审查类法律意见书和要件类法律意见书。

根据应用场景的不同，法律意见书可以分为解疑类法律意见书、审查类法律意见书和要件类法律意见书。解疑类法律意见书是依照法律、法规对咨询者提出的法律问题，给予书面答复的法律文书，是最为常见的法律意见书。要求律师对咨询者提供的口头陈述和书面材料进行认真的研读，必要时还需要进一步调查取证，以确保出具意见的真实性和可靠性，同时还要求律师不断地对现行各项法律、法规等认真学习，以便做出专业的解答。解疑类法律意见书的主要任务是帮助咨询者认清目前形势，对案件有总体上的判断，以此选择更有利于自己解决问题的方案。审查类法律意见书是律师在审查有关法律事务时发现的漏洞和问题，向咨询者做出风险提示，并提出可行与否及整改意见的法律文书，最常见的类型是内部风险控制法律意见书。审查类法律意见书多是在发现重大错误和遗漏，可能引起不良后果时，以此提醒和告诫咨询者，避免其产生重大的损失。要件类法律意见书是律师按照法律法规的要求，对法律事项进行专门审查，尤其是股票上市、发行和配股等，并根据审查结论出具书面的法律意见。因其为股票上市而报请批准程序中的必要文件，故称为要件类法律意见书。最常见的是上市法律意见书、股票发行法律意见书、配股法律意见书和股东法律意见书。要件类法律意见书主要针对国际项目融资、国际贷款、股票上市等重大经营决策事项出具法律意见，其中会较多涉及法律、法规的解释和专业术语的应用，咨询者可能会较为陌生，因此在写作过程中，针对专业性较强的内容尽可能使用通俗易懂的说法来阐述，如仍需使用专业术语则需要进行说明和解释。

---

〔1〕　张庆、刘宁：《法律意见书的研究与制作》，法律出版社 2009 年版，第 53 页。

3. 法律意见书的特征。

（1）制作主体的特定性。法律意见书的撰写主体是律师，并以律师事务所的名义向咨询者出具。

（2）文书的非强制性。一般的法律文书是由司法机关、执法机关、公证机关、仲裁机关依照法定程序，制作的处理各种诉讼案件和非诉讼案件的具有法律效力或法律意义的文书，对文书受众有约束力和强制力。而法律意见书是针对咨询者提出的某一法律问题或法律事实，向咨询者提出的具有建设性意见的书面文书，一般不具有约束力和强制力。

（3）意见的独立性。法律意见书是律师运用法律规定对咨询者提出的事务进行分析、阐述，从而得出结论性的意见，该意见是由律师独立做出，不受任何主体影响。

（二）法律意见书的写作内容

1. 法律意见书的写作要求。出具法律意见书的目的在于为咨询者提供一份客观的、为其将来行为做参考的资料，最终的决定权在咨询者手中，因此，在制作法律意见书的过程中，应当考虑多种因素，做出一份能够切实帮助咨询者解决问题的文书。

撰写法律意见书前，首先，法律工作者要了解有关的法律事实、厘清法律关系、寻找出问题的焦点。为了进行有效的法律分析，必须梳理清楚法律事实、法律关系，一方面可以依据咨询者的口述及提供的材料，另一方面也可以进行实地调查取证，以此寻找出关键的焦点问题。其次，针对找出的焦点问题，查阅有关的文件、规定等，寻找相关的法律依据，也就是前面学习单元中提到的"法律检索"。最后，结合找到的法律依据，对法律关系、焦点问题等进行梳理、对照、分析，从中得出结论性意见，使得最后的法律意见合理合法、切实可行。

撰写法律意见书时，首先，要做到主次鲜明。重要的问题应放到前面说明，次要的问题可以放在后面撰写，突出重点。其次，要做到论证严密。开宗明义提出论点，总分论点之间结构合理，论据详实充分，证明的层次环环相扣。最后，要做到符合规范。既要符合我国的法律规范，又要兼顾到国际上通行的习惯做法。做到用语规范、格式规范、结构规范。

此外，在撰写法律意见书的过程中，还需要注意，法律意见书是对法律事实、法律问题作出建设性的结论意见，而不是"事实认定"。咨询者让我们出具法律意见书，实际上为了日后合理决策寻求一种有益的参考，因此，在撰写时要避免仅对事实问题作出意见，而要将笔墨着眼于建议的提出。同时，律师在出具法律意见书时还应当遵守职业道德，尽职勤勉，根据事实和法律，独立地发表观点。

2. 法律意见书的写作格式。法律意见书的形式多种多样，故而，在制作法意见书之前需要明确其种类。法律意见书没有固定的格式，亦没有规范性文件对全部法律意见书加以规范。因要件类法律意见书主要是关于股票上市、发行等提出法律意见，在日常的法律咨询中并不常见，故下面以解疑类法律意见书和审查类法律意见书为例做介绍，仅供参考。

（1）解疑类法律意见书的写作格式。解疑类法律意见书由首部、正文、尾部三个部分组成。

首部包括标题、致送方的名称、法律意见书制作的依据等。

①标题。法律意见书的标题单列一行，在文书顶端居中标明。在实践中，法律意见书的标题一般有两种写法，一是直接写"法律意见书"；二是具体写明法律意见书的性质，按照"关于+当事人+委托事项+法律意见书"的模板进行制作，例如"关于××公司收购××公司股权的法律意见书"。从专业的角度来讲，我们建议使用第二种方式。

②致送方的名称。致送方的名称，即咨询者，是法律意见书制作完成之后主送的唯一对象，可以是自然人、法人或者非法人组织，在标题的下一行顶格写明。例如"致：×××先生（女士）""致：×××有限责任公司"等。

③法律意见书制作的依据。用简明扼要的文字概括交代解答的内容是什么，即就提出的问题和审查的事项予以答复。

在首部中除了应当依次书写标题、致送方的名称、法律意见书制作的依据等内容外，根据律师所在律所的管理制度，有时还会写明法律意见书的编号。法律意见书的编号一般包括撰写年度、律所简称、文书简称、序号。例如"（2023）恒意字第××号"。

正文是法律意见书的主体部分，一般包括案件事实、法律依据和法律分析等。

①案件事实。律师制作法律意见书要以事实为依据、以法律为准绳，站在中立的角度进行法律分析，为咨询者提供客观的法律意见。而要进行正确的法律分析，必须以真实的案件事实为基础。因此，律师要对咨询者提供的口头陈述和书面材料进行梳理，必要时还需要对相关事实进行进一步的调查取证。在撰写时，需要详细列明当事人的基本情况，法律事实于何时何地发生，期间发生了何种变故，目前情况如何等。律师要清晰、精准地表述案件的事实，对于其中关键的时间、事件、涉案金额等可以用粗体标出，一方面可以使律师对案件全局形成完整的理解，另一方面也可以帮助咨询者对案情有一个理性的认识，区分好"情感"和"内容"。对事实的良好重构和有条理的叙述，能够为后续法律意见书的法律分析提供一个有所依赖的事实基础。

②法律依据。根据列明的法律事实，律师要运用各种检索工具与方法寻找关于本案的法律、法规、规章、地方政府及有关部门的有关文件、司法解释、地方法院的有关规定、有关惯例等。搜索到的有关规定既要与本案有关，又要对本案而言是现行有效的。出具法律意见书所依据的法律规定，除了要说明具体的法律法规、司法解释的名称和施行日期外，还要列明具体的条款以及对应的条款内容。

③法律分析。法律法理分析是法律意见书中最为核心的部分，需要针对咨询者提出的问题，以法律为准绳进行详细的分析，从而得出肯定或否定的结论。律师在进行法律分析之前，除了要对与本案有关的法律、法规、规章、司法解释等进行检索，并加以引用外，对案例的查询也十分重要。虽然我国是成文法国家，案例不能作为判案依据，但是实践中最高人民法院发布了很多指导性的案例，在没有相关法律规定的情况下，以往案例可以作为法院审理案件的参考依据。律师在掌握了所有相关的法律依据后，如有必要还可以运用法理进行专业的分析和阐述，以此形成更为完整、准确的说理论证。

尾部包括声明、署名和成文日期。

①声明。声明大多是固定的格式化用语，如"以上法律意见仅供参考，未经允许不得向第三方出示，不得作为证据使用。"声明的目的在于保护律师的权益，以避免节外生枝。如果案件情况较为复杂，或者案件处于不断变化之中，声明中还可以加上"本法律意见书所载的事实来源于本法律意见书出具之前委托人的单方陈述和提交的相关材料"等语句，以保证声明内容周密、严谨。

②署名。在法律意见书的右下角写明法律意见书制作人的姓名、工作单位及职务，其中律师应在该位置手写上自己的名字，律师事务所应加盖公章，盖章位置需能压住律师姓名及成文日期。

③成文日期。律师事务所出具的法律意见书一般是1~2位律师具体完成，即某个律师团队内多名律师探讨、研究后所形成的，法律意见书的成文日期应是这一切工作完结之后，实际制作的日期，并且应采用汉字而不是阿拉伯数字表示日期。

此外，对法律意见书的结论可能会产生影响的文件应作为附件附在法律意见书之后，如附件较多的，应另行编制附件目录。

（2）审查类法律意见书的写作格式。审查类法律意见书由首部、正文、尾部三个部分组成。

首部包括标题、致送方的名称、审查对象等。

①标题。法律意见书的标题在文书顶端单列一行，居中标明"合同（方案）审查法律意见书"。

②致送方的名称。这和解疑类法律意见书中对于"致送单位（或人）的称谓"的写法基本一致，即在标题的下一行顶格写明接收文书的单位名称或自然人的姓名。例如"致：×××有限责任公司""致：×××先生（女士）"等。

③审查对象。写明法律审查的对象，如合同、方案、规章制度等。例如"××律师事务所根据与贵公司签订的法律顾问合同指派律师对贵公司拟转让通过出让方式获得的××地块使用权一事，依据我国有关法律规定进行审查"。

正文是法律意见书的主体部分，需要进行严密的论证、科学的分析，从而给咨询者一个圆满的答案。在审查类法律意见书中正文一般包括合同（方案）的基本内容、合同（方案）存在的主要问题、法律依据及修改意见。

①合同（方案）的基本内容。重点摘录合同（方案）制定的目的、各方当事人的基本情况，以及权利义务关系等主要内容。

②合同（方案）存在的主要问题。应当逐条列出合同（方案）中存在的不妥当之处及其可能导致的不良后果。

③法律依据及修改意见。针对合同（方案）中存在的主要问题，提出可行的修改意见及其法律依据。

在正文部分的书写过程中，可以将合同（方案）的基本内容、合同（方案）存在的主要问题、法律依据及修改意见分成三部分进行阐述，也可以将上述内容分成两部分予以阐述，即先列明合同（方案）的基本内容，再用标题分号的形式逐个列明合同（方案）中存在的问题，就问题作答，将修改意见及法律依据跟随每一问题后面作答。

尾部包括声明、署名和成文日期。

①声明。审查类法律意见书的声明基本也是固定的格式化用语，如"以上法律意见仅供参考，注意保密。"

②署名。最后在文末右下角写明法律意见书制作人的姓名、工作单位及职务，律师应在该位置手写上自己的名字。以律师事务所名义出具法律意见书时，其负责人应当签名，以示负责，同时要加盖公章。

③成文日期。署名之下是成文日期。

（三）法律意见书的写作技巧

法律意见书的写作虽然有较为固定的格式，但是由于法律事实的多样性，实践中写作的方法也各有不同。案件事实和法律分析是法律意见书的主体部分，尤其是一些复杂、疑难的案件，案件事实和法律分析的写作尤为重要。因此，法律意见书中的案件事实和法律分析部分的主旨可以看作是法律意见书的主旨。一篇法律意见书除了要主旨鲜明外，材料的组织也需要有条理、安排得当，这样才更具有说服力，因此行文的技巧在实践中也很有必要。

1. 法律意见书主旨的写作技巧。案件事实和法律分析作为法律意见书的主旨，主要通过对特定的法律问题进行法律分析，从而得出对该问题所持有的基本观点或解决问题的倾向意见，帮助咨询者作出切合自身利益需求的决定。

（1）收集案件事实。法律意见书的出具只是法律咨询工作的一个结果呈现，在此之前，律师需要做大量的工作来支撑法律意见书的撰写。收集和整理案件事实是一系列工作的开端。事实的真伪决定了结论的对错，如果一开始就是谎言，即使后续推理论证得再完美，得到的也一定是谎言。从与咨询者第一次交谈开始，律师就要做好会见记录，将交谈中咨询者的情感和内容区别开来。除了咨询者的口头陈述外，律师还要引导咨询者提供书面的佐证材料，如必要时还需调查取证，以便更多地搜集与案件相关的真实材料，从而找出案件的争议焦点。如果案件较为复杂，有较多的案卷材料，可以将案卷材料按时间顺序或者按事件发展顺序整理出来，在整理过程中发现材料存在缺陷的可以随时要求咨询者补充完善。完成收集和整理案件事实后，律师要对这些材料进行研究和分析，逐个标识出材料说明的事项。在撰写法律意见书时要将这些事项进行概括提炼，用清晰、精准的语言加以表述，形成对案件全局的完整理解，对于其中的关键事实，即能够引起法律关系发生变化的事实，要重点标注，这样做有两点好处：一是厘清各方法律关系，为后续法律分析的撰写提供事实基础；二是可以减少律师事务所和律师本人的风险，因为律师只能对已经掌握的事实进行分析并出具法律意见，无法对事实材料证明的情况负责任。

（2）明确争议焦点。在接待咨询者、分析研究全部材料的基础上，律师应该能在千头万绪的事实中明确为了解决这些问题，应该从哪些关键点着手，通过对关键点的梳理，明确案件争议的焦点，即拨开纷繁复杂的表象，去伪存真、由表及里、由此及彼，找出根本问题，从而都有针对性地解决问题。

（3）撰写案件结论。在研究事实和明确争议焦点的基础上，检索与事实问题相关的法律依据，并进行分析、论证，得出该案件的结论。在写作法律意见书的分析说理部分，主要采用议论的方式展开，即需要有论点、论据和论证三要素。案件的事实是

"论据"，根据争议的焦点选取适用的"规则"，法律分析的过程是"论证"，最终得出的结论是"论点"。撰写结论意见时，一般要使用简明扼要的语言，给咨询者完整且精准的答复，以便于咨询者根据这一结论思考下一步的对策。

法律意见书出具的目的在于给出咨询者一个具体的建议。律师通过收集案件事实、明确争议焦点、检索相应法规、进行法律分析之后，重点要落脚到"建议"上。法律意见书中的建议是可供咨询者选择行动的依据，要让咨询者做"选择题"而非"资料分析题"。当律师在分析完案件事实后，可能会出现多个解决问题的方案，但是每一种方案都有其可行之处，也有其风险点。因此，律师应罗列出各个解决方案，并对各种解决方案进行比较分析，找到其中合理之处与不足之处，分析利弊，这是一个择优的过程。好和坏是一种价值判断，每个人都有不同的立场、不同的处境，也都有自己的看法，律师应将每种方案可得的实际利益和潜在风险尽可能地充分预计到，并在法律分析中合理体现出来，然后得出简短而有效的结论，提出自己认为的可行意见，写清楚供咨询者自己选择。

2. 法律意见书行文的写作技巧。一篇好的法律意见书，除了要事实清楚、于法有据、分析严谨之外，还要整体流畅、结构合理、过渡自然。因此，行文过程中既要着眼全篇，注意安排得当，又要注意细节，突出重点。

对于案件事实部分的写作：

（1）按收集主体不同写作。法律意见书中的事实部分主要有两个来源：一是来源于咨询者，或是咨询者的口头陈述，或是咨询者提供的书面材料；二是来源于律师的调查取证，咨询者没有提供材料或是提供的材料不完整，律师都有必要亲自查阅或取证。这两种来源的事实，可以按照时间顺序进行说明，但更好的办法是可以按照收集主体的不同进行分段表述，这样不但清晰明了，也可以让咨询者了解案件，以及律师所做的工作。

在撰写法律意见书时，可以将"事实部分"的写作分为两个部分："基本事实"和"经查明的事实"。"基本事实"按委托人提供的案件事实发生的先后顺序予以表述。"经查明的事实"是律师根据委托人的委托亲自调查与案件事实相关的文件材料后，所列举的事实情况，按照调查的时间顺序进行写作。

（2）按材料类别不同写作。书面材料的种类具有多样性，案情越复杂，材料的类型越多。在法律意见书写作前，有必要对书面材料进行详细的归类，一方面能帮助律师梳理案情，另一方面也有助于法律分析的展开。对于合同、文件、信件等不同类型的书面材料，其作用大小不尽相同，如果在法律意见书写作时一味地按照时间顺序进行排列，有时会使人在阅读时感到主次不清、重点不明。因此，应按照材料的类别、内在的因果关系、材料的重要性大小进行排列，这样可以帮助委托人更好地认清案件的性质，如下例。

[本案的基本事实]

①2019年4月27日，×××公司与×××集团签订了《关于收购国营×××制药厂资产合同》；②2019年10月20日，×××公司与×××集团签订了《关于收购国营×××制药厂

资产合同的补充协议》；③2020年3月10日，×××公司与×××集团签订了《关于交纳土地出让金及付款方式协议书》；④有关的申请文件及政府批准文件：其一，2019年5月13日，×××公司的上级主管部门向市农业农村局提交《关于部分转让×××制药厂的请示》；其二，2019年11月3日，×××公司向市政府提交《关于部分转让×××制药厂产权的请示报告》）。

上述例子是一起收购国有企业引起的合同纠纷案件，本案中涉及的材料有合同、补充协议、向上级机关的请示等多种类型，如果只是简单地按照时间顺序进行排列写作，势必会让人感到混乱。这些材料内部都有一些因果关系，在写作时应当将有因果关系的材料放在一起，打破以时间为序的说明方法。比如第④点中将政府的批文集中在一点写作，每一点说明一个问题，这样的表述既有条理，又有层次感，不仅不会让人感到混乱，反而能将问题的前因后果说得清楚明了，同时为下文法律分析的写作和说明打下基础。

（3）按独立事件单独写作。一个案件基本上是由很多事实构成的，越复杂越棘手的案件，事实越多。这些事实之间有些是相互独立的，有些是彼此牵连的。此时如果一味地以时间为序进行排列，将会产生表述上的混乱，造成阅读困难。因此，对于诸多事实，可以采用独立的一个事实单独表述的方法，然后再将独立事实串联到整个大的事实之中。如下例：

[本案的基本事实]

2022年7月2日，委托人与李××签订了借款合同。合同规定了借款的金额：人民币50万元；借款用途：李××将借款用于购买"浙江××小区"；借款利率：每年10%；借款期限：本协议签署后三年内。

合同签订当天，委托人当即将10万元支付给李××，剩下的40万元则分三次汇入李××的账户，2022年7月13日支付15万元，2022年8月15日支付15万元，2022年10月12日支付10万元。

借款合同签订后，李××于2022年10月30日与张××签订了房屋买卖合同。

合同签订后，李××至今未向委托人还款，亦未入住"浙江××小区"。

……

上述例子是委托人与李××发生的借款合同纠纷，本案中涉及的时间有借款合同签订的时间、借款支付的时间、借款合同履行的时间以及房屋买卖合同签订的时间等。上文基本事实的叙述看似按照借款时间发生的先后顺序进行表述，但中间李××还与张××签订了房屋买卖合同，这部分内容如果按照时间顺序写作，将使得订立借款合同和履行借款合同这一相对独立的事实与订立购房合同这一相对独立的事实混合在一起，影响阅读和理解。本文中将两个相对独立的事实分开来表述，每个事实中又按时间顺序加以排列，既保持了各个事实之间的独立性，又保持了整个案件事实的完整性，使得案件情况清楚明了。

对于法律分析部分的写作：

（1）抓住重点写作。上文中提到，在基本案件事实的写作中要抓住重点材料和重点事实，对于非重点材料可以少提甚至不提，从而做到主次分明、重点突出。这样做的目的在于，一方面帮助咨询者和律师厘清案件焦点，另一方面可以在法律分析部分直奔重点问题，对争议关键进行着重分析。法律分析中抓住重点写作也是同一道理，抓准问题最关键的环节，从此展开分析，将关键问题分析透彻，其他问题就能迎刃而解。因此，在法律分析部分写作时要找到案件事实的最关键环节，从此处入手，其他问题按照重要程度的高低分别进行分析，这样既能突出重点，又能保证分析的全面完整。

（2）抓住主次写作。委托人可能针对多个问题要求出具法律意见书，这些问题既包括实体问题也包括程序问题，在多数情况下实体问题相较于程序问题而言，较为重要，故在法律意见书写作时，应该以实体问题的分析为主。当然，在个别案件中程序问题也很关键，甚至达到不解决程序问题就无法进入实体问题的程度。因此，在具体案件中要进行具体分析，如果一个案件中程序问题占主要地位，做法律分析时就要以程序为基础展开，然后才谈到实体问题；如果一个案件中实体问题是关键，法律分析时就应以实体问题为主，随之展开论述。实体问题和程序问题各自的部分也有主次之分，在撰写法律分析时，应该把关键的、首要的问题放到前面论述。

（3）按照关系远近写作。委托人要求出具的法律意见书可能会涉及多个法律关系，只要涉及关系就必然是两个或两个以上，此时就会出现主次、先后、急缓之分。因此，律师在撰写法律意见书之前，就要厘清头绪，在众多的法律关系中，找出一对最主要的法律关系进行分析，然后再由近及远地展开，把问题分析得全面透彻。如果不找出主要矛盾，在法律意见书撰写前对这些法律关系没有一个清晰的认识和把握，那么在写作时将会陷入逻辑混乱、思路不清的境地。因此，按照关系远近进行写作是一种非常重要的写作技巧。

实践之

四、写作实训

［实训 1：产品责任纠纷］

Q：您有什么事情需要咨询我们？

A：我想问一下关于产品责任的事情。

Q：请问您的姓名和住址？

A：我叫李四，今年 42 岁，住在××县××镇××村。

Q：请您叙述一下事情的大致情况。

A：2015 年 7 月、8 月，我在天猫商城购买了由杉杉公司经营的"陆杉家居旗舰店"里的沙发 5 套，这些沙发均由杉杉公司和天猫公司作出"正品保障""接触面为头层真皮"的承诺。我总共花了 19 895 元，实际上共收到 2 笔订单商品，因天猫公司冻结账户未收到其余 3 笔订单商品。随后，我发现收到的沙发均不是杉杉公司和天猫公司承诺的所谓"头层真皮"，而是"牛剖层移膜革"。我认为，杉杉公司在其旗舰店内的"头层真皮"的描述与实际不符，该虚假宣传属于欺诈行为。我具体该怎么维权？

Q：您怎么知道您收到的沙发和他们承诺的不一致？发现不一致后，您有找商家吗？

A：收到沙发后，我委托了检测机构对上述2笔订单商品进行接触面材质取样检测。然后，我按照《天猫规则》和相关的法律规定向天猫公司发起假货维权，并按其要求提交了相关检测报告凭证。但是，杉杉公司和天猫公司不但拒绝履行假货退货退款及赔偿承诺，天猫公司还违法冻结了我注册使用的多个旺旺账号，并且将我相应的货款划入杉杉公司账户。天猫的这些做法就是为了达到掩盖其平台售假事实的目的，包庇其平台售假商家的售假行为，导致我无法登录账户，无法跟踪物流信息，无法联系商家，无法完成收货及申请退货退款，阻断了我在其平台上的维权途径。

Q：在购买沙发时，您使用了一个旺旺账号还是使用了多个旺旺账号？

A：我使用了多个账号。

Q：详细说说您的购买情况。

A：①2015年7月12日，我用旺旺账号"豪哥"在"陆杉家居旗舰店"购买了"头层真皮沙发"一套，型号LM-690-3，订单号792410979244755，价格3 949元（因天猫公司冻结账户未收到货）；②2015年7月17日，我用旺旺账号"大头"在"陆杉家居旗舰店"购买了"头层真皮沙发"一套，型号LM-690-3，订单号792433700965643，价格3 999元（因天猫公司冻结账户未收到货）；③2015年7月25日，我用旺旺账号"光年"在"陆杉家居旗舰店"购买了"头层真皮沙发"一套，型号LM-690-3，订单号792856087972635，价格3 949元（因天猫公司冻结账户未收到货）；④2015年8月2日，我用旺旺账号"外海"在"陆杉家居旗舰店"购买了"头层真皮沙发"一套，型号LM-690-3，订单号789305623951121，价格3 999元；⑤2015年8月6日，我用旺旺账号"天天"在"陆杉家居旗舰店"购买了"头层真皮沙发"一套，型号LM-690-3，订单号801300335213494，价格3 999元。

Q：您有什么证据可以给我们看的？

A：我有支付宝的交易记录；物流托运单；《检测报告》；检测机构资质证书；向天猫公司反映杉杉公司销售的"真皮沙发"材质并非为真皮，并按天猫公司要求提供了检测报告的维权记录、旺旺号被冻结的截图。其余的就没有了。

请根据上述咨询内容，撰写一份法律备忘录。

评估要点：

（1）形式规范。所制作的法律备忘录要素齐备，体例规范。

（2）内容符合要求。所制作的法律备忘录的正文部分对事实的描述简洁清晰，准确提炼双方的争议焦点，对关键问题予以详细分析，并提出有针对性的意见，且法律规范援引正确妥当。

［实训2：相邻关系纠纷］

Q：您有什么事情需要咨询我们？

A：你好，我是丽都小区的一个住户，我和楼上邻居有一些纠纷，我觉得很气愤，来找你们咨询一下。

Q：请问是什么事情？

A：我家住在丽都小区201室。我和楼上的住户，也就是301室的业主张某，我们是上下邻里，本来也没有什么矛盾。但从2019年8月开始，张某对301室进行了装修。我们两套房屋结构都是三室两厅两卫，张某在原客厅处用小砖增砌墙体，并加建了四个卫生间，为在卫生间内安装抽水马桶，他将地面抬高20厘米左右后排设污水管。在301室装修期间，小区的物业公司曾经向他发出过整改通知书，但无果。装修后，原来的三室两厅两卫房屋被分割成六个带独立卫生间的小套间，并且张某将房屋出租给五户租客使用。我住在他们楼下，他们这样改建房屋的行为，严重破坏了房屋的结构，导致房屋存在安全、渗水等隐患。而且张某将301室群租后也严重影响了我们一家的正常生活。为此，我曾多次劝阻张某，物业、居委也曾多次出面调解，但都遭到了张某的拒绝，且他态度坚决，认为这是改造自己的房子和他人无关。我现在真的是没有办法，我想向法院起诉。

Q：您现在有什么证据？如果起诉，您有什么要求？

A：我现在有房屋结构图纸、跟张某交涉的聊天记录截图。我就想张某拆除301室内违章搭建的四个卫生间及客厅内增砌的墙体，恢复房屋原状。

请根据上述咨询内容，撰写一份法律意见书。

评估要点：

（1）形式规范。所制作的法律意见书要素齐备，体例规范。

（2）内容符合要求。所制作的法律意见书的正文部分对事实的描述简洁清晰，准确地提出存在的问题，对问题可能导致的后果能清楚预见，并能提出相应的意见，且理由阐述充分，法律规范援引正确妥当。

附：工具包（设计一些标准化的表格或者模板，学生在实训时直接可以用）

［*法律备忘录的样式（供参考）*］

关于＿＿＿＿＿＿的法律备忘录

一、咨询事宜

……

二、主要事实

……

三、本案关键争议点

1.……

2.……

……

四、答复意见

1.……

2.……

……

五、答复依据和理由

1.……

2.……

……

六、咨询结论

1.……

2.……

……

出具人：＿＿＿＿＿＿

＿＿＿＿＿＿年＿＿＿＿＿＿月＿＿＿＿＿＿日

［法律意见书的样式（供参考）］

关于＿＿＿＿＿＿＿＿的法律意见书

致＿＿＿＿＿：

＿＿＿＿＿接受＿＿＿＿＿的委托，依据＿＿＿＿＿与＿＿＿＿＿签订的＿＿＿＿＿，获授权就＿＿＿＿＿事务出具法律意见书。

出具本法律意见书所审阅的相关文件材料，包括但不限于下列文件及资料：

1.……

2.……

……

出具本法律意见书的法律依据包括：

……

本所＿＿＿＿＿＿律师根据国家法律法规的规定，对提供的文件和相关事实进行了核查和验证，现发表法律意见如下：

一、……

二、……

……

结论（综合发表意见）

……

以上意见，仅供参考。

＿＿＿＿＿＿律师

＿＿＿＿＿＿律师事务所

＿＿＿＿＿＿年＿＿＿＿＿＿月＿＿＿＿＿＿日

[法律备忘录的实例]

关于陈丽机动车交通事故责任纠纷案的法律备忘录

一、咨询事宜

陈丽的丈夫刘民与张恒飞驾驶的汽车相撞，最终因抢救无效死亡。陈丽可以主张哪些赔偿？

二、主要事实

2021 年 10 月 16 日 20 时 39 分许，张恒飞驾驶×××号小型新能源汽车沿春富街道花桂西路由西向东行驶至西堤路口时，与沿西堤北路由北向南刘民驾驶的电动自行车发生碰撞，造成刘民受伤经医院抢救无效死亡及车辆受损的交通事故。交警部门认定，张恒飞驾驶机动车上道路行驶，在夜间和雨天的情况下未降低车速反而超速行驶，且对路口的情况疏于观察，负事故的同等责任；刘民在未佩戴头盔的情况下驾驶电动自行车上道路未按规定车道行驶，途经有交通信号灯控制的交叉路口，未按信号灯指示通行，负事故的同等责任。因赔偿事宜，陈丽来向我所咨询。

三、本案关键争议点

1. 医疗费、住院伙食补助费、营养费、护理费、死亡赔偿金、丧葬费和精神抚慰金的金额。

2. 保险公司应当承担的责任。

四、答复意见

1. 关于医疗费。根据陈丽提供的医院就诊记录和支付票据，合计刘民因交通事故受伤而产生的医疗费为 629 353.18 元。

2. 关于住院伙食补助费。刘民受伤后住院 30 天，按 100 元/天计算，合计住院伙食补助费损失为 3 000 元。

3. 关于营养费。陈丽主张按 50 元/天计算刘民住院期间的营养费 1500 元。但是陈丽提供的病历资料显示，刘民自受伤后至其死亡时止，缺乏自主进食的能力，其身体和生理机能主要依赖营养液输入支持，而该部分营养液的费用，陈丽已在上述医疗费中另行主张，故法院对陈丽主张刘民的营养费不予支持。

4. 关于护理费。虽然刘民自受伤后至其死亡时止一直在重症监护室住院治疗，但在其治疗过程中，交费、外购药物和医疗辅助用具等事项，尚需要家属或者其他陪护人员的陪同配合，故陈丽可以主张刘民 30 天之护理费 5 689.97 元。

5. 关于死亡赔偿金。刘民受伤后经医院抢救无效而死亡，按照 2021 年度浙江省城镇居民年人均可支配收入 68 487 元计算其 18 年的死亡赔偿金 1 232 766 元。

6. 关于丧葬费。按照 2021 年度浙江省非私营单位从业人员年平均工资 122 309 元的标准，计算刘民相当于 6 个月工资的丧葬费 61 154.5 元。

7. 关于精神抚慰金。交通事故造成刘民死亡，给陈丽带来巨大的精神痛苦，根据事故各方当事人的过错程度，结合本地区的平均生活水平，陈丽可以主张 25 000 元的精神抚慰金。

五、答复依据和理由

1.《中华人民共和国道路交通安全法》

第 76 条 机动车发生交通事故造成人身伤亡、财产损失的，由保险公司在机动车第三者责任强制保险责任限额范围内予以赔偿；不足的部分，按照下列规定承担赔偿责任：

（一）机动车之间发生交通事故的，由有过错的一方承担赔偿责任；双方都有过错的，按照各自过错的比例分担责任。

（二）机动车与非机动车驾驶人、行人之间发生交通事故，非机动车驾驶人、行人没有过错的，由机动车一方承担赔偿责任；有证据证明非机动车驾驶人、行人有过错的，根据过错程度适当减轻机动车一方的赔偿责任；机动车一方没有过错的，承担不超过百分之十的赔偿责任。

交通事故的损失是由非机动车驾驶人、行人故意碰撞机动车造成的，机动车一方不承担赔偿责任。

2.《中华人民共和国民法典》

第 1165 条 行为人因过错侵害他人民事权益造成损害的，应当承担侵权责任。

依照法律规定推定行为人有过错，其不能证明自己没有过错的，应当承担侵权责任。

第 1179 条 侵害他人造成人身损害的，应当赔偿医疗费、护理费、交通费、营养费、住院伙食补助费等为治疗和康复支出的合理费用，以及因误工减少的收入。造成残疾的，还应当赔偿辅助器具费和残疾赔偿金；造成死亡的，还应当赔偿丧葬费和死亡赔偿金。

第 1183 条 侵害自然人人身权益造成严重精神损害的，被侵权人有权请求精神损害赔偿。

因故意或者重大过失侵害自然人具有人身意义的特定物造成严重精神损害的，被侵权人有权请求精神损害赔偿。

第 1208 条 机动车发生交通事故造成损害的，依照道路交通安全法律和本法的有关规定承担赔偿责任。

第 1213 条 机动车发生交通事故造成损害，属于该机动车一方责任的，先由承保机动车强制保险的保险人在强制保险责任限额范围内予以赔偿；不足部分，由承保机动车商业保险的保险人按照保险合同的约定予以赔偿；仍然不足或者没有投保机动车商业保险的，由侵权人赔偿。

3.《机动车交通事故责任强制保险条例》

第 21 条 被保险机动车发生道路交通事故造成本车人员、被保险人以外的受害人人身伤亡、财产损失的，由保险公司依法在机动车交通事故责任强制保险责任限额范围内予以赔偿。

道路交通事故的损失是由受害人故意造成的，保险公司不予赔偿。

第 23 条 机动车交通事故责任强制保险在全国范围内实行统一的责任限额。责任限额分为死亡伤残赔偿限额、医疗费用赔偿限额、财产损失赔偿限额以及被保险人在道路交通事故中无责任的赔偿限额。

机动车交通事故责任强制保险责任限额由保监会会同国务院公安部门、国务院卫生主管部门、国务院农业主管部门规定。

4.《最高人民法院关于审理人身损害赔偿案件适用法律若干问题的解释》

第6条　医疗费根据医疗机构出具的医药费、住院费等收款凭证，结合病历和诊断证明等相关证据确定。赔偿义务人对治疗的必要性和合理性有异议的，应当承担相应的举证责任。

医疗费的赔偿数额，按照一审法庭辩论终结前实际发生的数额确定。器官功能恢复训练所必要的康复费、适当的整容费以及其他后续治疗费，赔偿权利人可以待实际发生后另行起诉。但根据医疗证明或者鉴定结论确定必然发生的费用，可以与已经发生的医疗费一并予以赔偿。

第8条　护理费根据护理人员的收入状况和护理人数、护理期限确定。

护理人员有收入的，参照误工费的规定计算；护理人员没有收入或者雇佣护工的，参照当地护工从事同等级别护理的劳务报酬标准计算。护理人员原则上为一人，但医疗机构或者鉴定机构有明确意见的，可以参照确定护理人员人数。

护理期限应计算至受害人恢复生活自理能力时止。受害人因残疾不能恢复生活自理能力的，可以根据其年龄、健康状况等因素确定合理的护理期限，但最长不超过二十年。

受害人定残后的护理，应当根据其护理依赖程度并结合配制残疾辅助器具的情况确定护理级别。

第9条　交通费根据受害人及其必要的陪护人员因就医或者转院治疗实际发生的费用计算。交通费应当以正式票据为凭；有关凭据应当与就医地点、时间、人数、次数相符合。

第10条　住院伙食补助费可以参照当地国家机关一般工作人员的出差伙食补助标准予以确定。

受害人确有必要到外地治疗，因客观原因不能住院，受害人本人及其陪护人员实际发生的住宿费和伙食费，其合理部分应予赔偿。

第14条　丧葬费按照受诉法院所在地上一年度职工月平均工资标准，以六个月总额计算。

第15条　死亡赔偿金按照受诉法院所在地上一年度城镇居民人均可支配收入标准，按二十年计算。但六十周岁以上的，年龄每增加一岁减少一年；七十五周岁以上的，按五年计算。

第22条　本解释所称"城镇居民人均可支配收入""城镇居民人均消费支出""职工平均工资"，按照政府统计部门公布的各省、自治区、直辖市以及经济特区和计划单列市上一年度相关统计数据确定。

"上一年度"，是指一审法庭辩论终结时的上一统计年度。

第23条　精神损害抚慰金适用《最高人民法院关于确定民事侵权精神损害赔偿责任若干问题的解释》予以确定。

5.《最高人民法院关于审理道路交通事故损害赔偿案件适用法律若干问题的解释》

第8条　未按照法律、法规、规章或者国家标准、行业标准、地方标准的强制性规定设计、施工，致使道路存在缺陷并造成交通事故，当事人请求建设单位与施工单位承担相应赔偿责任的，人民法院应予支持。

第 10 条 多辆机动车发生交通事故造成第三人损害，当事人请求多个侵权人承担赔偿责任的，人民法院应当区分不同情况，依照民法典第一千一百七十条、第一千一百七十一条、第一千一百七十二条的规定，确定侵权人承担连带责任或者按份责任。

6.《最高人民法院关于适用〈中华人民共和国保险法〉若干问题的解释（三）》

第 19 条 保险合同约定按照基本医疗保险的标准核定医疗费用，保险人以被保险人的医疗支出超出基本医疗保险范围为由拒绝给付保险金的，人民法院不予支持；保险人有证据证明被保险人支出的费用超过基本医疗保险同类医疗费用标准，要求对超出部分拒绝给付保险金的，人民法院应予支持。

六、咨询结论

1. 张恒飞因过错侵害他人民事权益造成损害的，应当承担侵权责任。被侵权人对损害发生也有过错的，可以减轻侵权人的责任。在本次交通事故中，刘民与侵权人张恒飞负事故的同等责任，故侵权人张恒飞应对刘民因本次交通事故死亡而产生的各项损失承担相应的民事赔偿责任。根据事故责任、事故各方当事人的过错程度及造成损害后果的原因力大小，陈丽可以向法院主张由张恒飞对刘民因交通事故死亡而造成的各项物质性损失承担 60% 的民事赔偿责任，并赔偿相应的精神抚慰金。

2. 根据相关法律、法规的规定，机动车发生交通事故造成本车人员、被保险人以外的受害人人身伤亡、财产损失的，由保险公司依法在交强险责任限额范围内先予赔偿。鉴于张恒飞所驾驶的×××号车辆在人保杭州公司投保交强险的事实，人保杭州公司应当依法在交强险医疗费限额项下赔偿陈丽关于刘民的医疗费、住院伙食补助费、护理费、死亡赔偿金、丧葬费、精神抚慰金、交通费等费用。陈丽超过交强险赔付部分的损失，则由张恒飞一方赔偿。

出具人：×××律师

浙江一天律师事务所

二〇二二年四月十五日

[法律意见书的实例]

关于鑫荣电器股份有限公司货款纠纷的法律意见书

致鑫荣电器股份有限公司：

浙江一天律师事务所接受贵司的委托，就贵司与达达科技公司买卖合同货款纠纷案的相关问题，出具本法律意见书。

一、出具本法律意见书所审阅的相关文件材料，包括但不限于下列文件及资料：

1. 达达科技公司起诉贵司的《民事起诉状》；

2. 策信公司起诉贵司的《民事起诉状》；

3. 贵司出具的《财务情况》；

4. 贵司向达达科技公司出具的售后服务费《收据》；

5. 达达科技公司出具的增值税发票；

6. 双方2022年5月的对账单；

7. 《关于我司与达达科技公司货款纠纷案的后续处理意见报告》。

二、本所律师出具法律意见书的主要法律依据：

1. 《中华人民共和国民法典》；

2. 《中华人民共和国民事诉讼法》；

3. 《最高人民法院关于民事诉讼证据的若干规定》；

4. 《中华人民共和国增值税暂行条例实施细则》。

三、事由

达达科技公司诉称：达达科技公司一直向贵司供应手机及配套产品，贵司尚欠自2021年4月至2022年3月期间的货款145 000元，且其已于2022年4月10日后停止供货，贵司应予归还质保金20 000元。综上，贵司应合计返还其165 000元。

为证明以上事实，达达科技公司提交了部分增值税发票和一张售后服务费《收据》作为证据。

据贵司的《关于我司与达达科技公司货款纠纷案的后续处理意见报告》，法院目前初步合议认为，贵司至今仍然无法将主合同提交法庭，不能证明双方签订的为代销合同还是购销合同，由于贵司已认同来往的增值税专用发票且已合法抵扣。若双方继续无法提供主合同，可能会对贵司扣留的货物进行鉴定以明案情。

另查，据双方对账单，贵司确有145 000元货款未与达达科技公司结算；但根据贵司出具的《财务情况》，双方对账单确认的未结算余额145 000元中已包含质保金20 000元，且贵司仍占有库存389台手机，合同价为310 000元。

目前，通过法院调解，达达科技公司同意在不要求贵司返还库存的前提下，以100 000元一次性解决贵司与其众多关联公司（还包括未进入诉讼程序的百利达公司）的所有货款纠纷。

四、法律意见

根据上诉事实，本所律师认为，如果继续诉讼，需要厘清以下问题：

首先，若是能够找到主合同，且主合同中约定为代销关系，则贵司与达达科技公司对于库存货物的结算可以根据合同约定来解决；如果没有约定，在代销关系终止后，贵司作为受托人，应将尚未售完的库存货物返还给委托人。

目前，本所律师并不知悉达达科技公司举证期限是否届满，若未届满，则不排除其仍有补充提交相关证据材料的可能，加之法院对举证期限的要求并不严格，即当前尚不能确定其最终会提交何种证据材料。

其次，若其最终仍未补充提交证据材料，则法院能否仅仅根据"往来增值税专用发票并已合法抵扣"即判定双方为购销合同关系呢？

本所律师认为，根据《中华人民共和国增值税暂行条例》规定，作为增值税征税范围内的销售货物，包括一般的销售货物、视同销售货物和混合销售等几种情况。所谓视同销售货物，是指某些行为虽然不同于有偿转让货物所有权的一般销售，但基于保障财政收入，防止规避税法以及保持经济链条的连续性和课税的连续性等考虑，税法仍将其视同为销售货物的行为，征收增值税。其中，将货物交付他人代销也是视同销售货物的行为，同样需要开具增值税专用发票。

因此，增值税发票也并不能排他性地证明合同性质必然是购销合同。需要结合其他因素综合判断合同性质。

增值税一般纳税人申请抵扣的防伪税控系统开具的增值税专用发票，必须自该专用发票开具之日起90日内到税务机关认证，否则不予抵扣进项税额。增值税一般纳税人认证通过的防伪税控系统开具的增值税专用发票，应在认证通过的当月按照增值税有关规定核算当期进项税额并申报抵扣，否则不予抵扣进项税额。据此，买方接收增值税发票或将增值税发票抵扣的行为并不能证明其已经收到货物。即使卖方有证据证明其已经将增值税发票交付给买方，也不能完整排他地证明卖方已经将货物交付于买方。通常在实践中，法院会根据诚实信用原则并结合案件的其他证据和情况推定这种事实的存在。开具发票的一方当事人以增值税发票作为证据，如接受发票的一方当事人已将发票予以入账或者补正、抵扣，且对此行为又不能提出合理解释的或举出证据反驳的，则通常开票方所主张的合同关系的成立及履行事实可以得到确认。因此，若届时达达科技公司补交的相关证据能够初步印证贵司与其存在购销合同关系，结合贵司出具的《关于我司与达达科技公司货款纠纷案的后续处理意见报告》中关于法院目前倾向性意见的表述，则法院认定为购销合同的可能性较大。

再次，若双方最终被认定为存在购销合同关系，则根据贵司出具的《财务情况》，达达科技公司有权另行主张库存的389台货的货款，金额为310000元。当然，其是否能够完成举证义务（包括诉讼时效的举证义务），并不在本所律师能够判断和掌控的范围。

最后，无论是被认定为代销关系还是购销关系，达达科技公司若能向法院补充提交2022年7月由贵司出具的《对账单》原件，则可确定双方尚未结算金额为145000元。至于贵司在《财务情况》中陈述：双方对账单确认的未结算余额145000元中已包含质保金20000元，若要得到法院支持，贵司应补充提交相关证据材料。若不能补充，则贵司可根据向达达科技公司出具的款项为20000元的《收据》中收款事由为"售后服务费"而非"质保金"，结合交易习惯来作合理抗辩。

综上，本所律师认为，在找到主合同以前，建议以调解结案的姿态请求法院协调，若能按贵司出具的《关于我司与达达科技公司货款纠纷案的后续处理意见报告》中陈述的调解方案谈判，即对方同意在不要求贵司返还库存的前提下，以 100 000 元以内一次性解决贵司与其众多关联公司（还包括未进入诉讼程序的百利达公司）的所有货款纠纷，可以考虑接受。

　　五、声明

　　1. 本法律意见书所载事实来源于本法律意见书出具之日前贵司的陈述和贵司提交的相关材料。贵司应保证，已向本所律师提供了出具法律意见书所必需的全部有关事实材料，并且提供的所需文件均真实、合法、有效、完整，并无任何虚假记载、误导性陈述或重大遗漏，文件上所有的签名、印鉴均为真实，所有的复印件或副本均与原件或正本完全一致。

　　2. 本法律意见书对有关对账单、财务报告、处理意见报告中这些内容的引述，并不表明本所律师对该等内容的真实性、准确性、合法性作出任何判断或保证。

　　3. 以上法律意见，仅供贵司参考。

××律师

浙江一天律师事务所

二〇二三年三月十七日

参考文献

一、著作

1. 谢晖：《法律的意义追问——诠释学视野中的法哲学》，商务印书馆 2003 年版。

2. 高云：《思维的笔迹：律师思维与写作技能（上）》，法律出版社 2009 年版。

3. 寻会云主编：《法律咨询》，中国政法大学出版社 2015 年版。

4. 韩德云、彭瑶主编：《法律咨询》，法律出版社 2018 年版。

5. 于丽英：《法律文献检索》，北京大学出版社 2015 年版。

6. 凌斌：《法科学生必修课》，北京大学出版社 2013 年版。

7. 齐晓丹等：《类案检索方法指引》，法律出版社 2020 年版。

8. 许身健主编：《法律诊所》，中国人民大学出版社 2017 年版。

9. 孙淑云、冀茂奇主编：《诊所式法律教程》，中国政法大学出版社 2010 年版。

10. 李傲主编：《法律诊所实训教程》，武汉大学出版社 2010 年版。

11. 赵承寿：《裁判事实的概念和几个相关的认识论问题》，载葛洪义主编：《法律方法与法律思维》，中国政法大学出版社 2002 年版。

12. ［英］罗素：《人类的知识》，张金言译，商务印书馆 1983 年版。

13. ［英］斯托特：《法律检索之道》，郭亮译，法律出版社 2006 年版。

14. ［美］莫里斯·L. 柯恩、肯特·C. 奥尔森：《美国法律文献检索》，夏登峻、缪庆庆译，北京大学出版社 2020 年版。

15. ［美］罗斯科·庞德：《通过法律的社会控制》，沈宗灵译，商务印书馆 1984 年版。

16. ［德］罗伯特·阿列克西：《法律论证理论——作为法律证立理论的理性论辩理论》，舒国滢译，中国法治出版社，2002 年版。

二、期刊与论文

1. 彭涟漪：《论事实》，载《新华文摘》1992 年第 2 期。

2. 陈金钊：《论法律事实》，载《法学家》2000 年第 2 期。

3. 张继成、杨宗辉：《对"法律真实"证明标准的质疑》，载《法学研究》2002 第 4 期。

4. 陈永生：《法律事实与客观事实的契合与背离——对证据制度史另一视觉的解

读》，载《国家检察官学院学报》2003 第 4 期。

5. 谢晓：《论"互联网+"背景下法科学生案例检索能力的习得》，载《法学教育研究》2019 年第 3 期。

6. 于丽英、韩宁：《中国法律检索教育的新发展》，载《中国法学教育研究》2016 年第 2 期。

7. 陈伟：《定量分析：大数据背景下语言哲学研究方法论》，载《浙江社会科学》2021 年第 6 期。

8. 刘明：《法律检索课翻转教学与传统教学混合应用初探——以法律硕士教学为例》，载《太原城市职业技术学院学报》2021 年第 4 期。

9. 赵青航、徐晓阳：《体系化法律检索实操》，载《中国律师》2020 第 11 期。

10. 范增友、迟轶：《求实 求知 求利——法律意见书写作三坐标》，载《应用写作》2009 年第 12 期。

11. 迟轶：《新形势下法律意见书写作研究》，长春理工大学 2010 年硕士学位论文。